El efecto mariposa

El efecto mariposa

Elvira Hernández
Joaquín Zamora

LIBSA

Para Andrea,
que me contagia de curiosidad,
imaginación y juventud.

© 2025, Editorial LIBSA
C/ Puerto de Navacerrada, 88
28935 Móstoles (Madrid)
Tel.: (34) 91 657 25 80
e-mail: libsa@libsa.es
www.libsa.es

Textos: Elvira Hernández / Joaquín Zamora
Imágenes: Getty images / Shutterstock
Maquetación: Roberto Menéndez.
Diseminando Diseño Editorial

ISBN: 978-84-662-4415-2

Créditos © pp.77-Natata /Shutterstock; pp.53-Wikimol, Dschwen, CC BY-SA 3.0; pp. 231 Arthur
Knight (photographer), Public domain, via Wikimedia Commons

DL: M-18802-2024

CONTENIDO

PRESENTACIÓN **9**

LA CIENCIA DE LA ORUGA **11**

PARA ENTENDER EL EFECTO MARIPOSA **15**

   EL DETERMINISMO   17
      Conocer el movimiento de los astros, 17 ■ La revolución científica del siglo XVII, 18

   EL DETERMINISMO FILOSÓFICO   20
      De los astros a los humanos, 20 ■ Tipos de determinismo filosófico, 22

   QUÉ PAPEL JUEGA EL ALBEDRÍO   23
      Definir el albedrío, 23 ■ El albedrío es necesario, 24 ■ Entender la libertad en el efecto, 25

   EL ENCAJE DE LAS PROFECÍAS   26
      Qué son las profecías, 27 ■ La delgada línea que separa la profecía del determinismo, 27

   EL VUELO DESDE LOS ORÍGENES HASTA LA RESPONSABILIDAD   30

LA TEORÍA DEL CAOS **31**

   BREVE INTRODUCCIÓN AL CAOS   33
      Comprender los sistemas, 33 ■ Complejo no es complicado, 35

   LOS INICIOS CAÓTICOS   36
      El problema de los n-cuerpos, 36 ■ Primeras aproximaciones de Poincaré, 39

   ENTENDER EL CAOS EN SU TEORÍA   41
      El caos como parte de nuestras vidas, 41 ■ El enemigo del caos no es el orden, es el azar, 42

   LOS FRACTALES Y SU ORDEN APLICADO AL CAOS   44
      Qué es la geometría fractal, 44 ■ Los fractales y el caos, 46

   EL VUELO DESDE LOS SISTEMAS HASTA LOS FRACTALES   48

LA IMPORTANCIA DEL EFECTO MARIPOSA **49**

   UN VIAJE DESDE LA SELVA AMAZÓNICA HASTA TEXAS   51
      El vuelo de la mariposa, 51 ■ La importancia de los pequeños detalles, 54
      ■ Las computadoras, un punto de inflexión, 54

   LA IMPORTANCIA DEL TIEMPO   56
      El tiempo y el exponente de Lyapunov, 56 ■ Qué es un atractor, 58

   LA APLICACIÓN DEL EFECTO   **59**
      El cerebro intercepta al efecto, 60 ■ La intervención del individuo, 62
      ■ Necesaria y suficiente, 63

   EL ENCAJE DE LAS SUPERSTICIONES   64
   EL VUELO DESDE LA TEORÍA DEL CAOS HASTA REGRESAR AL PASADO   66

SU PODER PARA CONFIGURAR LA SOCIEDAD **67**

EL EFECTO MARIPOSA Y LA SOCIEDAD ACTUAL   69
La mecánica estadística de Boltzmann, 69 ▪ Sociedad, comunicación
y efecto mariposa, 72

EL EFECTO EN LOS MOVIMIENTOS SOCIALES   75
La intervención de la mariposa, 76 ▪ Los cambios que llegaron, 77
▪ **El efecto viste de importante a lo sutil, 78**

EL CAMBIO DE RUTA QUE CONDUJO A LA SOCIEDAD ACTUAL   78
La intervención de la mariposa, 79 ▪ Los cambios que llegaron, 81 ▪ **La mariposa
cambia los planes, 81**

UNA CANCIÓN QUE CAMBIÓ EL MUNDO   82
La intervención de la mariposa, 83 ▪ Los cambios que llegaron, 84 ▪ **Las alas mueven
el aire cincuenta años después, 85**

EL VUELO DESDE LA SOCIEDAD HASTA UN FUTURO LEJANO   86

LA CRISÁLIDA EMOCIONAL **87**

EL EFECTO MARIPOSA EN LA INFANCIA **91**

EL NACIMIENTO DE LA MARIPOSA   91
El entorno familiar, 92

CADA COSA A SU TIEMPO   92
FACTORES AMBIENTALES Y GENÉTICOS   94
CÓMO CONSTRUIR VÍNCULOS AFECTIVOS SALUDABLES   94
Consciencia, 94 ▪ Atención, 95 ▪ Las dinámicas familiares, 96 ▪ El afecto, 96
▪ Tiempo y paciencia (a fuego lento), 97 ▪ Esperanza, 98

LA IMITACIÓN: EL REFLEJO DE NUESTROS ACTOS EN EL APRENDIZAJE   99
Las neuronas espejo, 99 ▪ El aprendizaje social o por imitación, 100
▪ El experimento del muñeco bobo o tentetieso, 101

LA TRANSFORMACIÓN A TRAVÉS DE LOS PEQUEÑOS GESTOS .104

LAS EMOCIONES   104
El cerebro emocional: el sistema límbico, 105 ▪ **Reflexiones en nuestro cuaderno
de vuelo, 108** ▪ La anatomía de la emoción, 108 ▪ ¿Para qué sirven las emociones?, 109

LA INTELIGENCIA Y SUS MÚLTIPLES DISCIPLINAS   110
La inteligencia intelectual o cognitiva, 110 ▪ **Reflexiones en nuestro cuaderno
de vuelo, 112** ▪ Gardner y las inteligencias múltiples, 112 ▪ **Reflexiones en nuestro
cuaderno de vuelo, 119** ▪ El descubrimiento de una nueva inteligencia, 119
▪ La inteligencia emocional y el aprendizaje, 120 ▪ Reconocer mi emoción, 122
▪ **Reflexiones en nuestro cuaderno de vuelo, 125** ▪ La disfunción emocional:
no todas las emociones nos sirven, 125

PROFECÍAS AUTOCUMPLIDAS. ¿MITO O REALIDAD?   128
¿Y si se cumple lo que estoy pensando?, 128 ▪ El pequeño gesto de una madre
que marcó el rumbo de la ciencia, 130 ▪ Indefensión aprendida: no sé hacer
las cosas de otra manera, 131

NUESTRO SISTEMA DE CREENCIAS   132
Cómo interpretamos nuestra realidad, 132 ▪ **Locus de control interno en el éxito, 133**
▪ **Locus de control interno en el fracaso, 134** ▪ **Locus de control externo
en el éxito, 134** ▪ **Locus de control externo en el fracaso, 135** ▪ La justificación
a través del autoengaño, 136 ▪ Mi realidad: una visión reduccionista del mundo
que me rodea, 137 ▪ Cambiando el rumbo hacia una existencia de calidad, 144
▪ **Reflexiones en nuestro cuaderno de vuelo, 145** ▪ El poder de una creencia, 145
▪ El lenguaje como herramienta para construir creencias, 147 ▪ Desde el análisis
hasta el simbolismo, 147 ▪ Conocer nuestros anclajes, 149 ▪ El doble filo
de la manipulación, 150

UN DIARIO EMOCIONAL   152

EL EFECTO MARIPOSA EN EL AMOR **153**

¡AMOR! HAY MÁS DE UNO 154
El amor romántico: Eros, 154 ▪ El amor fraternal: *Philia*, 155 ▪ El amor divino: Ágape, 156 ▪ El amor familiar: *Storge*, 156 ▪ El amor propio: *Philautia*, 156

EL AMOR EN LAS RELACIONES DE PAREJA 156
Buscando el equilibrio en la teoría triangular del amor, 156 ▪ Tipos de amor según la teoría triangular de Sternberg, 158

EL VIAJE HACIA EL AMOR CONSUMADO 159
Enamorarse vs amor, 159 ▪ **Reflexiones en nuestro cuaderno de vuelo, 161** ▪ Descubriendo el arte de amar en las relaciones de pareja, 161 ▪ La soledad como pilar fundamental del amor, 161 ▪ La responsabilidad afectiva en las relaciones amorosas , 162 ▪ Un crecimiento recíproco y bidireccional, 163 ▪ Los pilares del amor consumado, 164 ▪ La fuerza de un ritual en las relaciones de pareja, 166 ▪ **Reflexiones en nuestro cuaderno de vuelo, 167**

DESNUDANDO AL AMOR CONVENCIONAL 167
Preservar la dignidad en el amor, 167 ▪ Pero ¿de qué nos estamos enamorando en realidad?, 168 ▪ **Reflexiones en nuestro cuaderno de vuelo, 169** ▪ La esclavitud de las sociedades occidentales, 169 ▪ El sufrimiento en el amor de pareja, 170 ▪ Las consecuencias del efecto mariposa cuando aparece el sufrimiento en el amor, 172 ▪ La dependencia emocional en las relaciones de pareja, 173 ▪ Limerencia: la enfermedad del amor, 174

DE LA NEUROSIS AL AMOR CONSUMADO 175
La valentía de romper, 175 ▪ **Reflexiones en nuestro cuaderno de vuelo, 177** ▪ El amor sí da la felicidad, 177

EL EFECTO MARIPOSA EN LAS RELACIONES PERSONALES **180**

LAS HABILIDADES SOCIALES 180
Tipos de habilidades sociales, 181 ▪ **Reflexiones en nuestro cuaderno de vuelo, 182**

IDENTIFICAR CÓMO NOS RELACIONAMOS 182
LAS RELACIONES INTERPERSONALES 183
Reflexiones en nuestro cuaderno de vuelo, 187

LOS ABUELOS: EL EFECTO MARIPOSA QUE PROVOCA LA TERNURA . . 187
LAS CLAVES DEL ÉXITO EN LAS RELACIONES PERSONALES 188
Resonancia emocional: más allá de la empatía, 188 ▪ La amabilidad y la gratitud, 189 ▪ La confianza, la complicidad y la intimidad: pilares de las relaciones interpersonales profundas, 190 ▪ **Reflexiones en nuestro cuaderno de vuelo, 192** ▪ La otra cara del conflicto, 192 ▪ **Reflexiones en nuestro cuaderno de vuelo, 194**

EL EFECTO MARIPOSA QUE LA SOCIEDAD OCASIONA EN LAS RELACIONES INTERPERSONALES 194
La sociedad del vértigo, 194 ▪ Nuevos códigos de comunicación, 195 ▪ Un individuo fragmentado, 197 ▪ Un exigente ritmo vital, 198

LA AVENTURA HACIA LO DESCONOCIDO 198

EL VUELO HACIA LA LIBERTAD EMOCIONAL **200**
Reflexiones en nuestro cuaderno de vuelo, 201

REINVENTARSE DESAPRENDIENDO LO APRENDIDO 201
El aprendizaje no adaptativo, 202 ▪ Las creencias limitantes, 202 ▪ Librarnos de los juicios de valor, 203 ▪ Librarnos de los juicios sociales, 204 ▪ Librarnos de la falsa felicidad del apego, 204

ROMPIENDO LAS PAREDES DE LA CRISÁLIDA 205
La educación emocional: un recurso para nuestro autoconocimiento, 205 ▪ Responsabilidad afectiva del individuo, 207 ▪ El autoconocimiento: el enfoque más intimista, 207 ▪ La pulsión para alcanzar la libertad emocional, 208

LA BRÚJULA EMOCIONAL 212
LA LEY DE LA ATRACCIÓN 214

LA BELLEZA DE LA MARIPOSA **215**

EL TOQUE LITERARIO DEL EFECTO MARIPOSA **218**

LA MARIPOSA EN LA NARRATIVA 219
LEVIATÁN, DE PAUL AUSTER 220
Todo suceso tiene un origen, 220 ■ El azar frente al determinismo lógico, 222
■ El punto donde comienza todo, 222

EL EFECTO DEL ALETEO DE UNA MARIPOSA EN JAPÓN, DE RUTH OZEKI 223
Mundos enlazados, 223 ■ Se ha dado alcance a sí misma, 226

LA CIENCIA FICCIÓN Y EL EFECTO MARIPOSA 227
EL RUIDO DE UN TRUENO, DE RAY BRADBURY 228
Vivir la experiencia de cazar en el Jurásico, 228 ■ Precaución, la mariposa
no descansa, 229 ■ La coincidencia de la mariposa, 230

EL HOMBRE EN LO ALTO DEL CASTILLO, DE PHILIP K. DICK 231
De Roosevelt al Gran Reich de Estados Unidos, 231 ■ La ucronía dentro
de la ucronía, 232 ■ Las profecías también tienen protagonismo, 233

EL EFECTO MARIPOSA Y EL SÉPTIMO ARTE **234**

MR. NOBODY: LAS DECISIONES QUE NOS DEFINEN 236
LOS SIMPSON: UN TOSTADOR EN LAS MANOS DE HOMER 241
EL EFECTO MARIPOSA: LA IMPORTANCIA DE LLEVAR UN DIARIO 246

EL CONTINUO ALETEO DE LA MARIPOSA **251**

BIBLIOGRAFÍA **253**

PRESENTACIÓN

Cuando decidimos aceptar el reto de escribir un libro sobre el efecto mariposa, sabíamos que nos adentrábamos en un territorio conocido por muchos, pero explorado por pocos. Nosotros, como viajeros curiosos e infatigables, ya habíamos sobrevolado el lugar, en especial sus barrios más populares y vistosos, los más transitados. Pero la tarea que teníamos por delante escapaba a la mera satisfacción de nuestra curiosidad. Teníamos que convertirnos en cicerones de una ciudad más extensa de lo que podría parecer, sin dejar ningún rincón por recorrer.

Durante las excursiones anteriores nos habían aparecido referencias e indicaciones a otros barrios menos conocidos, pero unas veces por lejanía y otras por falta de atractivo, los fuimos dejando para la próxima visita.

Por ese motivo, en la primera reunión que tuvimos para decidir el contenido que queríamos incluir, ambos coincidimos en que no podíamos conformarnos con presentar solo aquello que nos era más familiar y conocido. En esta ocasión no se trataba de plagar de anécdotas a unos amigos o de compartirlo en las redes sociales. Queríamos crear una guía de viaje accesible y cómoda, pero, sobre todo, lo más completa posible. Queríamos abarcar todo el espectro del efecto mariposa, desde sus raíces más exactas, que se hunden en la física y en las matemáticas, hasta sus implicaciones en el individuo y en la sociedad. Y todo esto queríamos plasmarlo en un texto sugerente y atractivo que indujera al nuevo viajero a acompañarnos durante todo el camino en pos de una recompensa gratificante.

Dando los primeros pasos en la parte científica del efecto, nos dimos cuenta del desafío al que nos enfrentábamos. El barrio era un continuo caos. Las calles no parecían guardar ningún orden, cruzándose unas con otras con absoluta anarquía. Los nombres que tendrían que identificarlas no estaban todos en el mismo idioma ni colocados en el mismo sitio. Todos los edificios nos parecían iguales, anodinos y fríos. Nos perdimos con frecuencia y terminamos pasando varias veces por el mismo callejón. No le anduvieron a la zaga otros barrios más bohemios y humanistas, en los que nos encontramos con gentes extravagantes, enfrascadas en conversaciones sobre ideas abstractas y confusas.

Pero la perseverancia dio sus frutos. Tras varias horas caminando, nos fuimos familiarizando con el entorno. Tanto que, como por ensalmo, surgieron algunas fachadas y rincones de tal belleza que nos hicieron olvidar la fatiga, los miedos y el desasosiego iniciales.

Una vez sentados en una terraza, para regocijarnos en los hallazgos y recuperar las energías invertidas, fuimos conscientes de nuestra transformación. Lo que al principio nos pareció una ciudad mutable y desorganizada, se nos presentó como un lugar acogedor y accesible. Pero la ciudad no había cambiado. Los que habíamos cambiado habíamos sido nosotros. Ahora nos movíamos de forma distinta dentro de ella. Habíamos entrado en sus calles con mil cautelas, mirando el suelo que pisábamos, asombrándonos ante lo desconocido.

Pero pasado el proceso necesario de adaptación, terminamos moviéndonos con desenfado y soltura. No llegábamos al nivel de confundirnos con los oriundos del lugar, pero tampoco éramos ya los turistas timoratos del principio.

La metáfora nos brotó a los dos al mismo tiempo, como una revelación compartida: Nos habíamos introducido en la ciudad como orugas y habíamos salido como mariposas. En ese momento nos dimos cuenta de que este libro estaba destinado a pasar por las mismas fases que una mariposa en su metamorfosis. Contaría con una fase de oruga, donde hacer acopio de la energía necesaria para enfrentar todo el viaje con garantías de éxito. También tendría que pasar por una etapa de crisálida en la que dar prioridad a la transformación interior. El final tendría que mostrar a una mariposa adulta, completamente renovada y llena de nuevas ilusiones.

No queríamos despedir esta presentación sin mencionar que, para nosotros mismos, la escritura de este libro ha sido una metamorfosis. Empezamos siendo orugas literarias. Con bonitos colores de ilusión y voluntad, pero orugas, al fin y al cabo. La editorial supo ver a la mariposa que teníamos dentro y, arropándonos como si de una crisálida se tratase, nos supo dirigir, apoyar y alimentar con sus consejos y su guía.

Para este vuelo era necesario todo el cielo y solo juntos, y como amigos, hemos podido surcarlo transformando nuestra ilusión en alas. Gracias a nuestra familia que nos protegido contra el viento hasta llevarnos a un lugar soleado, acogedor y seguro nuestra aventura ha sido más fácil. Y nuestro agradecimiento no sería completo sin mencionar la ilusión, los besos y abrazos de nuestros hijos que con su apoyo nos han llevado hasta las flores más brillantes y coloridas.

Deseamos haber satisfecho las expectativas de la editorial y, sobre todo, responder con éxito a la confianza que el lector acaba de depositar en nosotros.

LA CIENCIA DE LA ORUGA

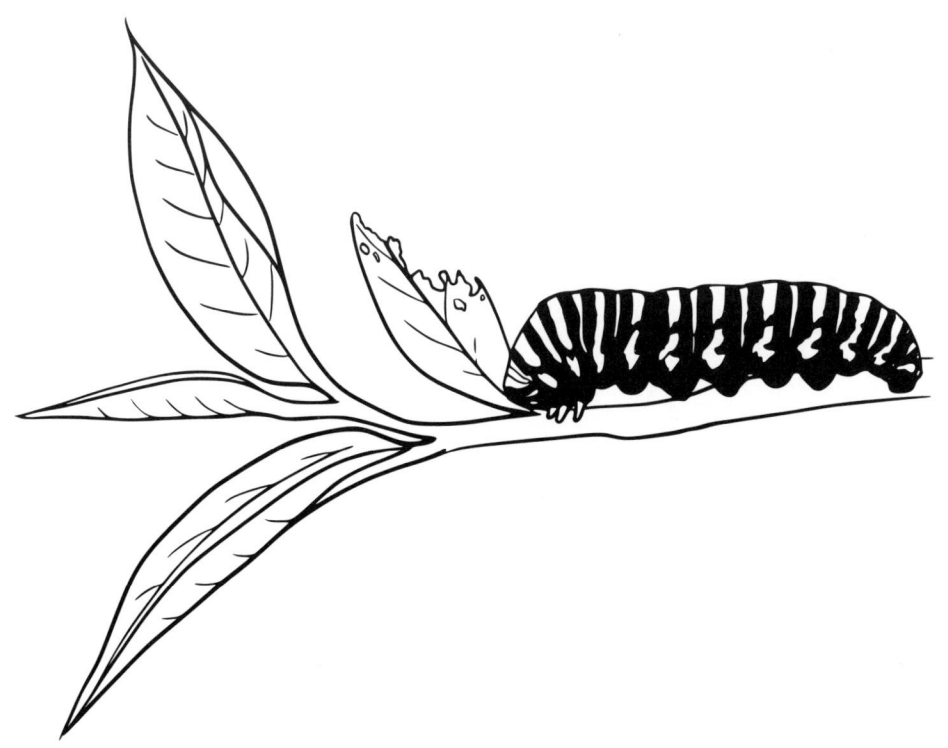

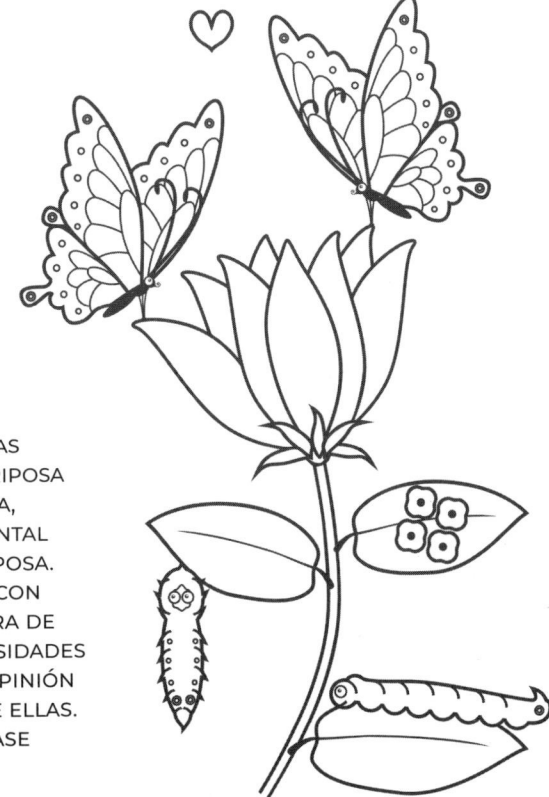

Las orugas O LARVAS DE MARIPOSA

PUEDEN NO GOZAR DE BUENA FAMA, PERO SON UN ESLABÓN FUNDAMENTAL EN LA METAMORFOSIS DE LA MARIPOSA. LA LENTITUD Y LOS MOVIMIENTOS CON LOS QUE SE DESPLAZAN, LA TEXTURA DE SU PIEL Y LA PRESENCIA DE VELLOSIDADES O PROTUBERANCIAS CREAN UNA OPINIÓN GENERAL POCO FAVORABLE SOBRE ELLAS. SIN EMBARGO, CONSTITUYEN LA BASE ESENCIAL DE TODO EL PROCESO.

Desde que la larva eclosiona del huevo, su prioridad es conseguir alimento. Pero no para asegurar sus funciones vitales instantáneas. Tiene que conseguir acumular la suficiente energía para las fases posteriores de la metamorfosis. Solo podrá pasar a la siguiente etapa cuando garantice que dispondrá de los recursos necesarios que asegurarán la transformación. En una acción de generosidad natural, la oruga consume una mínima cantidad de la energía que obtiene, empleando movimientos pausados y cortos.

Cuando considera que está en condiciones óptimas para continuar el proceso, se enfrenta a otra responsabilidad. Debe encontrar la ubicación idónea para que la crisálida esté protegida. Para ello, buscará los sitios más recónditos y menos transitados por sus depredadores. El final de sus días los pasará evitando lugares bonitos, vistosos o expuestos. Todo para proteger a la futura mariposa.

En esta primera parte, el lector recorrerá los capítulos que se corresponden con la fase de larva u oruga. En las siguientes páginas, se presentarán aquellos **antecedentes y principios matemáticos y físicos que configuran y dan cuerpo al efecto mariposa**. Ese respaldo científico, extenso y dilatado en el tiempo, le confiere suficiente solidez como para convertirlo en un pilar fundamental de la teoría del caos y en herramienta clave en diversos campos del conocimiento. Por tanto, para alcanzar una comprensión integral del Efecto, es ineludible abordarlo desde el prisma de la ciencia.

Pero al igual que pasa con la oruga, la ciencia no cuenta con un atractivo natural para la mayoría de las personas. Quizá sea porque se nos presenta como una maraña de conceptos ininteligibles. Puede que sea por expresarse en un lenguaje de difícil compresión. En cualquier caso, el resultado final es que no goza de fama de divertida.

Pero es imprescindible añadir este sustento científico inicial. Sin el conocimiento que la ciencia ha aportado durante siglos, es posible que el lector desfallezca por falta de recursos. Tampoco es preciso someterlo a un exceso de información que le exija un consumo elevado de energía.

Teniendo en cuenta el necesario equilibrio en su contenido, en estos primeros capítulos se tratará de encarar el ámbito técnico del Efecto, sin profundizar en exceso, pero sin renunciar a una mínima pátina de rigor científico. Con la inclusión de algunas anécdotas y curiosidades buscaremos resaltar esas pequeñas motas de color con las que se viste la oruga de la mariposa que, aunque siga siendo oruga, nos anticipan la belleza y el colorido que podremos encontrar en un futuro próximo.

Por último, la información expuesta situará al lector en una posición segura, confiada y confortable desde la que profundizar en la siguiente etapa de la metamorfosis.

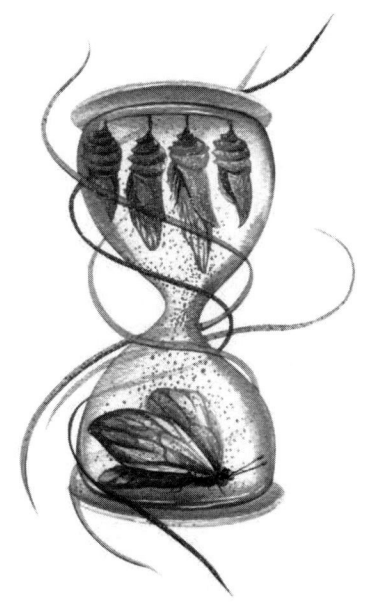

PARA ENTENDER EL EFECTO MARIPOSA

Caminante, son tus huellas
el camino y nada más.
Caminante, no hay camino,
se hace camino al andar.
Al andar se hace el camino,
y al volver la vista atrás
se ve la senda que nunca
se ha de volver a pisar.
Caminante no hay camino
sino estelas en la mar.

ANTONIO MACHADO

Hacer una lectura literal del efecto mariposa, reduciéndolo a la originalidad de su enunciado, o restringirlo solamente al ámbito de la física, proporcionan una visión muy limitada de las múltiples dimensiones en las que ejerce su influencia. Solo a través de un escrutinio multidisciplinar, tanto en el campo de las ciencias exactas como de las humanidades, es posible llegar a su comprensión integral.

Al igual que sucede con la poesía, es necesario salirse de la literalidad de las palabras que lo describen para comprender la riqueza y extensión de su aplicación. Podría parecer extraño emplear la poesía como ejemplo para explicar un concepto relativo a una materia científica. Pero, aunque lleven herramientas diferentes en sus mochilas, las ciencias y la poesía siempre fueron buenas compañeras de viaje.

A lo largo de los años, varios científicos vaciaron tinteros entre odas y madrigales, como Rebecca Elson, astrónoma canadiense; Roald Hoffmann, Premio Nobel de Química, de origen polaco y nacionalizado estadounidense; o dentro de nuestras fronteras, David Jou Mirabent, físico y divulgador científico. Tampoco han faltado los literatos que han dedicado trabajos a eminentes investigadores o a la propia ciencia. Federico García Lorca escribió unos versos en honor a sir Isaac Newton. Otro tanto hizo Juan Ramón Jiménez al neurólogo navarro y premio Nobel de Medicina, Santiago Ramón y Cajal. La poetisa Clara Janés, miembro de la Real Academia de la Lengua Española, es también una apasionada de la física, como demuestra en su poema *Supersimetría*.

Además de estos casos de transfuguismo entre disciplinas y otros más que podrían exponerse, la poesía y la ciencia también comparten un placer especial por esconder más de lo que desvelan en una primera lectura o aproximación.

Cuando se analiza cualquier poema para tratar de alcanzar la profundidad de su significado, lo normal es emplear muchas más palabras que las propias del texto. La razón es sencilla. La riqueza interpretativa que encierran los versos, escondida en metáforas, comparaciones o sinécdoques, excede con frecuencia la belleza de la composición. Si el poeta pone mimo y estética en la elección de cada palabra, en aras de la armonía y del ritmo, vuelca su experiencia vital y sus emociones en el mensaje que desea transmitir al lector. Esto mismo es extensible a la ciencia. Aunque el científico sustituye la belleza por el rigor matemático, detrás de cada fórmula o teorema aguardan a ser descubiertas unas implicaciones que sobrepasan a la mera conjunción de letras, números y signos, y que se dejan sentir tanto en el terreno de las ciencias exactas como de las humanidades.

Fijémonos en el epígrafe que abre este capítulo. Entrando en el alcance particular del caminante, una lectura reposada y profunda desvela que Machado nos habla en este poema del proceso vital, del autoconocimiento y del paso del tiempo. Coloca el *camino* —la vida— en el papel protagonista. Lo define como una sucesión continua de huellas —el paso del tiempo—, producto de los pasos que se han dado —circunstancias y decisiones—. Al final alude a las estelas en el mar para saltar de lo individual a lo común, puesto que estas, como ondas que son, se propagan más allá de la proa que las produce, avanzando y cruzándose en su errático movimiento con las olas que dejan otras embarcaciones.

Si se hiciera un destilado del poema para extraer toda su esencia, necesariamente se tendrían que incluir en su composición elementos como **causa y efecto, determinismo o albedrío**, entre otros. Matices tan complejos y universales que escapan del campo específico de la literatura o la poesía y se adentran en el terreno de otras disciplinas como la filosofía, la física o la psicología, por nombrar algunas.

De igual modo, para entender el efecto mariposa en toda su extensión es necesario explorar mucho más allá de los límites de lo puramente físico. En el itinerario descubridor que seguiremos a partir de aquí, iremos recorriendo diferentes paisajes. Nos pararemos en sitios conocidos o sospechados, de los que ya habíamos escuchado hablar en alguna ocasión, pero también en regiones cuyos topónimos difícilmente podríamos relacionar con el efecto mariposa.

Todo camino tiene un principio, y en este caso transcurrirá por un terreno de difícil tránsito, abordando los antecedentes históricos y los precursores científicos del efecto mariposa. No podríamos disfrutar de la meta ni obtener una gratificación plena si no fuésemos conscientes del esfuerzo realizado para llegar. Así, aunque términos como sistemas complejos, fractales, computación o atractores puedan intimidarnos, será aconsejable recorrerlos con paciencia y cautela, sin detenernos demasiado, pero sí lo suficiente para entender que si no pasásemos por esos hitos en nuestra ruta, nunca podríamos llegar a la comprensión plena del efecto mariposa.

Según avancemos en nuestra aventura, en la mochila deberemos ir metiendo algunos recuerdos, como testigos de nuestro paso por esos lugares, tales como conceptos, leyes y teorías científicas. Y aunque al principio algunos de ellos puedan parecernos prescindibles, accesorios o simplemente inútiles, el paso de las jornadas nos confirmará que todos y cada uno de ellos aporta su pequeña fracción de luz para hacer brillar el Efecto en toda su plenitud.

EL DETERMINISMO

En la naturaleza nada sucede por que sí. El nacimiento de una planta, la erosión de una montaña o el retumbar de un trueno no se materializan sin motivo. Siempre tienen un origen. Pero no solo eso. Ellos mismos serán la causa de otros fenómenos naturales.

Del mismo modo, cada situación que vivimos es consecuencia de un hecho pasado y causa de otro futuro, generando una interminable cadena causal. Obtener un buen empleo, disfrutar de una vida plena en pareja o tener dificultades para entenderse con los hijos no son situaciones aisladas, generadas de forma espontánea y limitadas a ellas mismas. Como las cuentas de un rosario infinito, **cada evento queda enlazado con otros posteriores y anteriores**, unidos entre sí con el hilo del tiempo.

CONOCER EL MOVIMIENTO DE LOS ASTROS

Desde que los primeros humanos tuvieron la capacidad de cuestionarse su entorno, fueron conscientes de que formaban parte de algo mucho más grande que ellos. Uno de los fenómenos que más despertaban su curiosidad era la aparición recurrente de un disco amarillo que aportaba luz y calor. El objeto presentaba características muy extrañas. No siempre iluminaba y calentaba por igual. Tampoco estaba sobre sus cabezas el mismo tiempo. Solo atisbaban a concluir que aparecía, más o menos, por el mismo sitio, y que los abandonaba después de describir un arco. A ese raro evento le sucedía otro igual de singular, la aparición de un disco plateado. Este no daba calor, pero ayudaba a disipar la oscuridad que dejaba la ausencia del anterior. Aunque no siempre, porque esa luz también se comportaba de forma errática. Unas veces se mostraba por completo, pero la mayoría solo ofrecía una parte del círculo, como si le hubieran quitado un trozo. Para mayor confusión, había ocasiones en la que, simplemente, no aparecía. Además, cuando los privaba de su presencia, podían ver un sinfín de pequeños puntos luminosos sobre un fondo negro.

Pronto se dieron cuenta de que esos fenómenos eran demasiado importantes como para aceptarlos sin más. En las épocas en las que el círculo amarillo empezaba a calentar con más intensidad, disponían de más alimento, puesto que las plantas ofrecían frutos y aumentaba la presencia de animales. Además, disponían de más tiempo de luz y requerían menos abrigo. Sin embargo, las épocas oscuras se caracterizaban por el frío y por la escasez de recursos alimentarios. Por tanto, no era un asunto sin importancia: su supervivencia estaba en juego. Así nació en ellos la necesidad de darles una explicación, principalmente para poder anticiparse a los malos momentos. Esa inquietud fue satisfecha en un principio con la introducción de seres divinos. Cada grupo humano fue modelando una asamblea de seres superiores cuyos designios eran obedecidos por esos cuerpos del cielo.

Algunos humanos se conformaron con las rogativas, pero otros no podían quedarse esperando la respuesta de los dioses. **Necesitaban conocer**. Fueron esas mentes inconformistas las que trabajaron de manera incansable durante siglos para desarrollar nuevas herramientas que proporcionaran una mejor comprensión de los astros y de su movimiento.

> Al igual que contaban con palos y piedras como únicas herramientas para modelar su entorno, los primeros humanos solo contaban con las plegarias a unos seres superiores, arbitrarios y caprichosos, para incrementar su supervivencia.

LA REVOLUCIÓN CIENTÍFICA DEL SIGLO XVII

En 1619, las ciencias habían avanzado en el descubrimiento de los ritmos planetarios y del Sol. Se disponía de calendarios para marcar las estaciones y se contaba con dispositivos para observar el cielo. Pero aún estaban lejos del conocimiento suficiente para marginar la influencia de los dioses. Ese mismo año, el astrónomo y matemático alemán **Johannes Kepler formuló la tercera y última de sus leyes sobre el movimiento de los planetas alrededor del Sol**. Su publicación supuso un salto fundamental en el estudio de la dinámica celeste al determinar que las órbitas que describen los planetas alrededor del Sol eran elípticas, y no circulares como se creía. Esta conclusión facilitaba conocer su posición, puesto que se disponía de fórmulas matemáticas para describir esas elipses.

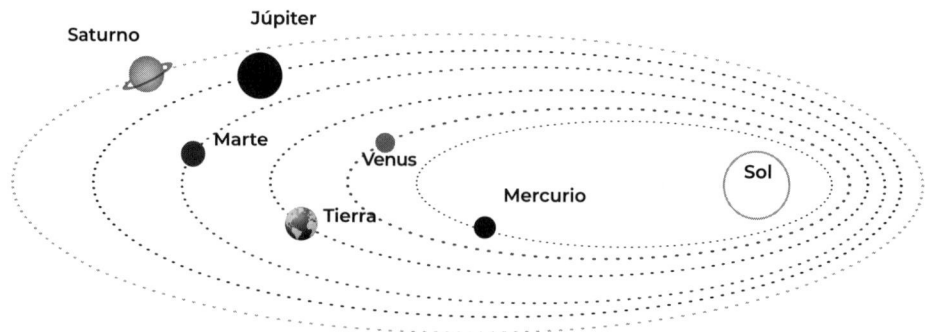

Con el camino abierto por Kepler, muchos científicos de la época se lanzaron al desarrollo de nuevas teorías que aportaran mayor conocimiento sobre el movimiento de los cuerpos. Entre todos ellos destacó **sir Isaac Newton**, un físico y matemático inglés que en 1687 publicó su trabajo más importante, Philosophiæ naturalis principia mathematica (*Principios matemáticos de la filosofía natural*), conocido generalmente como *Principia*. En esta obra recoge sus descubrimientos en mecánica y cálculo matemático. El colofón fueron las leyes **sobre el movimiento y la gravitación**[1]. Estas describen las relaciones de fuerzas que actúan sobre los cuerpos y formulan matemáticamente el movimiento de cualquier cuerpo sometido a ellas.

Establecidas las condiciones iniciales de un planeta y conocidas las fuerzas que actuaban sobre él —**causa**—, al aplicar las leyes de Newton se podía predecir con exactitud dónde se hallaría en un momento concreto —**efecto**—. Igualmente, con las mismas fórmulas matemáticas se podía precisar dónde se encontraría el planeta en cualquier tiempo pasado. Es decir, conocido el efecto y las causas que lo produjeron se puede determinar su posición inicial.

Le Verrier y la punta de su pluma.
La confirmación del determinismo newtoniano

Desde su descubrimiento en 1781 por William Herschel, el planeta Urano había mostrado irregularidades en su órbita alrededor del Sol. Si se tenían en cuenta las leyes de Newton, la única explicación posible para esas variaciones tenía que ser la presencia de otro cuerpo que afectara a su órbita. Pero los astrónomos no conocían la presencia de ningún otro planeta más allá de Urano, y sabían que su vecino más próximo al Sol, Saturno, no era el causante de esas fluctuaciones.

Con la hipótesis de la existencia de un nuevo planeta en el sistema solar, Urban Le Verrier, matemático francés especializado en la mecánica celeste, empleó las leyes físicas de Kepler y Newton para buscar al desconocido cuerpo.

En 1846, cuando Urano había descrito una órbita completa, Le Verrier consolidó los datos que había iniciado tiempo atrás y envió una nota al Observatorio de Berlín con las coordenadas donde había calculado que debía encontrarse el esquivo planeta. En la noche del 23 al 24 de septiembre, y menos de una hora después de iniciar la búsqueda en la posición proporcionada, Johann Gottfried Galle, astrónomo alemán, descubría el planeta Neptuno.

---

1 **Leyes del movimiento: Primera**: Todo cuerpo persevera en su estado de reposo o movimiento uniforme y rectilíneo a no ser que sea obligado a cambiar su estado por fuerzas impresas sobre él. **Segunda**: El cambio de movimiento es directamente proporcional a la fuerza motriz impresa y ocurre según la línea recta a lo largo de la cual aquella fuerza se imprime. **Tercera**: Con toda acción ocurre siempre una reacción igual y contraria.
  Ley de gravitación universal: La fuerza con que se atraen dos objetos es proporcional al producto de sus masas e inversamente proporcional al cuadrado de la distancia que los separa.

Es destacable que su posición real difería menos de un grado de la calculada. En expresión de François Arago, Le Verrier había descubierto un planeta con la punta de su pluma.

Este hecho sin precedentes, pues era la primera vez que se situaba con precisión un planeta antes de ser observado, le otorgó al determinismo newtoniano la calidad de irrefutable que habría de encumbrarlo en el panorama científico.

Las leyes de Newton, en esencia, permitían afirmar que **el sistema solar estaba sometido a reglas matemáticas** que determinan su funcionamiento. Aunque esta idea había sido adelantada conceptualmente por Galileo en 1623 con su afirmación «las matemáticas son el lenguaje con el que Dios ha escrito el mundo», las leyes del movimiento y de la gravitación terminaron de darle la consistencia científica necesaria para ser aceptada como una verdad universal.

La incorporación de este nuevo concepto descartaba la idea ancestral de que los astros estaban regidos por unos dioses arbitrarios. Ya no era necesario interpretar los designios divinos para dar explicación a los hechos naturales. El determinismo newtoniano, revestido de este inigualable poder, se convertía en el punto de partida para todos los estudios posteriores.

Se había desvelado el lenguaje matemático a los humanos y este les proporcionaba la posibilidad de adelantarse a sucesos trascendentales, así como de comprender sus orígenes.

EL DETERMINISMO FILOSÓFICO

La ciencia nos dice que todo suceso en el que nos vemos inmersos hunde sus raíces en hechos pasados y que brotará hacia hechos futuros. La inquietud natural que nos surge es determinar **qué papel desempeñamos nosotros en esa secuencia**.

Aceptar que somos solo un engranaje más dentro de un gran mecanismo, sin más intervención que la de girar al ritmo que marque la maquinaria matemático-física universal, sería como identificarnos con una piedra cayendo por una montaña. Cae cuando la empujan, rebota, aplasta y rueda sin voluntad, y termina deteniéndose cuando un obstáculo la frena.

DE LOS ASTROS A LOS HUMANOS

La misma curiosidad que impelía a los humanos a entender el movimiento de los astros, los empujaba a buscar un sentido a sus vidas. Igual que el Sol aparecía y se ocultaba del cielo, la fortuna o la desgracia aparecían sin motivo aparente. Como si de una navaja suiza se tratara, la primera herramienta de la que se sirvieron para calmar su curiosidad fueron los dioses. Desde sus tronos divinos ejercían su poder sobre el futuro de los individuos, enviándoles gracias o castigos según juzgaran sus actos.

En la Tierra, los resignados humanos debían conformarse con batallar cada día de la mejor manera, soportando la penitencia y agradeciendo la recompensa.

Del mismo modo que en el campo de la ciencia se alzaban voces inconformistas frente al poder divino, en el campo humanístico también florecían diversas corrientes de pensamiento orientadas a resolver quién maneja las riendas de la vida de los individuos. Las distintas doctrinas se movían en el espectro de grises que abarcaba desde una autonomía completa del hombre —**libre albedrío**— hasta una injerencia divina absoluta —**determinismo**—. La identidad de cada una residía en establecer cuánto queda en manos de los dioses y cuánto recae en los propios individuos.

LIBRE ALBEDRÍO

El futuro está por definir y el individuo tiene el poder de decidir.

VS

DETERMINISMO ABSOLUTO

El futuro está definido de antemano y el individuo no interviene.

Los postulados de Newton y Kepler —que permitían a mar que el Universo, tan vasto, misterioso y desconocido h ta el momento, estaba ligado inexorablemente a unas le universales que transformaban las causas en efectos pre cibles, y viceversa— inclinaron la balanza de forma ostens hacia la corriente determinista.

La necesidad de Dios en el cálculo. La paradoja de Newton

Con la presentación de su *Principia*, Newton había otorgad el poder absoluto a la ciencia. El nuevo paradigma universal sentaba a las matemáticas en el trono que habían ocupado l sustituyendo la arbitrariedad celestial por la certeza numér científicos ateos vieron en los escritos de Newton la justificación definitiva para sacar a Dios y a las religiones de la vida de los hombres.

Lo paradójico de la afirmación anterior es que Isaac Newton era un cristiano ferviente que creía profundamente en la existencia de Dios. En diversos escritos relacionados con el cálculo de movimiento, introdujo una fuerza a la que denominó como un «poder activo», cuya explicación solo era posible por la intervención de Dios en el proceso.

Tanto es así que llegó a afirmar que la revelación sobre su ley de gravitación universal le vino directamente de Dios, convirtiéndolo en una especie de profeta moderno.

Durante toda su vida tuvo que mantenerse entre dos aguas, ocultando su religiosidad para ganarse el respeto científico de sus contemporáneos, y al mismo tiempo suavizando sus postulados más controvertidos para no despertar el fantasma de la herejía.

Newton solapó sus estudios de física y matemáticas con los de alquimia y teología, aunque sus escritos en estas últimas materias permanecieron inéditos hasta muchos años después de su muerte.

TIPOS DE DETERMINISMO FILOSÓFICO

La **relación causa-efecto** —piedra angular del determinismo— **es directa y tangible** cuando se aplica en el ámbito de la física. Si tiras una piedra hacia arriba, cuanta más fuerza aplicas en su lanzamiento, más alto llega. Una vez agotado el impulso inicial, la fuerza de la gravedad hará que descienda, incrementando su velocidad según caiga. Pero aplicarla a la conducta de los individuos y a su devenir no es tan sencillo.

Para la inmensa mayoría de las personas, la aplicación de una fórmula matemática no resuelve una situación familiar complicada ni asegura un futuro sin necesidades ni aprietos. Algo tan impersonal y rígido como los números no pueden ser la explicación para que gente buena padezca desgracias mientras otros disfrutan de una buena vida, a pesar de sus malas acciones. Al sacar a los dioses de la ecuación, el factor desequilibrante tiene que residir en la elección personal.

Resulta fácil comprobar que planteada una situación idéntica a diferentes personas, no todas toman las mismas decisiones. Y cuanto más compleja sea, más ramificaciones y mayores diferencias se presentan entre ellas.

Por otro lado, no puede obviarse que las decisiones guardan bastante relación con las condiciones de cada persona. El entorno social, familiar o laboral puede anticipar la decisión que tomará un individuo. Asimismo, cada decisión tomada abre la posibilidad a otro escenario, más o menos predecible, que también se verá afectado por el contexto. Es decir, aun no presentándose de manera tan estricta, **tampoco se puede desechar la relación causa-efecto en la conducta de los humanos**.

Sin entrar en disertaciones más profundas o complejas, se nos aparecen dos tipos de determinismo filosófico.

- **El determinismo fuerte**, sintetizado en el postulado que publicó, en 1814, el físico Pierre Simon Laplace: «Se podría concebir un intelecto —el demonio de Laplace— que en cualquier momento dado conociera todas las fuerzas que animan la naturaleza y las posiciones de los seres —incluidos los humanos— que la componen; (...) para tal intelecto nada podría ser incierto y el futuro, así como el pasado, estarían frente a sus ojos». Esta formulación se considera la expresión máxima del determinismo más estricto.

- **El determinismo débil**, que, apoyado en el concepto de predictibilidad, sostiene que existe una fuerte correlación causa-efecto entre los estados pasado, presente y futuro, pero admite la influencia de sucesos aleatorios, introducidos principalmente por las decisiones individuales.

> Aunque el determinismo puro niega al individuo la posibilidad de interferir en los sucesos o fenómenos que lo rodean, ciertas ramas le otorgan un grado de decisión, aunque sometido igualmente a la ley causa-efecto.

QUÉ PAPEL JUEGA EL ALBEDRÍO

La capacidad de decidir es más que una cualidad inherente al ser humano. La necesitamos para hacer valer nuestra posición hegemónica en el mundo.

El resto de animales se mueven impulsados por las necesidades primarias que deben satisfacer. En cambio, los humanos planeamos nuestros pasos atendiendo a anhelos más profundos.

Para satisfacer nuestras expectativas debemos contar con la experiencia de sucesos pasados y conducir los eventos presentes. En definitiva, decidir.

En ese proceso continuo, no podemos pasar por alto una cualidad inseparable de la decisión: la responsabilidad. **Ser artífices de nuestro destino conlleva, inexorablemente, hacernos responsables de nuestras decisiones**.

DEFINIR EL ALBEDRÍO

La definición de albedrío se puede sintetizar como la capacidad exclusiva que poseen los humanos para **tomar decisiones libremente**. Se posiciona en las antípodas del determinismo, ya sea divino o científico, designando al individuo como dueño de su destino. No excluye la relación causa-efecto ni omite las circunstancias que jalonan cada decisión, pero las subyuga a la voluntad individual.

Al igual que pasaba con el determinismo, se pueden encontrar dos concepciones del albedrío:

- **La más extrema**, que considera al individuo como rector único y universal de su destino: libre albedrío.

- **Y otra más flexible**, que sin privarle de la facultad de decidir, se la limita al marco particular donde se encuentre: albedrío condicionado.

Analicémoslas en profundidad:

- **Libre albedrío**: Sobre esta concepción hay un consenso casi unánime en clasificarla como utópica. Hablar de libertad plena y absoluta, sin atender a ningún otro elemento del entorno que la limite, se antoja imposible. Sería tanto como asumir literalmente el mensaje de las corrientes motivacionales que propugnan que «puedes conseguir todo aquello que te propongas». Con tal asunción, un joven inuit, con una estatura de un metro y medio, podría considerar la opción de ser pívot de un equipo de baloncesto estadounidense.

- **Albedrío condicionado**: Esta visión del albedrío contempla cierta acción voluntaria del individuo en los procesos directores de su futuro. Cada doctrina filosófica adjudica un grado diferente de participación humana, asentándose en la escala de grises definida por el albedrío y el determinismo más extremos. En cualquier caso, el campo de decisión del individuo estará condicionado o limitado por unos márgenes temporales que den consistencia a la misma sobre el efecto final.

Cuando el determinismo se adentra en aspectos puramente humanos, nos cuesta aceptar que la felicidad, el amor o el éxito laboral son el producto de una cadena de hechos explicables solo matemáticamente. Siendo conscientes de que nos influyen múltiples condicionantes ajenos a nuestra voluntad —entorno próximo, sociedad, fenómenos físicos—, tenemos la certeza de que a través de nuestras decisiones, tomadas libremente, participamos, en mayor o menor medida, en la configuración de nuestra existencia.

Para casar la inexorabilidad de la infinita cadena causal —esencia del determinismo— con la intervención individual deliberada, **el albedrío acota el contexto en el que se produce la decisión**. Únicamente tiene en consideración la causa más próxima y el efecto inmediato, desdeñando todos aquellos factores secundarios, alejados del evento en sí, para centrar el foco en la persona.

EL ALBEDRÍO ES NECESARIO

El ser humano necesita al albedrío para conciliar su posición predominante dentro del mundo que lo rodea. Los dioses, aunque caprichosos y misteriosos, nos concedieron el privilegio de ser la especie dominante. Crearon el mundo y a todos los seres vivos en primer lugar, para después crear a los humanos y proclamarlos dueños de la tierra.

En la concepción divina ocupamos un lugar preferente como criaturas creativas. Por ejemplo, un compositor posee la facultad de extraer a un piano, un mero instrumento en sus manos, una melodía arrebatadora que nos acerca a los dioses y nos aleja del resto de seres terrenales.

La aparición del determinismo nos arrebata esa superioridad para convertirnos en un producto más de las leyes matemáticas que gobiernan el Universo. Pasamos de ser compositores a ser pianos en manos de los designios de la ciencia.

De ahí que necesitemos al albedrío. Solo a través de la facultad de decidir, aunque sea afectada por agentes externos, podemos afianzar nuestra calidad de seres elegidos.

> La posibilidad de intervenir en nuestro destino, aunque sea limitada, es lo que diferencia a los humanos del resto de seres que pueblan la Tierra. Necesitamos al albedrío para mantener nuestro estatus preferente.

ENTENDER LA LIBERTAD EN EL EFECTO

Definidos los dos extremos más radicales, un determinismo puro y un albedrío absoluto, y descartados —el primero por la necesidad intrínseca del ser humano de diferenciarse del resto de seres, y el segundo, por la imposibilidad manifiesta del individuo de controlar todas y cada una de las circunstancias que lo rodean—, las distintas corrientes de pensamiento se sitúan en la línea trazada entre ambos. El grado de libertad otorgado a la persona es lo que establece la tonalidad de gris en la que se ubica cada una.

Abordar el concepto íntegro de libertad nos conduciría a terrenos demasiado extensos y complejos. Con la finalidad de evitar dispersiones que nos aparten del asunto principal, nos centraremos en una faceta fundamental e indisoluble de esta, la responsabilidad. No se puede entender a la una sin la otra, porque decidir libremente implica inapelablemente asumir las consecuencias de lo elegido.

Si retomamos los extremos anteriores desde la perspectiva de la responsabilidad, en un mundo determinista según Laplace, el individuo queda despojado de cualquier consecuencia sobre sus acciones u omisiones, puesto que todo sigue los designios de la ciencia. Un sistema religioso comete el mismo robo de atribuciones individuales, y coloca como única responsable a la divinidad. Con esta concepción, si una persona roba un banco o ejerce violencia contra otra, nunca podrá ser culpada por esos hechos. Se convierte en un instrumento en manos del determinismo, igual que una pistola en las suyas. Y nunca se nos ocurriría juzgar y condenar a un arma por haber sido disparada.

Si abrazamos el albedrío absoluto, la responsabilidad sobre cualquier consecuencia derivada, por pequeña que fuera, por acción u omisión, recae en el individuo. Cualquier eximente que pueda alegar como condicionante de su decisión debe ser rechazada. Un ejemplo representativo de esto es la denominada «obediencia debida».

La historia nos muestra cómo, después de caer un régimen opresor y violento, sus integrantes justifican sus acciones punibles con el argumento «yo solo cumplía órdenes» o «si no lo hacía yo, lo hacía otro». El albedrío extremo rechaza esos descargos al conceder al individuo la plena libertad para evitar colocarse ante estos dilemas o para negarse a cometer actos contra otras personas.

El poeta Pablo Neruda lo recoge en su *No culpes a nadie* cuando dice: «Nunca te quejes de tu soledad o de tu suerte, enfréntala con valor y acéptala. De una manera o de otra es el resultado de tus actos (...)». En el mismo poema, el autor alude a otro aspecto de la responsabilidad que guarda mucha relación con el efecto: «No olvides que la causa de tu presente es tu pasado, así como la causa de tu futuro será tu presente». Esta es una de las claves fundamentales que se abordarán en las siguientes páginas de este libro:

CAUSA

¿Hasta dónde tenemos que remontarnos para hallar la causa de un efecto?

¿Qué magnitud debe tener una causa para atribuirle la responsabilidad?

¿Debemos responsabilizarnos de acciones u omisiones tan remotas que se haría imposible predecir sus consecuencias?

EFECTO

> La responsabilidad sobre nuestras decisiones es el coste que tenemos que asumir como individuos por disponer del albedrío para decidir nuestro destino. No se puede disociar la libertad de la responsabilidad.

EL ENCAJE DE LAS PROFECÍAS

Como humanos, tenemos la capacidad de decidir. Eso nos obliga a tener la vista puesta en el pasado, con el objetivo de extraer ejemplos o pautas que nos permitan adelantar situaciones futuras.

Esa previsión sobre hechos por llegar, obtenida esencialmente por la experiencia y no por los dioses, se puede interpretar como una profecía: «Si no cambias de actitud y estudias en serio, la vida no va a ser fácil para ti»; «Si sigues entrenando con esta intensidad, te auguro un futuro muy prometedor». Todos nos podemos sentir identificados con estas frases por decirlas u oírlas en nuestro entorno.

Sin intervención divina, sin subir a un púlpito y sin declamar con voz estentórea, todos tenemos la capacidad de profetizar sucesos de espectro limitado y circunscritos a nuestras vivencias más próximas. Para ello tenemos que tomar consciencia de nuestro entorno y detectar las secuencias causa-efecto que se repiten con mayor asiduidad, es decir, sacar al determinista que llevamos dentro.

QUÉ SON LAS PROFECÍAS

Se puede calificar a las profecías como las hermanastras del determinismo. Comparten el mismo objetivo, adelantarse al futuro, pero cada una lo hace desde una raíz muy diferente. **Las profecías se definen como mensajes de Dios**, enviados por medio de individuos con un don sobrenatural, para anticipar cosas distantes o futuras. El determinismo, por su parte, emplea herramientas matemáticas para llegar al mismo resultado.

Por otro lado, casi todas las profecías parten del comportamiento humano como causa justa para las consecuencias que han de llegar, pero desligándolas de una cadena causa-efecto. Por ejemplo, las plagas que profetizó Moisés y que sufrieron los egipcios no estaban relacionadas directamente con la permanencia del pueblo de Israel en la tierra de los faraones. Siguiendo una causalidad lineal, mantener una masa de población descontenta podría ser motivo de huelgas y revueltas que poco tendrían que ver con las langostas, la conversión del agua en sangre o la muerte de los primogénitos.

Se podría presumir por su calidad de hermanastras que su relación no es cordial. Pero a veces pueden llegar a parecerse tanto que se las confunde. Si la ciencia arrebata la autoría de muchos prodigios a la divinidad, también se la puede vestir con una túnica profética y darle tintes mágicos.

Para ilustrar lo anterior, y porque no se pueden abordar las profecías sin mencionar a este astrólogo y médico francés del siglo xvi, hablaremos de Michel Nostradamus, considerado como el profeta con mayor índice de aciertos. Se ha escrito mucho sobre él y en especial sobre sus cuartetas proféticas. Pero se podría decir que más que un profeta, Nostradamus fue un determinista, poco riguroso pero muy perspicaz.

LA DELGADA LÍNEA QUE SEPARA LA PROFECÍA DEL DETERMINISMO

Nostradamus entendió que, al igual que los planetas, las sociedades también producen ciclos, si no idénticos, al menos homogéneos. Por ejemplo, en la época en la que escribió sus profecías muchas ciudades sufrían enormes incendios, especialmente las más grandes, al contar con un hacinamiento mayor[2]. Tal fue el caso de la ciudad de Londres en 1566. También era común que los periodos de paz y las guerras se alternaran con regularidad. Además, cada conflicto ampliaba su radio

---

[2] «La sangre de los justos cometerá una falta en Londres / Quemado a través de un rayo de veintitrés los seis / La antigua dama caerá de su alto lugar / Varios de la misma secta serán asesinados».

de acción e implicaba la aparición de nuevos artefactos bélicos con un poder destructivo superior. Las guerras mundiales del siglo xx cumplieron con esos requisitos, incluida la bomba más devastadora conocida hasta el momento[3].

Otro hecho que se repetía cada cierto tiempo era la irrupción de líderes carismáticos que desestabilizaban los equilibrios estratégicos. El fanatismo que podían llegar a contagiar a sus legiones de seguidores incondicionales era del mismo calibre que el odio que despertaban en otros grupos, en los que nunca

MICHEL NOSTRADAMUS.
Médecin,
Nèà S.ᵗRemy, en Provence, le 14 Décemb. 1503.
Mort le 2 juillet 1566.

faltaban magnicidas dispuestos a resolver las diferencias por la vía rápida. Se puede empezar la lista con el asesinato de Enrique IV de Francia, en 1610, hasta llegar al de JFK en 1963[4].

Incluso pudiendo prever la repetición de algunos hechos recurrentes, lo que no podía precisar Nostradamus era el cuándo, el quién o el dónde. En ninguna de sus cuartetas aparecía una fecha o una referencia temporal, y estaban redactadas con un estilo tan lacónico, enigmático y metafórico, que podían adaptarse a diversos lugares o personajes.

Esa falta de rigor, lógicamente, le impedía hacerse un hueco en la ciencia. En una época en la que la dicotomía ciencia-religión gobernaba el conocimiento, lo que no podía considerarse como saber científico, tenía que entrar en el campo de la fe. De ahí su denominación como «profecías».

Las profecías de Colón y Tintín

En su último viaje, el descubridor Cristóbal Colón quedó confinado en la isla de Jamaica, junto a parte de su tripulación. Desde su llegada, los nativos de la isla proporcionaron a los extraños los alimentos y materiales necesarios para subsistir. Pero conforme pasaba el tiempo, y viendo que los hombres blancos no se marchaban, los lugareños decidieron suspender el suministro.

---

[3] «Cerca de las puertas y dentro de dos ciudades / Habrá flagelos que nunca fueron vistos / Hambre dentro de la plaga, gente expulsada por el acero / Llorando al gran Dios inmortal por alivio».

[4] «El gran rayo cae durante la hora diurna / El mal fue previsto por un portador postulario / El siguiente presagio cae durante la hora nocturna / Conflictos en Reims, Londres / Etruria apestada».

Colón no podía permitir esa negativa. En primer lugar, porque los necesitaba para garantizar su supervivencia y la de sus hombres. En segundo lugar, porque tenía que mantener una posición de privilegio sobre los nativos para evitar posibles sublevaciones, tanto de los indígenas como de sus propios subordinados. Sabiendo el día que era, 27 de febrero, se dirigió al jefe de la tribu y le profetizó que si les privaba de alimento, en el plazo de dos días los dioses mostrarían su descontento y teñirían el cielo de rojo.

Tal como había dicho Colón, en la noche del segundo día, el 29 de febrero, la luna se oscureció y fue tomando una tonalidad carmesí, cual si de sangre se tratase. De inmediato los lugareños entendieron que habían enfadado a los dioses y retomaron el suministro de víveres a los extranjeros.

Colón no tenía comunicación con los dioses. Simplemente era un estudioso de la astronomía y sabía, por el calendario del astrónomo y matemático alemán Johann Müller, apodado Regiomontano, que en esa fecha se produciría un eclipse lunar. Además, sabía que debido a la dispersión de la luz, el satélite se teñiría con un manto rojizo, muy dramático y espectacular, especialmente para los nativos.

En el libro El templo del Sol, el aventurero periodista Tintín, junto al capitán Haddock y su inseparable perro Milú, se dirigen a los montes andinos a buscar al profesor Tornasol. Después de diversas vicisitudes y gracias a la ayuda de un joven quechua, lo encuentran secuestrado por una civilización inca que vivía aislada en las montañas.

El jefe inca decide perdonar la vida al nativo, pero condena a los tres amigos a morir a manos de Pachacámac, máxima deidad inca y regente del Sol. Solo les permite a los extranjeros elegir el momento de su muerte. Tintín pide que sean ejecutados a una hora concreta un par de días después. Así, poco antes de la hora señalada, atan a los tres aventureros a unos postes encima de unas piras. Estas se encenderán por efecto del Sol sobre unos cristales.

Llegada la hora, y cuando los rayos solares se aproximan a la posición letal, el Sol se va tapando y la noche se precipita sobre los temerosos incas. Los indios no pueden dar crédito a semejante suceso. No contento con ese efecto, justo después de que se cubriera totalmente, Tintín le grita al Sol y le dice que vuelva a mostrarse. Para estupefacción de todos los presentes, el Sol vuelve a aparecer. Como no podía ser de otra manera, los incas liberan a los extranjeros al considerarlos emisarios del dios Pachacámac.

Tampoco Tintín era mensajero del dios inca. Pero sí que era un ávido lector de la prensa y había leído en un periódico de Callao que ese día a esa hora exacta se produciría un eclipse total de Sol.

EL VUELO DESDE LOS ORÍGENES HASTA LA RESPONSABILIDAD

El inicio

Comprender el mundo que los rodeaba, y en particular la influencia que los cuerpos celestes ejercían sobre sus vidas, despertó la curiosidad de los seres humanos desde el principio de los tiempos.

La ciencia

Los estudios de Kepler y Newton dieron lugar al concepto de determinismo, proporcionando al mundo científico un nuevo paradigma unificador y universal para el estudio y la comprensión de los fenómenos físicos.

Causa 1

Disponer del lenguaje matemático que rige las relaciones causa-efecto proporciona la posibilidad de adelantarse a sucesos trascendentales, así como de comprender sus orígenes.

Causa 2

El determinismo establece que, en la naturaleza —desde la más pequeña partícula hasta el cosmos—, toda causa tiene su efecto, y viceversa, manteniéndose ambas encadenadas inexorablemente por fórmulas matemáticas.

Determinismo

Al aplicar el determinismo puro, al individuo se le priva de la posibilidad de interferir en los sucesos o fenómenos que lo rodean. El pasado y el futuro están regidos por leyes matemáticas que escapan a su voluntad.

Albedrío

La introducción del albedrío ofrece la posibilidad al ser humano de intervenir en su destino, aunque sea en un ámbito limitado, diferenciándolo del resto de seres que pueblan la tierra.

Responsabilidad

La responsabilidad sobre nuestras decisiones es el coste que tenemos que asumir como individuos por disponer del albedrío y poder intervenir en nuestro destino. No se puede disociar la libertad de la responsabilidad.

LA TEORÍA DEL CAOS

El caos se encuentra en mayor abundancia cuando se busca el orden. El caos siempre derrota al orden porque está mejor organizado.

Sir Terry Pratchett

«Desde el siglo XVII y hasta bien entrado el XIX la ciencia tenía un protagonista claro: el determinismo. Partiendo de la premisa de que todos los fenómenos de la naturaleza estaban sometidos a reglas matemáticas, el convencimiento general era que todos podían explicarse y predecirse según una formula. La labor de los científicos consistía, pues, en encontrar esas fórmulas». Este párrafo es lo último que escuchó un alumno de la facultad de Ciencias Físicas antes de terminar su primera clase de la mañana.

Mientras en su cabeza siguen dando vueltas términos como causa y efecto o leyes universales, se dirige a la máquina de refrescos. Introduce una moneda y pulsa el botón de su bebida favorita. El aparato procesa la información —moneda correcta y botón de selección pulsado—, hace unos ruidos mecánicos, y a los pocos segundos aparece en la bandeja inferior la lata que el alumno quería.

El estudiante, posiblemente por el cansancio y por las ganas que tiene de disfrutar de su refresco, no se percata de que acaba de presenciar un ejemplo práctico y palpable de un **sistema determinista**. Si se quedase esperando frente a la máquina expendedora durante un rato vería que, introduciendo dos variables simples en el sistema —moneda correcta y botón pulsado—, siempre se produce el mismo resultado. Cuando apareciera un nuevo cliente, introdujera la moneda y presionara sobre el logo de una bebida, nuestro alumno podría adelantarse al futuro, aunque solo fuera por esos pocos segundos que la máquina tarda en realizar su trabajo, y saber que en la bandeja inferior aparecerá una bebida. Y no una cualquiera. Exactamente la que el nuevo cliente ha seleccionado.

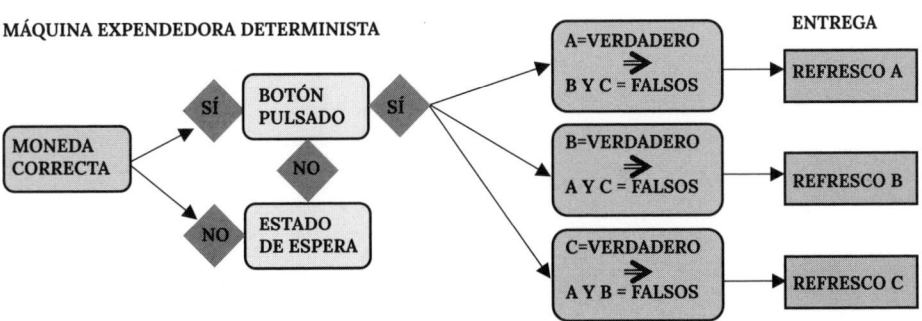

Como lo que necesita nuestro alumno es desconectar un rato antes de volver al aula, es normal que no se plantee nada más allá de disfrutar de su refresco. Sobre todo porque en la siguiente clase le van a hablar de sistemas caóticos. Según le dijo un compañero, la parte del determinismo es fácil. Con la teoría del caos empieza a complicarse la asignatura.

Cuando vuelve a clase, el profesor los introduce en la teoría del caos con un ejemplo. Les pide que imaginen una máquina de refrescos, igual que la que tienen al salir del aula. Pero con unas modificaciones. La bebida que ofrece no está vinculada solamente a la elección en el panel de botones. El mecanismo tiene en cuenta ahora el momento de la selección, la presión ejercida sobre el botón de producto y la temperatura exterior, tomando todas las magnitudes con tres decimales.

—¿Qué implican esas modificaciones? ¿La introducción de esas nuevas variables? —les pregunta el profesor.

—Que puede darse el caso de que seleccionemos el refresco A y aparezca B o C —responde uno de los alumnos de primera fila.

Enseguida se escucha un comentario al fondo del aula:

—¿Entonces la máquina hace lo que quiere? ¿Te da la bebida al azar?

—No, la máquina no funciona aleatoriamente —empieza explicando el profesor—. Si consiguiéramos repetir la hora, la presión y la temperatura exactas, con los tres decimales que contempla el protocolo interno de su sistema, el dispositivo nos ofrecería la misma bebida.

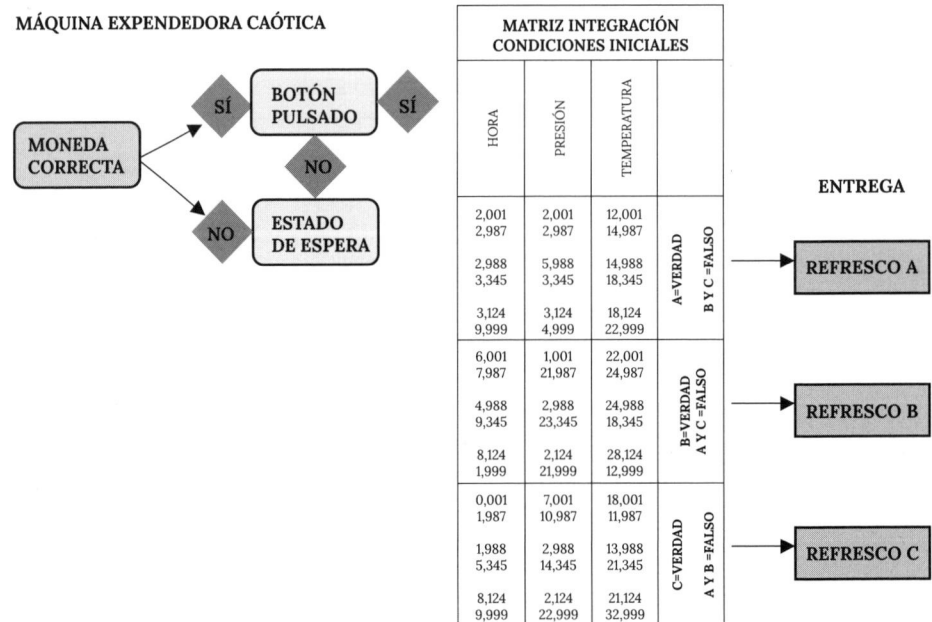

El funcionamiento de la máquina se rige por reglas y fórmulas matemáticas concretas, que otorgan un valor determinado a las variables introducidas. **Siempre que se repitan las mismas variables —con la precisión requerida— se producirá el mismo resultado**. La dificultad para predecir el resultado radica en la imposibilidad de repetir exactamente las mismas variables, sin la más mínima desviación, por pequeña que sea. Esto es en esencia un sistema caótico.

Más de una vez nos asalta la duda de saber por qué obtenemos resultados diferentes cuando hacemos exactamente lo mismo. Por ejemplo, nos levantamos a la misma hora, desayunamos lo mismo, salimos del garaje en el mismo momento. Pero unos días tenemos un atasco considerable y otros la circulación es moderadamente fluida. La causa de ese cambio se debe, posiblemente, a que ese «mismo» no es exactamente igual. El tráfico es un ejemplo de sistema caótico, y la pequeña variación que puede suponer un minuto arriba o abajo —y que para nosotros es prácticamente despreciable— modifica nuestras condiciones iniciales para incorporarnos al sistema del tráfico, dando como resultado un estado diferente.

BREVE INTRODUCCIÓN AL CAOS

Diferenciar ambos extremos de un problema es fundamental para evitar sentirnos desbordados o bloqueados por situaciones complicadas. Aunque de exposición dificultosa o extensa, es posible que un problema tenga una solución simple y solo requiera de un análisis lógico y detenido.

También debemos saber que situaciones *a priori* sencillas pueden desembocar en auténticos nudos gordianos o derivar por derroteros totalmente inesperados. Entre problemas sencillos y soluciones complejas es donde más cómoda se encuentra la teoría del caos.

COMPRENDER LOS SISTEMAS

La teoría del caos no tiene una serie de postulados o leyes universales que la definan. Debe entenderse como un método de estudio, empleado principalmente en física o matemáticas, pero también en otras ramas de la ciencia, como la biología, la economía o la meteorología, para abordar sistemas complejos o sistemas dinámicos no lineales. Por tanto, la mejor forma de aproximarse a la teoría del caos es comprender el entorno donde se desarrolla, es decir, los sistemas.

Un **sistema** no es más que un conjunto de elementos o entidades materiales que están relacionados o conectados entre sí por un modelo matemático de tipo causal. Aplicadas unas variables a un conjunto definido por unas características propias, los elementos que lo componen modificarán su estado, pasando a definirse otras características distintas de las iniciales.

Los sistemas más fáciles de estudiar son los **sistemas lineales**, cuya representación gráfica es una línea recta y su expresión matemática las ecuaciones de primer grado.

Estos **sistemas lineales** tienen unas características definitorias:

- **Proporcionalidad**: pequeñas causas conllevan pequeños efectos y grandes causas, grandes efectos.

- **Aditividad**: la suma total es igual a la suma de sus partes.

- **Replicación**: si se reproduce la misma causa, se obtiene siempre el mismo resultado.

Estas propiedades se pueden resumir en que existe una vinculación directa entre la causa y el efecto, de forma que conocidas las variables que afectan al sistema, se podrá determinar con precisión los resultados que se obtendrán.

Para entenderlo, pongamos un ejemplo. Imaginemos que tenemos que levantar las paredes de una casa siguiendo un sistema lineal:

- Sabemos que por cada metro de pared necesitamos 200 ladrillos.

- Por tanto, si queremos construir 10 metros, necesitaremos 2000 ladrillos.

  Cumple la propiedad de **proporcionalidad.**

- Por otro lado, la pared norte tiene 15 metros (3000 ladrillos) y la oeste mide 10 metros (2000 ladrillos). Si queremos hacer las dos paredes seguidas necesitaríamos 5000 ladrillos, que es el mismo número que si hubiésemos sumado los 15 metros de una y los 10 metros de otra y multiplicado el resultado por 200 ladrillos.

  Cumple la propiedad **aditiva.**

- Este mismo proceso de cálculo es extensible a cualquier pared de la casa, independientemente de que esté en el primer piso, en la cara norte o en la sur.

  Cumple la propiedad de **replicación** en todo el edificio.

Un sistema que no cumpla con estas propiedades pasa a denominarse **sistema no lineal**. Se representa por curvas, no por rectas, y su expresión matemática es por medio de ecuaciones de segundo grado. Siguiendo con el ejemplo anterior, equivaldría a decir que:

- Para el primer metro de pared necesitaríamos 200 ladrillos, pero para el segundo metro, 199; para el quinto metro, 192; para el décimo, 159. Es decir, **no es proporcional**.

- Por otro lado, para la pared de 15 metros necesitaríamos 2492 ladrillos, que sumados a los 1857 de la pared de 10 metros, nos daría un total de 4349. En cambio, para una pared de 25 metros, necesitaríamos 2765. Por tanto, **no es aditivo.**

- Por último, las paredes del primer piso tienen como punto de partida 200 ladrillos, pero las del segundo necesitan 180 para el primer metro. O sea, que **no es replicativo** en todo el edificio.

Los ejemplos expuestos para los dos sistemas anteriores no tienen una dependencia del tiempo y se consideran estáticos. Si añadimos la variable temporal, obtenemos **sistemas dinámicos**, que se definen como aquellos cuyo estado evoluciona con el tiempo. Su expresión matemática son las integrales.

La naturaleza de este tipo de sistemas les hace evolucionar hasta convertirse en **sistemas complejos**, que son aquellos que una vez interrelacionadas sus partes, se crea nueva información adicional, no perceptible para el observador, que da lugar a modificaciones del conjunto del sistema. La descripción de un sistema complejo requiere conocer el funcionamiento completo del mismo una vez que se produce la interacción entre sus partes. Los sistemas complejos están íntimamente relacionados con el concepto de holismo, que se resume en el principio de que el todo es mayor que la suma de sus partes.

Como ejemplos de sistemas dinámicos no lineales o complejos tenemos el clima, las estructuras sociales, el cerebro humano, la economía, y cómo no, el cosmos. Este tipo de sistemas son los que entran de lleno en el campo de estudio de la teoría del caos.

> Los sistemas dinámicos no lineales o sistemas complejos evolucionan en el tiempo sin proporcionalidad, sin adición de resultados y sin replicación de eventos. Esto produce resultados imprevisibles, convirtiéndolos en sistemas caóticos.

COMPLEJO NO ES COMPLICADO

En nuestro día a día, en conversaciones informales, empleamos los términos «complejo» y «complicado» de forma indistinta. Con carácter general, este uso es correcto, recogiéndose en cualquier diccionario que ambas palabras son sinónimas. Es en el campo de la resolución de problemas donde se puede establecer un matiz entre estos dos adjetivos.

Cuando se describe un problema, en su exposición, los extremos del abanico para definirlo los marcan los conceptos **complicado** y **sencillo**. El rango que ocupe en esa escala vendrá dado por el número de variables que intervienen y por la similitud entre ellas. Así, una situación que se vea afectada por un elevado número de variables, y estas además sean muy heterogéneas entre sí, dará lugar a planteamientos complicados.

Imaginemos que tenemos que coger un vuelo y vivimos a varios kilómetros del aeropuerto. Contábamos con ir en nuestro vehículo, pero el taller donde lo tenemos en revisión nos acaba de informar de que hay un retraso en una pieza que habían pedido y no lo tienen listo. Llamamos a un amigo para que nos lleve, pero ese día se ha levantado con una gripe fuerte. Además, justo en esa fecha comienza una huelga del transporte público que deja los autobuses y el metro en servicio mínimos y no se ajustan a nuestro horario. Esta situación es lo que podría calificarse como un problema complicado.

En el otro extremo, es al hablar de la resolución de un problema cuando hacemos uso de los adjetivos complejo y su opuesto, simple. La diferencia entre ambos extremos radica en el número de posibles soluciones y el grado en que satisfacen el problema, así como en la facilidad para su adopción. Si después de estudiar una situación obtenemos diversas posibilidades de resolución, estas plantean a su vez otros problemas o su adopción es difícil o costosa, estaremos ante un problema complejo.

Tomemos como ejemplo un posible ascenso laboral, que implica el traslado a otra ciudad. Las posibles soluciones a este problema son solo dos: aceptar el ascenso o no aceptarlo. Pero cada una de ellas lleva implícitas otras cuestiones que requieren ser tomadas en cuenta, puesto que pueden desembocar en un nuevo problema derivado. La renuncia podría frustrar nuestras ambiciones futuras en la empresa y nos privaría de la subida de sueldo asociada al ascenso, pero, por otro lado, la unidad familiar mantendría su estabilidad —colegios, trabajo de la pareja, amistades—. En cambio, aceptar la oferta incrementaría nuestro prestigio profesional —y nuestro poder adquisitivo— y podría ser una oportunidad para que la familia expandiera sus horizontes conociendo nuevos amigos, aunque también podrían no adaptarse y generar malestar entre sus miembros. Las implicaciones que podría tener un «sí» o un «no» son varias y difíciles de prever. Estamos ante un problema de solución compleja.

Es necesario tener en cuenta, además, que ambas características —y sus opuestos— tampoco guardan relación directa; algo complicado no tiene por qué ser complejo, del mismo modo que algo sencillo no siempre tiene que ser simple. Volviendo al primer ejemplo, aun teniendo en cuenta todas las variables expresadas que lo convierten en una situación complicada, la solución sería simple: coger un taxi. Como hemos visto en el segundo supuesto, un planteamiento sencillo —aceptar (o no) el ascenso y la mudanza—, aunque se responda con un «sí» o un «no», tiene una solución compleja por las posibles implicaciones posteriores.

LOS INICIOS CAÓTICOS

A menudo nos encontramos con decisiones fáciles de tomar. Pero en ocasiones la emisión de un juicio se nos resiste y la indecisión se apodera de nosotros, sin poder declinar la balanza en un sentido o en otro. Podría decirse que nos hallamos en un punto de Lagrange, donde cualquier pequeño factor nos sacaría de ese delicado equilibrio.

EL PROBLEMA DE LOS N-CUERPOS

Desde que Newton publicara su *Principia*, y sus leyes se convirtieran en el manual de cabecera de los físicos para estudiar el mundo que los rodea, siempre existió un problema irresoluble para todos ellos: la cuestión de los n-cuerpos.

Como suele pasar en física, por su planteamiento[5] se puede definir como sencillo, pero su resolución le añade el calificativo de complejo. Hasta donde hemos visto, las leyes orbitales de Kepler y las del movimiento de Newton permiten posicionar cualquier cuerpo en el firmamento con precisión.

Pero esa exactitud debe ser matizada. Los estudios de los astrónomos arrojan pequeñas discrepancias entre donde tiene que estar un planeta y donde está realmente. La causante de esas diferencias no es otra que la gravedad, que del mismo modo que mantiene a los astros organizados en el espacio, también produce sutiles interferencias en sus órbitas.

Cuando los científicos, incluido Newton, empiezan a desarrollar modelos para el estudio de la acción de la gravedad, toman dos cuerpos para medir la influencia recíproca de la masa de uno sobre el otro. Esta pareja de elementos y las relaciones entre ambos constituyen sistemas no lineales simples. Los más manidos del momento eran las parejas Sol-Tierra y Tierra-Luna. Aislando a dos cuerpos del resto del Universo, todos los cálculos son precisos. Pero todo se complica al introducir un tercer cuerpo, o sea, Sol-Tierra-Luna. Por un lado, el Sol, como masa mayor, ejerce gran influencia sobre la Tierra. A su vez, nuestro planeta, por la reciprocidad de su relación gravitacional con la Luna, también está afectado por el satélite. Aunque las magnitudes sean muy distantes, esa pequeña intervención lunar es la causante de las mínimas fluctuaciones orbitales de la Tierra alrededor del Sol. Esto es extrapolable a todos los cuerpos del Universo. La mera introducción de un tercer elemento transforma el sistema inicial —no lineal simple— en un sistema complejo.

Con el paso de los años, en particular a partir de finales del siglo XIX, varios trabajos se centran en demostrar ese comportamiento irregular de los astros en sus órbitas. Pero nos fijaremos en los del matemático alemán Leonhard Euler, continuados por el matemático italofrancés Joseph-Louis Lagrange, ya que, entre 1750 y 1772, estos dos científicos fueron pioneros en abordar el problema de los n-cuerpos, aunque de manera indirecta. Más concretamente, de los tres cuerpos. El primero de ellos, tomando las leyes universales como referente, determinó la existencia de unos puntos en los que la atracción mutua entre dos cuerpos se hallaba en estado de equilibrio, es decir, estable.

Partiendo de un objeto con gran masa —por ejemplo, el Sol— respecto al otro de menor entidad —la Tierra—, encontró tres puntos, L1, L2 y L3, en los que calculó que las fuerzas gravitatorias de ambos cuerpos se anulaban. O sea, puntos en los que, si colocásemos un tercer cuerpo, de masa despreciable respecto a los otros dos, quedaría suspendido en «gravedad cero». Para llegar a resultados óptimos consideró a los dos cuerpos mayores aislados, y describiendo el menor una órbita circular alrededor del mayor.

---

[5] Se puede formular informalmente como: «Dadas en un instante las posiciones y velocidades de tres o más cuerpos (o partículas), así como sus masas, y sometidos a la acción de sus atracciones gravitatorias mutuas, calcular sus posiciones y velocidades para otro instante».

Lagrange, por su parte, siguiendo otros métodos, pero con la misma intención que Euler, encontró otros dos puntos más, L4 y L5, que cumplían las mismas condiciones que los anteriores.

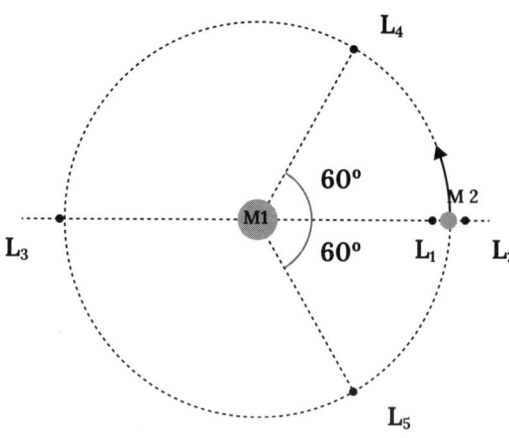

Lo que hace particulares los trabajos de los dos matemáticos es que, con la llegada de la carrera espacial, se demostró de forma palpable y práctica la irregularidad de la órbita terrestre debida a la influencia de otros cuerpos. Los puntos L1 y L2, tanto del sistema Sol-Tierra como del Tierra-Luna, son los utilizados para la ubicación de

satélites artificiales[6]. Si solo existieran dos cuerpos del estudio —Sol y Tierra, o Tierra y Luna, por ejemplo—, los puntos L1 y L2 permanecerían inalterables en el tiempo. Pero la realidad que confirma la influencia de terceros cuerpos, y que ya anticiparon teóricamente los físicos muchos años antes, es que los satélites artificiales requieren de pequeñas correcciones en su posición para evitar salirse del equilibrio. Tanto es así que aun manteniendo la denominación de «puntos» realmente, en la actualidad, se considera que son áreas o halos. Esto se debe a que las órbitas descritas teóricamente no son siempre *exactamente* las mismas, por lo que los puntos de equilibrio sufren pequeñas modificaciones.

Los puntos de Lagrange son estados de frágil equilibrio, como un lápiz en vertical apoyado sobre su punta. Cualquier impulso sobre él, por insignificante que pueda parecer, lo hará caer en una dirección o en otra.

---

[6] El punto L3, aunque cumple los requisitos teóricos, se encuentra en la posición opuesta al objeto de mayor masa, por lo que no se tiene en consideración. Por su parte, L4 y L5 son tan estables que presentan propensión a acumular asteroides y polvo que podría afectar a posibles satélites colocados en ellos.

PRIMERAS APROXIMACIONES DE POINCARÉ

Jules Henri Poincaré fue un matemático, astrónomo y físico francés que desarrolló su trabajo a finales del siglo XIX y principios del XX. Es considerado el padre de la teoría del caos y el abuelo del efecto mariposa, puesto que sus estudios fueron los que abrieron la posibilidad de entender el caos, en el sentido de la dependencia sensible de determinados sistemas a las condiciones iniciales.

En 1885, el rey de Suecia y Noruega, Óscar II, convocó un premio matemático para conmemorar su sesenta cumpleaños. El objetivo de la prueba era demostrar que el Universo era estable. En esos años, la certeza de que el sistema solar funcionaba como un reloj eterno, como había establecido Newton, empezaba a ponerse en cuestión, y el problema de los n-cuerpos estaba en la mesa de trabajo de todos los físicos y matemáticos de renombre. Bien es cierto que las diferencias entre las órbitas observadas y las teóricas eran casi despreciables. Pero el hecho de que se produjeran esas inexactitudes suscitaba una cuestión lógica entre los estudiosos. ¿Hasta qué punto esas diferencias podrían ir acumulándose, de forma que produjeran un desequilibrio catastrófico en el sistema solar? En otras palabras, ¿podría salirse un cuerpo de su órbita y estrellarse contra la Tierra —o la misma Tierra salirse de la suya—, haciendo ciertos los peores augurios de algunas tribus antiguas de que un día el cielo caería sobre sus cabezas?

Ese era el miedo que embargaba al rey Óscar II y el motivo por el que decidió convocar esa prueba y que se diese respuesta a las preguntas: ¿Se puede establecer matemáticamente que el sistema solar continuará girando como un reloj? ¿O es posible que en un momento futuro la Tierra se salga de su órbita y desaparezca del sistema planetario?

Henri Poincaré se presentó al desafío matemático con una solución sintetizada del problema de los n-cuerpos. Decidió trabajar sobre tres cuerpos solamente, entendiendo que si resolvía ese caso, podría extraerse la solución sobre cualquier otro número. En su trabajo estableció un entorno modificado para los tres elementos de estudio, simplificando determinados cálculos, de manera que llegó a la conclusión de que el sistema solar era estable. Si bien el proceso completo de su trabajo no era del todo comprensible para el jurado, este decidió otorgarle la victoria en la prueba.

Meses después, mientras revisaba su trabajo para enmendar posibles erratas, Poincaré se dio cuenta de que había cometido una serie de errores, cuya corrección le conducía a resolver el problema de forma totalmente opuesta. Entendiendo el conjunto de tres cuerpos como un sistema sencillo, presumió que pequeños errores en las condiciones iniciales tendrían que traducirse en pequeños errores en las condiciones finales. Cuando sometió a análisis algunas de las aproximaciones que había tomado por buenas se percató de todo lo contrario. Demostró que sutiles variaciones en las condiciones iniciales de sistemas aparentemente muy sencillos podían producirse tales variaciones —comprensibles pero no predecibles— que, con el paso del tiempo, acabarían por descompensarlo y generar movimientos muy complicados.

Con la introducción de ese nuevo concepto —la sensibilidad de algunos sistemas a las condiciones iniciales—, Poincaré había redactado el principio de la teoría del caos. Quedaría todavía un largo recorrido, de más de tres cuartos de siglo, para que Lorenz hiciera mover las alas a su mariposa. Pero la semilla ya estaba plantada.

> Aunque sin mencionarlo directamente, Poincaré es el primero en hablar del caos, al destacar en sus trabajos la influencia que puede llegar a tener el estado inicial, en determinados sistemas, sobre el resultado final.

Un premio que salió caro

Poincaré se alzó con la victoria en la prueba matemática convocada por el rey Óscar II y, por tanto, se hizo acreedor del premio en metálico asociado. Pero no sabía el matemático, el día que recibió el galardón, que habría de salirle caro.

Cuando estaba revisando su trabajo y se percató de sus errores, inmediatamente le escribió un telegrama privado al director del evento y miembro del jurado, el también matemático Magnus Gustaf Mittag-Leffler. En el mensaje le decía: «Las consecuencias de este error son más serias de lo que pensé en un principio. No sé si todavía pensará que los resultados que quedan merecen la gran recompensa que le ha otorgado».

La respuesta del sueco fue premonitoria pero catastrófica: «No es que dude de sus escritos (...) y que serán el punto de partida para todos los esfuerzos futuros en la mecánica celeste. Pero lo terrible es que su carta llegó demasiado tarde y su trabajo ya se ha distribuido».

Efectivamente, la impresión de la revista *Acta Mathematica* con los resultados iniciales de Poincaré ya se había lanzado. Para enmendar su error, Mittag-Leffler le sugirió al físico francés que se hiciera cargo de los costes económicos de esa primera edición, mientras que él prepararía la segunda e intentaría hacer desaparecer todos los ejemplares anteriores.

Por supuesto, Poincaré aceptó la propuesta. Pero no le salió barata la operación, puesto que el montante de la primera edición excedía con creces —casi tres veces más— la cuantía del premio otorgado.

No se sabe si Poincaré fue consciente del desembolso económico que tendría que hacer para subsanar su trabajo, pero es fácil pensar que, aunque lo fuera, quién podría poner precio a la genialidad.

ENTENDER EL CAOS EN SU TEORÍA

Aunque cuente con mala fama, existe un «caos bueno» —el definido por la física—, cuya comprensión y aceptación nos aporta grandes beneficios como individuos, activando nuestra atención sobre los detalles que nos rodean y manteniéndonos alerta para detectar y encaminar situaciones inesperadas.

EL CAOS COMO PARTE DE NUESTRAS VIDAS

La palabra «caos» siempre adoleció de mala fama. Las alusiones al caos como algo negativo las podemos hallar en textos, películas, conversaciones y expresiones populares. No en vano, para esta palabra, la Real Academia Española de la Lengua tiene como segunda acepción «Confusión, desorden», añadiendo como sinónimos desorden, confusión, embrollo, vorágine, anarquía, desorganización, enredo, desconcierto... Esta connotación negativa de la palabra es la comúnmente aceptada por la mayoría de las personas. De ahí que tengamos arraigado un desprecio natural por él y queramos sacarlo de nuestras vidas. Por no excluir a la primera acepción del diccionario, esta hace referencia al estado inicial —amorfo e indefinido— anterior a la ordenación del cosmos. Aunque referido al periodo concreto de la creación del Universo, sigue manteniendo el significado de desorden.

El desorden, el bullicio o la desorganización tienden a generar ansiedad, desconcierto o dificultad para adaptarse al entorno. Los humanos necesitamos unas mínimas reglas para procesar correctamente dónde nos encontramos y poder actuar en consecuencia. Quién podría sentirse cómodo en un trabajo si le cambiaran de mesa sin previo aviso, si lo avisaran del horario con cinco minutos de antelación o si le asignaran compañeros de trabajo distintos cada día. Ese caos organizativo impediría a cualquier persona marcarse unas pautas de trabajo que pudieran generar cualquier cosa medianamente productiva. Este tipo de caos podríamos denominarlo como «caos del malo», y es responsable de la mala publicidad del término.

Pero la que tiene valor y significación en la teoría del caos es la tercera acepción: «Comportamiento aparentemente errático e impredecible de algunos sistemas dinámicos deterministas con gran sensibilidad a las condiciones iniciales».

Los seres humanos nos enfrentamos diariamente a la toma de decisiones. Unas son más importantes y trascendentales, por lo que les dedicamos tiempo y análisis. Estudiamos todos los pros y contras, y después de someter todas las consideraciones a juicio nos decantamos por una opción frente a otras, esperando que cumpla nuestras expectativas. Otras, en cambio, las tomamos casi sin darnos cuenta, de forma rutinaria, en el convencimiento de que no tendrán mucho recorrido. Decidimos casi de manera instintiva y nos olvidamos del asunto, pasando inmediatamente al siguiente tema que ocupa nuestros desvelos.

Pero si atendemos a esta última acepción, entenderemos que cualquier decisión, por razonada que sea o por pequeña e insignificante que parezca, puede derivar en consecuencias imprevisibles y desencadenar una suma de efectos de proporciones enormes. Tomar conciencia de la existencia del caos nos exhorta a estar alerta ante cualquier cambio, facilitando, no solo su aceptación, sino la valoración de nuevas opciones para su aprovechamiento. Además, nos obliga a no dejarnos arrastrar por las prisas o la rutina. Este otro tipo de caos podría calificarse como «caos del bueno» y está presente en nuestro día a día.

> No todo el caos es desorden y anarquía. Existe un caos que se gobierna por reglas universales y que se deja ordenar por las matemáticas y la física, aunque su naturaleza y temperamento terminan por conducirlo a resultados inesperados.

EL ENEMIGO DEL CAOS NO ES EL ORDEN, ES EL AZAR

Una vez más, la existencia de dos conceptos de caos nos puede llevar a equívoco. Si buscamos antagonistas para «confusión y desorden» nos aparecerán conceptos como orden, mandamiento, disciplina, regla, equilibrio... Pero el caos que nos interesa es el referido a **sistemas dinámicos deterministas**.

El determinismo establece una relación entre aquello que genera un evento y el resultado del mismo —causa y efecto—. Esa relación se sustenta sobre unas leyes o normas de comportamiento universales que colocan al observador en posición de predecir las consecuencias. Aunque en ocasiones nos cueste identificar esas normas o seamos incapaces de entender cómo se ordenan unos elementos concretos, aparentemente erráticos e impredecibles, eso no quiere decir que no estén sometidos al determinismo.

En este caso, si indagáramos en busca de los sinónimos de este tipo de caos, encontraríamos alusiones a sistemas dinámicos no lineales o sistemas complejos, mientras que sus némesis no serían el orden o la disciplina, sino el azar.

Existen distintas definiciones de azar, así como diversos tipos, en función del entorno en el que se estudie. De modo genérico se puede entender el azar como aquellas situaciones fortuitas, fruto de la casualidad o del capricho, es decir, sin una causa calculada, que tienen unas consecuencias impredecibles o difíciles de medir.

Imaginemos la caída de una hoja. El instante exacto para soltarse de la rama vendrá condicionado, entre otros muchos, por la madurez de las fibras que la sujetan, por la gravedad, por el viento del momento, por el roce con las alas de un pájaro... No podemos decir que no existe causa para la caída, pero al depender de tantos factores y tan heterogéneos, es imposible calcular cuál de todos ellos y en qué medida ha contribuido a la caída. Si nos fijamos ahora en su vuelo, para determinar el punto y momento exactos en el que tocará el suelo tendríamos que analizar, también entre otros tantos, la forma de la superficie de la hoja, sus dimensiones y su textura, su peso, el viento presente, las posibles rachas de aire producidas por el paso de vehículos... Igualmente, la cantidad y complejidad de todos los factores que intervienen, así como la desconexión entre ellos, hace imposible predecir dónde y cuándo caerá la hoja. Estos sucesos, tanto su desprendimiento del árbol como su caída libre son ejemplos de azar.

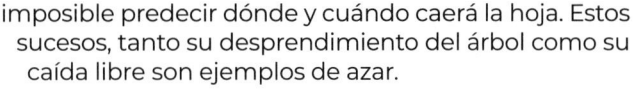

La teoría del caos tiene como objetivo proporcionar herramientas que faciliten el estudio y la comprensión de los procesos considerados azarosos, con la finalidad de predecir su comportamiento.

La conexión entre la ciencia y la lengua

Hemos visto como dos adjetivos sinónimos en el ámbito cotidiano — complicado y complejo— marcan las diferencias entre ellos al adentrarse en la física y en la resolución de problemas. Lo mismo puede decirse de sus opuestos, sencillo y simple.

Otro caso singular dentro del contexto que nos ocupa lo encontramos en dos palabras tremendamente similares, pero que se sitúan en posiciones totalmente opuestas. Estas palabras son «casualidad» y «causalidad». A nivel morfológico solo se diferencian por la rotación de las letras S y U. Pero a nivel semántico, y en especial en el campo de la física, no pueden estar más alejadas.

La casualidad se define como la conjunción o combinación de circunstancias que no se puede prever ni evitar. Por su parte, la causalidad se define como la causa o el origen de algún suceso. Es la condición de una acción o fenómeno de ser causa de algo como su resultado, efecto o consecuencia.

Resulta muy llamativo que dos palabras tan próximas en su forma de escribirse representen dos posturas tan antagónicas en el mundo matemático y físico. Mientras que la primera se vincula con la aleatoriedad y el azar, la segunda se incluye como parte de la relación causa-efecto que define el determinismo.

Por último, no podemos olvidar la comunión de dos conceptos inicialmente contrarios al tratarlos por separado. El significado más extendido y aceptado de la palabra «caos» alude a desorden, anarquía y confusión. Todo lo contrario que el concepto de determinismo, que hace referencia a leyes, normas y reglas.

De ahí la singularidad a la hora de buscar una denominación para el fenómeno observado en los sistemas dinámicos no lineales o sistemas complejos, al recurrir a una unión tan dispar como «caos determinista».

LOS FRACTALES Y SU ORDEN APLICADO AL CAOS

Usando la analogía geométrica, en ocasiones nos enfrentamos a situaciones con una estructura muy complicada, llenas de curvas, giros, ramificaciones y variaciones que pueden dificultar su planteamiento lógico y acabar por rebasarnos.

Aplicando la geometría fractal, ampliar el zoom en determinados aspectos y desmenuzarlos hasta alcanzar niveles más profundos, podrá revelarnos un patrón de autosimilitud que nos permita identificar la naturaleza última del problema y facilitar su resolución.

QUÉ ES LA GEOMETRÍA FRACTAL

Hace más de dos mil años, el filósofo y matemático griego Euclides enunció cinco axiomas[7] que habrían de definir el espacio euclidiano, un entorno sintético para describir las propiedades básicas de los objetos geométricos. Este sistema sigue siendo válido hoy en día para estudiar las características de las figuras en el plano o el espacio (longitudes, áreas y volúmenes), y se utiliza en mecánica, arquitectura, geografía, cartografía o náutica, entre otras especialidades. La principal restricción de esta geometría es que solo es aplicable a las formas «perfectas» creadas por el hombre —líneas rectas, círculos, polígonos o poliedros, por ejemplo—.

Pero en palabras del matemático polaco que acuñó el término «fractal», Bernoit Mandelbrot, «las nubes no son esferas, las montañas no son conos, las costas no son círculos y la corteza de los árboles no es lisa, ni los rayos viajan en línea recta». En síntesis, ninguna de las formas que nos encontramos en la naturaleza, tanto viva como inerte, pueden ser descritas con la geometría euclidiana.

Este fue el motivador que espoleó a Mandelbrot en sus estudios: hallar el modo de describir la geometría de la naturaleza. Partió de un fenómeno que llamó su atención: la existencia de elementos naturales en los que sus estructuras se repiten a diferentes niveles. Algunos de los ejemplos más gráficos de este tipo de construcciones son:

- **Las nervaduras de una hoja**. Si se acerca la vista del observador se aprecia como de cada nervio, parten a su vez las mismas formas ramificadas. Igualmente, ese tipo de estructura se observa en la pequeña rama donde crece la hoja y, a su vez, en la rama mayor que contiene a la anterior, y así sucesivamente hasta llegar al tronco.

---

[7] Axiomas de Euclides: 1. Dados dos puntos se puede trazar una recta que los une; 2. Cualquier segmento puede prolongarse de manera continua en cualquier sentido; 3. Se puede trazar una circunferencia con centro en cualquier punto y de cualquier radio; 4. Todos los ángulos rectos son congruentes; y 5. Por un punto exterior a una recta, se puede trazar una única paralela a la recta dada.

- **El sistema circulatorio**. Cada arteria o vena principal se divide en otras de menor tamaño, que a su vez se vuelven a dividir en otros conductos menores, hasta llegar al más pequeño de los capilares que alimenta las células. La distribución es muy similar en cada nivel que se vaya profundizando.

- **Una zona de marismas**. Los canales principales que llegan al terreno pantanoso se dislocan en otros cauces más pequeños, continuando su división, de forma casi homogénea, hasta formar cientos de regatos que cubren toda la extensión.

Esta particularidad de replicación de un objeto, tal que al agrandarlo o encogerlo obtenemos una copia exacta o muy similar a la mostrada en un nivel inferior o superior, se denomina autosimilitud o autosemejanza.

Teniendo como referentes los modelos naturales más fácilmente identificables, a principios de los años sesenta, Mandelbrot se lanzó al análisis de otras estructuras menos evidentes, para ver si cumplían con la propiedad de autosimilitud en alguno de los niveles de observación. Pudo comprobar cómo, encontrado el grado de profundidad adecuado, estaba más extendida en la naturaleza de lo que podría estimarse[8].

El siguiente paso fue aplicar las matemáticas para dar con una fórmula que representara la forma más simple en la secuencia de repetición. Una vez conseguida, procedió —con ayuda de una computadora— a iterarla tantas veces como niveles de observación se estimasen, dando como resultado la figura

---

[8] Es necesario indicar que la igualdad encontrada no siempre es estricta. Según decrece el grado de precisión en la semejanza se tiene que hablar de autosimilitud exacta, autosimilitud estadística, autoafinidad o autoconformidad.

completa observable en la naturaleza. Es decir, determinó que se podían matematizar las formas naturales que la geometría euclidiana no era capaz de describir. Esta es la base de la **geometría fractal** o de los fractales, como también se denomina.

Generar nuestros propios fractales

En internet podemos encontrar diversas aplicaciones que permiten, con unos pocos toques del ratón, obtener unas figuras fascinantes y cautivadoras. Pero si buscamos la originalidad, hay un ejercicio muy sencillo que podemos realizar en casa disponiendo de un ordenador y una cámara web externa.

Con la cámara conectada, apuntamos a la misma pantalla del ordenador, y al acercarla o alejarla, o girándola sobre la horizontal, veremos cómo se generan imágenes repetidas, cada vez más pequeñas, hasta perderse de la vista. Cualquier objeto o imagen que coloquemos entre la cámara y la pantalla, contribuirá a aportar complejidad y mayor vistosidad a la forma obtenida.

El mismo efecto lo podemos conseguir enfrentando dos espejos. Moviendo uno de ellos respecto al otro, la variación en el ángulo de reflexión reproduce una imagen continua decreciente. Si, por ejemplo, usamos algunas luces de colores colocadas entre ambos espejos, obtendremos una figura reflejada de mayor vistosidad.

LOS FRACTALES Y EL CAOS

El determinismo nos proporciona herramientas para describir estados pasados y futuros, por medio de las matemáticas. Pero solo obtiene previsiones precisas cuando se aplica a sistemas muy concretos, controlados y aislados. En definitiva, sistemas estables e ideales que solo pueden darse en un laboratorio o de forma hipotética. Sin embargo, la realidad está compuesta, casi en su totalidad, por sistemas complejos de estabilidad voluble, que expuestos a la imprecisión natural de las variables que los componen, se apartan de su evolución prevista.

La teoría del caos no minimiza o ignora esa realidad mutable. Antes, al contrario, intenta aproximarse lo máximo posible a su comprensión. Aunque no obtenga resultados matemáticamente exactos, y deba otorgar cierto grado de tolerancia a sus conclusiones, prefiere mantener la vista puesta en la realidad antes que en conjuntos ficticios.

Si se cambia el foco, pero poniendo como protagonista a la geometría euclidiana, se puede ver que los argumentos son igualmente válidos. Euclides nos proporcionó una herramienta útil y eficaz para describir una realidad artificial. Pero en la naturaleza no se pueden hallar triángulos equiláteros, ni circunferencias, ni rectángulos perfectos. Se muestra a través de figuras rugosas, formas escarpadas e imágenes laberínticas.

La geometría fractal de Mandelbrot abrió el camino para descifrar patrones matemáticos —más o menos intrincados— que describiesen las formas, aparentemente azarosas, que ofrece la naturaleza.

> Los fractales —o la geometría fractal— son a la geometría euclidiana lo que la teoría del caos es al determinismo. Ambos trabajan para descubrir el orden que se halla en la aparente aleatoriedad con la que se manifiesta la naturaleza.

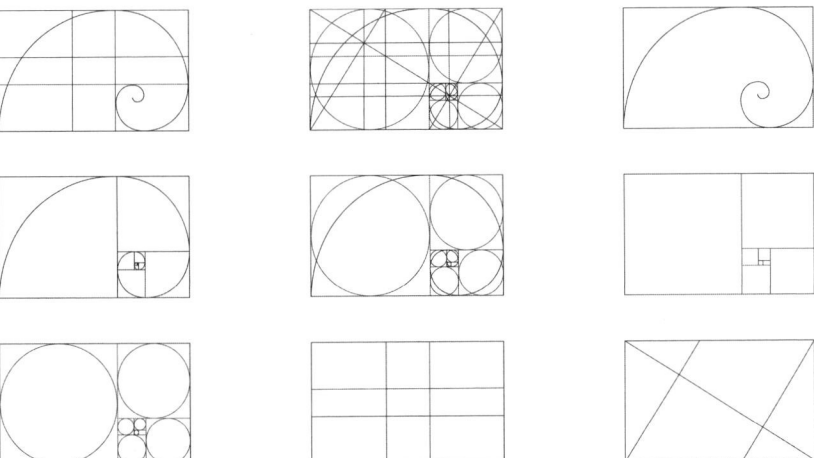

EL VUELO DESDE LOS SISTEMAS HASTA LOS FRACTALES

Los sistemas

Frente a los sistemas lineales, que presentan resoluciones simples en todo momento, los sistemas caóticos —dinámicos no lineales o complejos— muestran una evolución errática e impredecible a lo largo del tiempo, convirtiéndolos en la materia de estudio de la teoría del caos.

Lagrange

Los puntos de equilibrio en sistemas complejos, como los descubiertos por Lagrange, solo existen en planteamientos teóricos sobre entornos modificados. La realidad muestra zonas o halos de equilibrio, formadas por los infinitos puntos instantáneos que recogerá la evolución del sistema en el tiempo.

Poincaré

Poincaré no mencionó explícitamente al caos en sus trabajos, pero sí que expuso que determinados sistemas mostraban una gran sensibilidad a las condiciones iniciales. Esta formulación es la esencia de la teoría del caos, por lo que se considera al matemático francés como el padre de dicha teoría y, por extensión, abuelo del efecto mariposa.

El caos 1

Aparte del caos como sinónimo de desorden, anarquía y confusión, también podemos encontrar un caos gobernado y sometido a las matemáticas y la física, aunque la rebeldía de su naturaleza tratará de ocultar las causas que lo conducen a resultados inesperados, disfrazándolas de azar o fortuna.

El caos 2

La teoría del caos tiene como objetivo desenmascarar aquellos procesos aparentemente azarosos y ofrecer las herramientas que faciliten su estudio y comprensión, aproximándolos todo lo posible a la concepción determinista que permita predecir su comportamiento.

Fractales

Si la teoría del caos saca al determinismo de los laboratorios y los campos teóricos para estudiar la realidad, los fractales saltan de la geometría euclidiana sintética a la descripción de las formas originales con las que se manifiesta la naturaleza.

LA IMPORTANCIA DEL EFECTO MARIPOSA

*Por falta de un clavo se perdió la herradura;
por falta de una herradura se perdió el caballo;
por falta de un caballo se perdió el caballero;
por falta de un caballero se perdió la batalla;
por falta de una batalla se perdió el reino;
y todo por falta de un clavo.*

GEORGE HERBERT

Desde que iniciamos una nueva jornada nos vemos inmersos en un ajetreo continuo que nos deja poco tiempo para la introspección. En el momento en que sale de su letargo nocturno, nuestro cerebro, como el administrador incansable que es, comienza a procesar la información que tiene sobre eventos familiares, responsabilidades laborales, compromisos sociales y otras circunstancias que requieren de nuestra atención. Lo enmarca todo dentro del tiempo disponible, asigna una ventana a la realización de cada tarea y comienza a lanzar órdenes a los sistemas implicados para activarlos.

Asumimos que nuestro cerebro es infalible, y que si en algo presta especial atención es en la gestión de recursos —siendo bastante tacaño a la hora de distribuirlos—, por lo que enfrentamos el reto diario con la creencia de que la organización del día será perfecta y que dispondremos de tiempo suficiente para realizar cada acción, pudiendo disponer incluso de algún momento de reposo. Pero el resultado suele ser distinto, y en cuanto enfrentamos el primer hito de la agenda, nos damos cuenta de que nos va a costar poder cumplir el calendario.

Acumulados los primeros retrasos, empieza entonces un regateo interior entre las distintas obligaciones para ver a cuál dedicamos más tiempo y a cuál otra le recortamos la asignación, planteando posponerla si es necesario. La falta de tiempo nos conduce irremediablemente a las prisas, a la pérdida de atención al entorno y a la dificultad para discernir lo urgente de lo importante. En esa vorágine por impartir justicia entre los múltiples compromisos, intentando no robarle un segundo al que más lo necesita ni regalarle un instante al que tiene de sobra, poco o ningún espacio dejamos para la reflexión y el análisis.

Lo curioso de este proceso, que se repite prácticamente todos los días, es que cuando nos levantamos cada mañana, aunque sea por unos segundos tenemos el convencimiento de que ese nuevo día será diferente y que no volverá a pasarnos lo mismo de ayer. Pero poco tarda la realidad en mostrarse y empezar a devorarnos otra vez, zarandeándonos de una ocupación a otra, casi sin ser conscientes de las transiciones entre ellas.

En contadas ocasiones, aquellas revestidas de algún significado especial, como un cumpleaños, un nacimiento o una defunción, por ejemplo, es cuando hacemos valer nuestra condición de dueños de nuestro tiempo, y dedicamos un rato a pensar.

Dejamos que esos cientos de experiencias, sensaciones y proyectos que están revoloteando en nuestra mente, como volutas de papel quemado, vayan cayendo lentamente y posándose sobre un suelo blanco, nuestro yo consciente. El dibujo formado por los pedazos de papel quemado nos da la imagen de nuestro pasado, lo hecho, lo que no se puede volver a escribir. Los espacios en blanco quedan para que nuevas vivencias se posen en el futuro y completen la imagen anterior, dando como resultado una ilustración completa de nuestra existencia.

Según vayamos alimentando nuestra hoguera de reflexiones con los papeles donde tenemos escritas nuestras vivencias y deseos, veremos que no todos arden por igual. Unos, los más finos, prenderán rápido, generando una pavesa que prácticamente desaparecerá en el aire sin dejar rastro. Otros, los más gruesos o los que han acabado por pegarse entre ellos por simpatía, tardarán un poco más, formando volutas más pesadas y densas que se posarán sobre el suelo blanco dejando una marca destacable.

La forma anterior de arder es la esperable, donde pequeños papeles generan pequeñas cenizas. Pero si somos meticulosos y pacientes en nuestra observación, nos llevaremos más de una sorpresa al descubrir que un pequeño retazo, que creíamos que no podría ocasionar más que un pequeño punto al caer, si es que llegaba a hacerlo, acabará por ocupar una parte relevante de nuestra ilustración.

Ese pequeño fragmento puede que contuviera una experiencia que nos pasó desapercibida o que nos contentáramos con dar el calificativo de anecdótica. Lo escribimos un día —ni nos acordamos cuándo— mientras corríamos de un compromiso a otro. Lo garrapateamos en una servilleta de bar o en cualquier otro papel que tuviéramos a mano y lo guardamos en algún bolsillo, sin prestarle mayor atención.

Pero con el tiempo, ese pequeño papel se integró con otros tantos de su misma condición, pudiendo absorber su tinta e intercambiar fibras. También tuvo oportunidad de compartir espacio con otros de mayor tamaño, realizando las mismas permutas. Todo ello acabó produciendo mínimas variaciones en la combustión de todos ellos, que, al acumularse, terminaron por modificar el conjunto completo significativamente.

De ahí que, al apagar el fuego regenerador de nuestra **introspección**, podamos dar con una imagen de nosotros mismos que nos sorprenda y nos haga plantearnos determinadas cuestiones, tan necesarias y esenciales:

1. **¿Estoy satisfecho con la imagen obtenida?**

2. **¿Cómo he llegado a convertirme en este individuo?**

3. **¿Qué papel he jugado, de forma conscientemente, en este proceso?**

4. **¿Qué tengo que hacer a partir de ahora?**

En nuestra mano está intentar darles una contestación lo más satisfactoria posible, en el convencimiento de que no existe una respuesta ideal o perfecta. O dejarlas en el aire, hasta el próximo acontecimiento significativo —una boda, un despido o un divorcio—, para volver a sacarlas a la palestra con la convicción de que, en esta ocasión sí, van a hallar réplica y no quedar en suspenso como la última vez.

UN VIAJE DESDE LA SELVA AMAZÓNICA HASTA TEXAS

Desde su aparición, **el efecto mariposa** ha despertado la curiosidad de muchos investigadores, dando lugar a múltiples interpretaciones y adaptaciones. La rapidez con la que se integró en casi todas las disciplinas del saber nos induce a pensar en él como en la respuesta ansiada a muchas cuestiones que los estudiosos no alcanzaban a resolver; como esa pieza que le da sentido a todo el conjunto.

Lo curioso de esta visión del efecto es que encierra en sí misma su propia definición. Aunque no se pueden calificar los trabajos de Lorenz como pequeños o insignificantes, sí que la magnitud que alcanza su aplicación posterior supera con mucho al propio descubrimiento.

El hecho de que el meteorólogo redondeara de tres a seis decimales, algo aparentemente intrascendente, dio como resultado la expansión de una rama del saber con implicaciones en prácticamente todos los ámbitos del conocimiento.

EL VUELO DE LA MARIPOSA

Un pequeño insecto se posa sobre la tierna hoja de un árbol del caucho. La humedad de la selva amazónica se adhiere a su cuerpo, por lo que aprovecha los rayos de sol que se cuelan entre las hojas para calentarse. Acaba de realizar un vuelo estiloso, bajo un precioso dosel arbóreo, y atraído las miradas de otros insectos. Se siente feliz. Es bello, elegante y desprende una gracia exquisita cuando vuela. Se trata de una mariposa y la invade la necesidad de expresar su alegría batiendo sus preciosas alas azules. Aunque sus movimientos son delicados, los realiza con la suficiente energía para generar a su alrededor una pequeña corriente de aire.

La turbulencia es diminuta, pero su naturaleza le impide quedarse quieta. Comienza a desplazarse por su entorno sorteando los obstáculos que encuentra en el camino. En su movimiento se une a otras ráfagas de aire que le dan fuerza, hacen que crezca y la ayudan a recorrer cientos de kilómetros sin rumbo fijo. Semanas después, quizá meses, la pequeña turbulencia se ha convertido en un imponente tornado y toca el suelo al oeste de Saymour, en Texas.

Ningún entomólogo, que se encontrara observando a la presumida mariposa azul batir sus alas, hubiera podido predecir que esa muestra natural en la conducta de un insecto podría ser la causante, meses más tarde, de un tornado de Texas. Ningún meteorólogo, que se encontrara observando el tornado de Seymour, hubiera podido establecer el origen del fenómeno en el inocente gesto de una mariposa, meses antes, en la selva amazónica.

El matemático y meteorólogo estadounidense Edward Lorenz se sirvió de esta metáfora, en forma de pregunta, para dar título la conferencia que impartió en 1972 en la reunión anual de la American Association for the Advancement of Science (Asociación Americana para el Avance de la Ciencia): «Predictibilidad. ¿Provoca el aleteo de una mariposa en Brasil un tornado en Texas?». El contenido de la disertación no tenía nada que ver con mariposas ni con tornados exactamente. De ahí que Lorenz no esperase una respuesta a la pregunta formulada al inicio de su intervención. No pretendía demostrar que, si ese leve movimiento de aire no se hubiera producido, no tendrían que lamentar las consecuencias de un tornado. Era bastante posible que el fenómeno destructivo se desencadenara igualmente, aunque la mariposa hubiera mantenido quietas sus alas.

Lo que quería mostrar Lorenz era la disparidad e imprevisibilidad de resultados que pueden ofrecer dos sistemas, en apariencia similares, al introducir pequeñas variaciones en los estadios iniciales de cada uno, es decir, la mecánica de un sistema caótico.

Sin contar con unos postulados universales o axiomáticos, la física ya había tomado contacto con los sistemas caóticos, pero siempre desde una perspectiva teórica alejada de la comprensión general. Dentro del mundo científico tampoco se habían significado lo suficiente este tipo de sistemas como para recibir una atención especial. El efecto presentado por Lorenz plasmaba con sencillez el comportamiento de esos sistemas particulares, acercándolos, además, a la comprensión general y vinculándolos con una materia tan presente e importante para los individuos como la meteorología.

Sin menospreciar ni obviar los aspectos puramente científicos de su trabajo, puede decirse que la importancia y significación de Lorenz consistió en presentar en sociedad **a los sistemas caóticos** por medio de un ejemplo, a la vez dramático y sugerente. A partir de ese momento, se produjo una eclosión del caos en muchas ramas del saber, integrándose todo lo relacionado en este campo bajo la denominación de «teoría del caos».

> Hablar del efecto mariposa es hablar de la teoría del caos. Si bien la teoría incluye al efecto, fue este el que le dio entidad y consistencia a la primera, haciéndole un hueco tanto en la ciencia como en el conocimiento general.

La elección de la mariposa como metáfora

Una de las herramientas que usaba Lorenz en sus cálculos para modelos meteorológicos eran los diagramas de fases. Estos consisten en la representación gráfica entre diferentes estados de la materia, en función de variables elegidas, con la finalidad de facilitar su estudio.

Se encontraba inmerso en el estudio del modelo atmosférico para valores de $r = 28$, $\alpha = 10$, $b = 8/3$ cuando descubrió que la figura que mostraba el grafico resultante se parecía mucho a una mariposa con las alas abiertas.

Aunque sería lógico suponer que la elección de la metáfora de la mariposa para explicar sus resultados le asaltó nada más ver este diagrama, lo cierto es que no fue así. El primer dúo al que recurrió Lorenz para ilustrar sus conclusiones fueron una gaviota y una tormenta costera. Pero por recomendación de algunos colegas, y esta vez sí, tomando prestada la imagen del modelo, terminó por adoptar la mariposa y el tornado.

El empleo del insecto parecía más poético. No le costaría reconocer que sonaba mucho más elegante «efecto mariposa» que «efecto gaviota». Además, esta nueva pareja expresaba mucho mejor la divergencia causa-efecto al relacionar algo tan frágil y sutil como las alas de una mariposa con algo tan violento y devastador como un tornado.

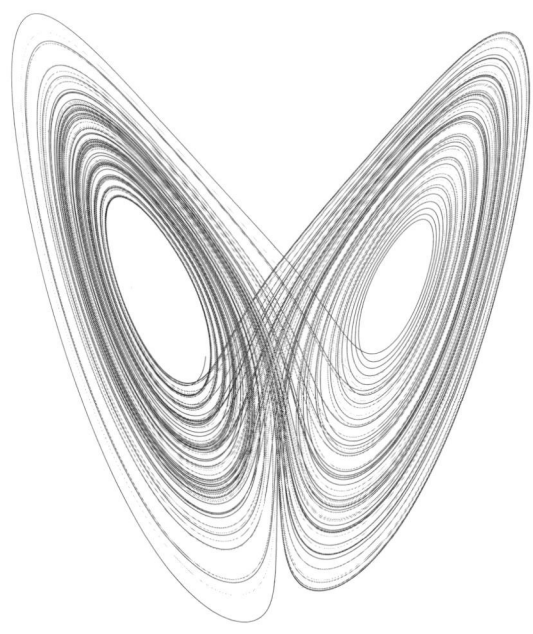

LA IMPORTANCIA DE LOS PEQUEÑOS DETALLES

Costaría imaginar a todo un matemático y meteorólogo de reconocido prestigio, sentado en su laboratorio del MIT (Massachusetts Institute of Technology), con un café en la mano, pensando en mariposas. Sería más increíble creer que el revoloteo de esos pequeños insectos en la mente del científico pudiera acabar por desvelarle una idea de tanto calado en el mundo académico.

Sí que es cierto que el descubrimiento vino de la mano de una de esas casualidades del azar que en ocasiones iluminan el mundo científico. Si para Newton fue la caída de una manzana madura sobre su cabeza, para Lorenz fue la económica de decimales, el redondeo, la que le reveló el camino que debía seguir.

El matemático se encontraba trabajando sobre un modelo, compuesto por tres ecuaciones diferenciales ordinarias, para describir el comportamiento de un fluido sometido a variaciones de temperatura. Disponía de una computadora, la LGP-30, para procesar las soluciones numéricas. El ordenador, a pesar de ser uno de los más avanzados de la época, necesitaba su tiempo para efectuar los cálculos. Así que Lorenz introdujo los datos de su modelo, con cifras aproximadas a los seis decimales, y fue a prepararse un café mientras dejaba un rato a la máquina para procesarlos.

Cuando regresó, el ordenador se había detenido a mitad del trabajo, posiblemente debido a algún proceso interno de la propia máquina. Para ganar tiempo, y continuar el cálculo por donde se había quedado, Lorenz introdujo en la computadora los datos obtenidos hasta el momento de su detención. Pero existía una particularidad. Aunque el sistema permitía introducir números con seis decimales, los datos arrojados solo contaban con tres decimales. El científico no le dio mayor importancia a esta discrepancia, así que aplicó el mismo redondeo con el convencimiento de que proporcionarle a la máquina un 0,827 en lugar de un 0,827566 no supondría una diferencia significativa en el resultado final.

Pero su sorpresa fue mayúscula por los datos obtenidos, puesto que distaban mucho de los esperados. La curiosidad por esta discrepancia tan llamativa le hizo repetir los cálculos, variando el número de decimales introducidos. Los estados finales obtenidos eran tan diferentes que le llevaron a la conclusión de que pequeños cambios en las condiciones iniciales en dos sistemas, en apariencia similares, los hacían evolucionar de forma radicalmente distinta. Empleando la expresión que acuñaría el matemático norteamericano Guckenheimer unos años después, y que ya había adelantado Poincaré bastantes años antes, Lorenz se había topado con la **«dependencia sensible a las condiciones iniciales»** de un sistema.

LAS COMPUTADORAS, UN PUNTO DE INFLEXIÓN

Aunque el auge de la teoría del caos se produjera principalmente a partir de que Lorenz presentara su efecto mariposa, en física y en matemáticas siempre estuvo presente, de una u otra manera, el fenómeno caótico. En este libro se presentan a los científicos más destacados, cuyas aportaciones —directas o insinuadas— contribuyeron a configurarlo con mayor precisión.

Cabría preguntarse por qué, siendo conocido desde hace tanto, no fuera hasta los años sesenta del siglo pasado cuando destacó entre el colectivo científico. La razón no es otra que **la aparición de la computación**.

Los físicos y matemáticos anteriores al surgimiento de los ordenadores desarrollaban sus trabajos en el campo teórico. Ese marco hipotético fue ampliando de modo progresivo su ámbito de estudio incluyendo herramientas como el cálculo integral y diferencial, que permitía incorporar el concepto infinitesimal en las fórmulas que definen los sistemas. Pero trabajar en un ámbito especulativo, donde la ambigüedad puede introducirse en la redacción y definición de las hipótesis, permite un amplio margen a la conjetura, pudiendo dar validez completa a determinados postulados que encierren un considerable margen de error.

Por otro lado, en esa época también se conocía la existencia de modelos matemáticos, y en casos muy simples, se aplicaban sin ningún problema. La impracticabilidad de su uso surgía al plantear modelos para un rango de modificación muy amplio de una variable o para **la iteración sucesiva de valores o fórmulas** con límites infinitos —como en el caso de los fractales, por ejemplo—. Es aquí donde la computación permite realizar cientos de miles, millones de operaciones en un espacio de tiempo cada vez más reducido, y ofrecer modelos que proporcionen una visión más real de la evolución de los sistemas.

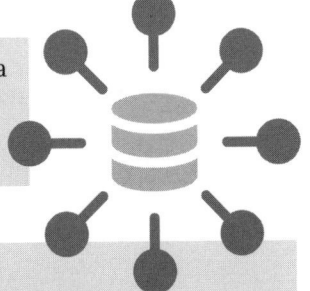

El salto cualitativo que proporcionan la informática y el procesamiento de gran cantidad de datos —conocido como big data— hace despegar, entre otros, a la teoría del caos.

La computadora portátil de Lorenz

La LGP-30, Librascope General Precision, la máquina que indujo a Lorenz a descubrir el efecto mariposa, salió al mercado en 1956. Estaba compuesta por una estación dotada de una máquina de escribir conectada a un sistema automatizado de escritura por cinta perforada y de la propia computadora como tal, el cerebro. Albergaba en su interior tubos electrónicos y diodos, tambores magnéticos y reguladores de tensión como elementos principales. En su cara frontal disponía de un *display* con 18 botones para operar el conjunto.

Se comercializó como una computadora de bajo coste, móvil, de reducido tamaño y con gran memoria. Estas características se apoyaban en un coste de unos 47 000 dólares de la época —unos 450 000 actuales—, un peso de 335 kilos, unas dimensiones de 86 centímetros de alto, 112 de ancho y 66 de fondo —sin contar la estación de la máquina de escribir—, y una memoria capaz de almacenar 4096 palabras.

Aunque estas cifras nos parezcan actualmente un despropósito, la LGP-30, junto con otras computadoras similares que componían la 2.ª generación de máquinas, se mantuvo en la vanguardia de la tecnología hasta mediados de los años sesenta. Fueron los ordenadores de la siguiente generación a esta, con pocas modificaciones sustanciales, los que usaron los científicos de la NASA para llevar al hombre a poner los pies en la Luna con la misión Apolo 11.

La causalidad determinista jugó su papel en el hallazgo de Lorenz. El meteorólogo pudo disponer de una computadora para realizar sus estudios, algo que era un privilegio con el que pocos investigadores podían contar en esos años. Por otro lado, esta máquina en concreto presentaba la limitación expuesta a la hora de proporcionar los decimales en sus cálculos. Si Lorenz no hubiera tenido el apoyo técnico de un ordenador, o si hubiera sido otra computadora con características diferentes, es probable que no conociésemos el efecto mariposa tal como lo vemos ahora.

LA IMPORTANCIA DEL TIEMPO

Cada día nos enfrentamos a la tarea de organizar la agenda y, basándonos en las lecciones aprendidas de días anteriores, aplicamos las correcciones oportunas buscando optimizar el tiempo disponible. Pero pasadas unas horas, acabamos como el día anterior, con prisas, agobios y estrés.

Aunque variemos las condiciones iniciales, levantándonos más temprano, acortando la siesta o reduciendo el tiempo del desayuno, el resultado termina siendo el mismo. Es cierto que unas veces se manifiesta en el trabajo, otras con la familia, etc., pero, más o menos, en el mismo momento —tiempo de Lyapunov— el caos se apodera de la agenda.

Eso se debe a que nos encontramos dentro de un atractor extraño, lo que implica que hagamos lo que hagamos, si mantenemos el rango de las condiciones iniciales dentro de la influencia del atractor, terminaremos convergiendo en él.

La única forma de salir de ese atractor es variar el conjunto de condiciones iniciales hasta definir otro atractor menos demandante. Como veremos en un ejemplo más adelante, en un primer paso, podríamos probar a lanzar el avión de papel en la dirección opuesta a la calle.

EL TIEMPO Y EL EXPONENTE DE LYAPUNOV

La característica determinante de los sistemas caóticos es su **sensibilidad**, es decir, su afectación por pequeños cambios en alguna de sus causas. Esta propiedad se manifiesta al observar las diferencias de comportamiento de un mismo sistema entre dos estados iniciales, «A» y «B», separados ambos por el distinto valor asignado a sus variables. Pero debe entenderse que esas diferencias no tienen por qué manifestarse de manera instantánea. Al observar las trayectorias del sistema en ambos casos, estas pueden ser iguales o permanecer muy próximas durante un tiempo, considerándose estable o casi estable. Es al llegar a un instante concreto cuando ambas empiezan a distanciarse claramente hasta desestabilizarse, pudiendo degenerar en un sistema caótico.

Imaginemos un sistema formado por el casco del barco —con sus variables: forma, velocidad, posición respecto a la horizontal, peso—, y por las olas que impactan contra él —también con sus variables: dirección, altura, fuerza—. Cada golpe de una ola provocará una oscilación en el buque, que por el efecto de la **ley de acción-reacción**, irá seguida de un movimiento en sentido contrario, dando como resultado final el balanceo acompasado del barco. **Este balanceo**, aunque no será siempre exactamente igual, **mantendrá al navío dentro de unos parámetros de seguridad** que le permitan seguir navegando de manera segura. Pero también **es posible que esa oscilación aumente** de modo significativo, cada vez más violenta y acentuada, **convirtiendo su movimiento en caótico** y provocando que el buque termine volcando.

La razón de usar este ejemplo es que, en 1892, el matemático ruso Aleksandr Lyapunov se encontraba inmerso en desarrollar un método para determinar la estabilidad de sistemas dinámicos no lineales, empleando como modelo de estudio la estabilidad de un buque. Las mayores aportaciones de su trabajo fueron dos características fundamentales para definir estos sistemas, y que terminaron recibiendo su nombre: el *tiempo* y el *exponente de Lyapunov*.

- El tiempo transcurrido en la evolución de un sistema a partir del cual sus trayectorias pierden estabilidad se denomina **tiempo de Lyapunov**.

- Por otro lado, el número que cuantifica el grado de divergencia entre sus trayectorias a partir de ese momento, es decir, cuán diferentes son en el mismo espacio de tiempo, se denomina **exponente de Lyapunov**.

Retomando el ejemplo, al aplicar las herramientas del matemático ruso podremos saber cuánto tiempo pasará hasta que comience a desestabilizarse el buque, y desde ese punto, determinar a qué ritmo aumentará el gradiente de oscilación hasta acabar volcando sobre un costado.

Ateniéndose a las características de Lyapunov, un sistema dinámico no lineal será más caótico cuanto menor sea su tiempo y mayor su exponente.

QUÉ ES UN ATRACTOR

En función de las variables iniciales introducidas en un sistema dinámico, los modelos matemáticos nos ofrecen las distintas trayectorias que describen con el paso del tiempo, y constituyen una herramienta gráfica para comprender y predecir la evolución de dichos sistemas. Cuando un sistema se itera en el tiempo un número suficientemente elevado de veces, al observar las trayectorias, pueden aparecer zonas de la gráfica donde se acumulen un mayor número de líneas. Como si en esos espacios existiera una fuerza que atrajese a las trayectorias. Aunque no existe una definición rigurosa o formal del concepto de atractor, puede describirse como un conjunto sobre el que convergen las trayectorias vecinas, dentro de un rango suficientemente amplio de condiciones previas.

Uno de los ejemplos más simples de atractor es el péndulo. Si empujamos un columpio, con independencia del peso de la persona sentada, de la fuerza de impulso o del material de los colgantes, si no se vuelve a empujar de nuevo, su situación final será detenerse. La gráfica de este sistema serían una serie de ondas, cada vez más pequeñas, que acabarían llegando al punto cero. Ese punto sería un atractor.

Cuando se aplica el mismo procedimiento a sistemas caóticos, lo que se genera son unas formas más complejas, que entran en el campo de la geometría fractal, y que se denominan **atractores extraños**.

Pongamos un ejemplo de este tipo de atractores. Tomemos el lanzamiento de un avión de papel desde una terraza de un cuarto piso. Su vuelo dependerá mucho de las condiciones iniciales de su lanzamiento, por lo que describirá un vuelo errático e impredecible hasta su llegada al suelo —o sea, un vuelo caótico—. Supongamos que lo volvemos a lanzar cientos, miles o millones de veces, pudiendo realizar el lanzamiento desde cualquier punto de la línea que da a la fachada del edificio y variando los ángulos respecto a la horizontal y la vertical. Cada vez realizará un vuelo diferente, no encontrando dos vuelos iguales. Imaginemos ahora que pudiéramos dibujar las trayectorias de cada uno de esos vuelos y superponerlas todas. Es muy posible que, la suma de todas esas líneas curvas, nos muestren una figura acotada y definida dentro de la cual el avión ha realizado todos y cada uno de sus vuelos. Puede que al lanzarlo una de las veces el papel girara a la derecha, y a la siguiente, desde el mismo punto y con los mismos ángulos, tomara hacia la izquierda. Puede que llegando al segundo piso volviera a ascender levemente, y que la siguiente vez hiciera un picado. Da igual el camino que siguiera el avión, de una manera u otra, su trayectoria se mantendría dentro de la figura completa. Esa zona por la que pasará el avión es la que se denomina un atractor extraño.

Es importante añadir que ese atractor se cumplirá para un rango de condiciones iniciales, suficientemente alto, pero acotado. Es decir, si lanzásemos el avión en dirección contraria a la calle, lo más seguro es que su trayectoria nunca coincidiría con la del atractor. En ese caso, es probable que, si definimos un nuevo rango de posibles condiciones iniciales y repetimos el proceso —en el lado opuesto de la azotea—, se genere un nuevo atractor, de modo distinto al anterior, pero con las mismas características.

Este fenómeno, aunque no es muy conocido, tiene unas aplicaciones tremendas en múltiples campos de las ciencias. Una demostración de esa importancia es el ritmo cardíaco. Diversos estudios en electrocardiogramas, a distintas escalas de tiempo, han demostrado que la dinámica cardíaca es caótica. Pensemos que el corazón está compuesto por millones de fibras que se contraen o relajan al recibir estímulos eléctricos. No se puede esperar que todas y cada una de esas fibras se contraigan exactamente en el mismo milisegundo y con la misma intensidad. Pero si realizamos un modelo del funcionamiento de todas ellas, veremos que existe una zona en la que todas convergen, produciendo un latido regular y sano. Esa zona de convergencia es un atractor extraño.

Retomando el propio efecto mariposa, el famoso gráfico de Lorenz que se asemeja a unas alas abiertas no es más que un atractor extraño, al que se le puso el nombre del científico, obtenido a partir de un modelo meteorológico. Precisamente en el campo de la meteorología los atractores también juegan un papel destacado. Conociendo hacia qué conjunto de valores son atraídos los sistemas climáticos, aun siendo sensibles a las condiciones iniciales, se puede predecir su comportamiento futuro.

Por último, si nos adentramos en el campo de las humanidades, aunque con muchos matices debido a la complejidad que encierra todo lo relativo al individuo, los atractores también están presentes. «No sé cómo, pero siempre termino en este tipo de situaciones». Esta cuestión, que todos hemos escuchado alguna vez, es representativa de la existencia de atractores en la conducta humana.

> Los atractores son los responsables de poner orden en el caos, permitiendo predecir hacia dónde se encamina un sistema, aun cuando no podemos precisar cada una de sus trayectorias.

LA APLICACIÓN DEL EFECTO

La primera sensación que nos asalta al realizar una aproximación superficial al efecto mariposa —y por extensión a la teoría del caos— es la incertidumbre. ¿Cómo orientar nuestras decisiones en la dirección deseada, si cualquier pequeño gesto, incluso pasándonos desapercibido, puede sacarnos del camino hacia derroteros imprevisibles?, ¿qué enseñanzas podemos obtener del pasado si aquello que considerábamos como la causa, en realidad fue innecesario, y lo otro que ignoramos, por minúsculo o intrascendente, acabó por demostrarse como esencial? Si todo es caos, si cualquier cosa puede pasar, incluso adoptando las prevenciones oportunas, por qué esforzarse en estudiar el pasado para prever el futuro.

Pero en contra de las apariencias, el efecto no nos arroja a la confusión ni nos condena a la indecisión. Si continuamos recorriéndolo, vemos que se acompaña de otros colegas —igual de inexplorados que él— que lo configuran y lo complementan.

Hablamos del tiempo y del exponente de Lyapunov, los atractores, la geometría fractal, e incluso del propio determinismo. Las aportaciones de cada uno de ellos nos evidencian que **se puede encontrar un orden en el caos**. No será perfecto ni predecible con exactitud, pero sí que nos brindará el margen suficiente de tolerancia para la incorporación de nuestras decisiones, nuestro pequeño espacio de albedrío.

EL CEREBRO INTERCEPTA AL EFECTO

Al igual que pasó con el determinismo, el efecto mariposa no solo supuso un cambio de paradigma en la comprensión de la física. La fragilidad en el comportamiento de los sistemas, producida por variaciones casi insignificantes y muy alejadas de sus consecuencias, coloca al individuo en una posición de incertidumbre.

Cuando la vida nos sorprende con un giro inesperado y queremos compartirlo con los demás, o cuando nos detenemos a recapitular cómo hemos llegado a una situación específica, necesitamos un punto de partida para poder empezar nuestro relato y darle sentido. Toca entonces desovillar la enrevesada madeja que crea la continua cadena causa-efecto. Tenemos que encontrar un remate coherente para las típicas frases «Todo esto empezó cuando...», o «Si hoy estoy aquí es gracias a que...». La tendencia general es retroceder en los recuerdos y encajar piezas. En ese acto íntimo de búsqueda, atendiendo a gustos y preferencias personales, terminamos por seleccionar un punto de partida entre las posibles opciones, concediéndole mayor importancia a ese momento concreto frente a otros anteriores o posteriores. Elaboramos unos relatos lineales, razonables y completos, con un inicio y un final identificados y vinculados. Todo muy determinista y newtoniano. Además, esa acotación nos permite acomodar al albedrío, introduciendo algunas de nuestras decisiones en la secuencia causal.

Pero la pequeña mariposa nos desmonta el puzle. Queremos conseguir una imagen nítida partiendo de los fragmentos que tenemos en la caja, pero cuando revolvemos las piezas, nos aparecen algunas muy pequeñas y, en apariencia, discordantes con el modelo a seguir; como si se hubieran mezclado varios puzles. Entonces miramos la imagen de la tapa con más detenimiento, pegándola a los ojos, y empezamos a descubrir detalles que habíamos pasado por alto y que le dan cabida a esas piezas que creíamos fuera de lugar. Al acercar y alejar la instantánea en busca de matices, perdemos el foco, y lo que veíamos tan claro al principio, se empieza a desdibujar.

En nuestro descargo podemos alegar que, aunque marginemos de forma consciente y voluntaria determinados recuerdos para que no aparezcan en la imagen final, en la mayoría de ocasiones el descarte lo hace nuestro cerebro sin contar con nosotros.

La relación con nuestra mente es como la de una madre con su hijo pequeño. Existe un gran desequilibrio en el conocimiento mutuo. Mientras que el vástago apenas tiene información sobre su progenitora, ella percibe y conoce las necesidades del pequeño mejor que él mismo. Y al igual que una madre bondadosa oculta información a su hijo para no alterarlo o la adapta a su sensibilidad para hacérsela comprensible, **nuestro cerebro** también **posee la facultad protectora de bloquear o distorsionar nuestros recuerdos.**

Los humanos necesitamos dar coherencia a nuestra existencia. Nos hace falta el asidero de la lógica y el orden para no ser zarandeados por la vida. Pero la cantidad de información que tenemos almacenada nos imposibilita procesarla en su totalidad de manera consciente y racional. Por eso nuestro cerebro trabaja en segundo plano, en el inconsciente, para presentarnos una secuencia filtrada y organizada de los eventos pasados que dan consistencia y linealidad al presente.

> En el proceso de búsqueda de la raíz de un suceso, debemos tener en cuenta que nuestro cerebro —principal aliado para nuestra supervivencia— puede ocultarnos o distorsionarnos la información, aunque sea con la mejor de las intenciones.

Diferencia entre urgente e importante

El grado de atención que pongamos en la toma de una decisión va a marcar en gran medida como quedará registrado el suceso completo en nuestro cerebro. Una decisión adoptada después de un estudio pormenorizado de todos los factores que la condicionan quedará más nítidamente alojada en nuestra memoria que una respuesta instintiva o despreocupada.

Para determinar qué situaciones requieren que dediquemos un mayor esfuerzo —y cuales menos— en su resolución es fundamental saber discernir aquello que es importante de lo que es urgente. La importancia de un evento vendrá marcada por el alcance de sus efectos. Por su parte, la urgencia se relaciona con la celeridad o inmediatez con que debe ser resuelto un asunto. Aunque puedan existir unos criterios generales, la calificación de un suceso —entre urgente y/o importante— es subjetiva para cada individuo.

Con la percepción general en la mano, mudarse a una nueva vivienda se clasifica como importante y requerirá de un largo proceso de análisis y estudio. Tomar una decisión impulsiva puede salir bien, pero la probabilidad de realizar unos cálculos erróneos, o de elegir una zona inadecuada, se acabará imponiendo de forma dramática. Se hace necesario dedicar tiempo a la elección más adecuada, considerándose bien invertido todo el esfuerzo empleado.

En cambio, la elección de unos calcetines cuando se ha estropeado el despertador y se llega tarde al trabajo entra dentro de lo urgente. Se puede entender que no es lo mismo llevar unos calcetines amarillos de lunares que unos negros para presentarse en un puesto de trabajo en un banco. Pero dedicar un tiempo excesivo —del que no disponemos— para valorar la conveniencia del algodón frente al poliéster, o de una marca frente a otra, solo conseguirá aumentar el enfado del director, pudiendo acarrear consecuencias funestas.

Destacar que estas dos propiedades no son excluyentes entre sí, pudiendo un mismo suceso estimarse como urgente e importante, o como no urgente ni importante. Este último será el que deba ocupar el puesto más bajo en la escala de prioridades, frente al anterior, que deberá ser indiscutiblemente el primero.

LA INTERVENCIÓN DEL INDIVIDUO

Pero, si no somos nosotros quienes elegimos nuestros propios recuerdos, ¿qué papel jugamos en la elaboración de nuestra historia?, ¿es la secuencia que nos presenta nuestro cerebro la que realmente nos condujo hasta aquí?, ¿cómo podemos definirnos a nosotros mismos si la información que usamos está sesgada y manipulada por un cerebro autónomo? La respuesta a la última pregunta es fácil de expresar, pero no tanto de realizar. Tenemos que interrogar a nuestro cerebro, como si de un sospechoso se tratara, para descubrir cuánta verdad ocultan sus palabras y sacar a la luz la información que se resiste a contar.

Constantemente estamos recibiendo información que procesamos en segundos, sin cuestionarnos muchas veces su veracidad. Sobre esos datos, casi sin analizar, emitimos juicios y tomamos decisiones, sin plantearnos, otras tantas veces, su oportunidad, utilidad o influencia. Este mecanismo instintivo permite responder en segundos a amenazas externas y es clave para nuestra supervivencia. Con un consumo energético muy reducido, nuestro cerebro nos ofrece una opción, que, si no es la mejor, al menos nos evita un bloqueo que podría ser fatal. No olvidemos que poseemos un sustrato animal muy tacaño y avaro, cuya misión principal es obtener y acumular la máxima cantidad de energía y gastar la mínima imprescindible para mantenernos vivos. De ahí que nos cueste tanto realizar análisis profundos, salirnos de nuestra zona de confort o cuestionarnos lo que consideramos axiomas. Porque son tareas que requieren un consumo energético que nuestro cerebro considera innecesario.

Pero al igual que esa faceta animal nos quiere imponer el ahorro, los humanos contamos con el poder de la voluntad para someter a las pulsiones. Simplemente hemos de estar dispuestos a desafiar la balanza energética e invertir algo más de energía con la esperanza de recibir mayores beneficios. Para ello es fundamental incidir en que, como todo acto voluntario, debemos realizarlo libremente, ser honestos con nosotros mismos y abrazar una motivación que gratifique el esfuerzo. No se cava con la misma energía si se hace obligado por otros, que si se tiene una férrea convicción personal y se espera encontrar un tesoro al fondo del agujero.

> Alcanzar un conocimiento más exacto de nuestra existencia requiere de voluntad. Sin ese primer paso, cualquier intento por adquirir consciencia de nuestra intervención se debilitará antes de obtener resultados.

NECESARIA Y SUFICIENTE

Identificadas las causas de un suceso, tenemos que someter a las candidatas a los filtros de **«necesidad»** y de **«suficiencia»**. El primero establece la obligatoriedad de la existencia de esa causa concreta para obtener el efecto deseado. El segundo filtro otorga exclusividad a una causa, de tal forma que puede producir el efecto por sí misma, sin intervención de otras.

Si tomamos prestado el ejemplo de Lorenz, y aplicamos los filtros anteriores, tendríamos que formular las siguientes preguntas:

- ¿Cada vez que aletee la mariposa se producirá el tornado, independientemente de otros factores? Si la respuesta es afirmativa, se puede afirmar que el aleteo de la mariposa es suficiente. En caso negativo, estaremos seguros de que no es suficiente y habría que determinar su necesidad.

- ¿Se hubiera producido el tornado si la mariposa no hubiera aleteado? Una respuesta afirmativa nos indicaría que el aleteo de la mariposa no era necesario. En cambio, una respuesta negativa podría indicar la condición de necesario, a falta de completar el análisis.

Veamos otros ejemplos:

- **Matricularse en la universidad es necesario para obtener un título de graduado, pero no es suficiente**. Se puede afirmar que, sin matrícula, no se produce la inscripción oficial en el curso, requisito obligatorio para obtener el título. Aunque permitieran la asistencia a todas las clases, incluso realizar los exámenes y aprobarlos, no se otorgaría el título acreditativo al no existir inscripción previa. Sin embargo, cumplimentar la matricula no es suficiente para obtener el título, hay que aprobar todas las asignaturas del grado.

- **Ponerme la vacuna de la gripe es suficiente para no contagiarme este año, pero no es necesario**. Al ponerse la vacuna, esta protegerá de contagios durante el tiempo que permanezca activa, incluso estando en contacto con personas que tengan el virus. También se puede optar por no vacunarse y adoptar otras precauciones para evitar la exposición al virus y el posible contagio. Se puede concluir que para escapar de la gripe no es necesario estar vacunado.

En el mundo estricto de las ciencias exactas se pueden establecer con mayor claridad, tanto teórica como empíricamente, condiciones necesarias y suficientes para determinados supuestos. Pero al abordar al individuo se hace bastante más difícil encontrar esas características fundamentales. Cada persona constituye un universo de complejidades que se extiende desde su esencia más íntima hasta la sociedad en la que se integra. En ese maremágnum de variables, poder extirpar una causa concreta, ya se antoja difícil. Cuanto más, poder seguir la cadena en la que se integra ese hecho y dictaminar su necesidad o suficiencia. Pero que sea difícil no implica que sea imposible. Trabajar con ejemplos simples como los anteriores facilita el trabajo, pudiendo incrementar la dificultad poco a poco. En caso de aplicarse a esta tarea, es importante saber que, por normal general, es más fácil descartar una premisa como no necesaria o no suficiente, que atribuirle la condición en positivo, por lo que es posible encontrarse al principio con que casi todos los eventos son insuficientes e innecesarios. Es esencial repasar las valoraciones negativas varias veces para confirmar que no se haya malinterpretado y se les esté asignando una categoría que no tienen.

> Plantearse qué cambiar en el pasado para mejorar el presente es una cuestión recurrente para los humanos. Obtener una respuesta satisfactoria pasa, imperativamente, por realizar una correcta clasificación, como necesaria y/o suficiente, de cada una de las posibles causas.

EL ENCAJE DE LAS SUPERSTICIONES

Si la profecía es la hermanastra del determinismo, la superstición lo es del efecto mariposa. Las supersticiones se definen como una creencia irracional que atribuye una justificación mágica a la aparición de fenómenos o sucesos, sin aportar ninguna prueba o evidencia científica. Su escala de soluciones se limita a dos. Realizar o no una determinada acción, puede incurrir en mala o buena suerte.

La característica del efecto de la que se aprovecha la superstición para hacerse un hueco en el acervo popular es la divergencia entre una causa y su efecto. Así, si la ciencia acepta que el batir de las alas de una mariposa en el Amazonas puede desencadenar un tornado en Texas, ¿por qué no se puede aceptar que romper un espejo nos sumirá en siete años de mala suerte? La misma dificultad para definir la causa, por humilde o alejada del efecto, facilita que apliquemos un sesgo de confirmación y le atribuyamos la autoría de un suceso a la causa que nosotros consideramos.

Un ejemplo con bastante eco es la interpretación de los sueños. Por ejemplo, una mujer se levanta preocupada; ha soñado con arañas, y eso es un mal augurio para una persona como ella, que cree firmemente en los sueños. Su marido ya se ha ido a trabajar, así que se lo cuenta a su hija. De camino al colegio, la hija se lo cuenta a su hermano, y este, en un descanso, aprovecha para llamar a su padre por otro asunto. Pero entre la conversación le expone la inquietud y el malestar de la madre por el sueño. El padre, preocupado por cómo afectan esas cosas —que él considera intrascendentes— a su mujer, se despista durante una de las labores de su trabajo y sufre un accidente grave. Avisada su esposa, lo primero que esta dice entre lágrimas es: «Lo sabía, soñar con arañas es un mal augurio».

Otro fenómeno extendido y de similares características es la adopción de rituales personales para determinadas acciones, con el convencimiento de que conjuran a la buena suerte —o a la mala si no se realizan—. Este caso es muy subjetivo, pero hay pautas que se repiten: ponerse una prenda de ropa concreta, salir de casa con el pie derecho, verbalizar el peor escenario posible... Emocionalmente, está comprobado que, una vez asumida esa liturgia, su realización proporciona una dosis extra de tranquilidad y de confianza, frente a la desazón y el nerviosismo que produce no llevarla a cabo. Pero sacar una buena nota en un examen requiere de un trabajo exhaustivo previo de estudio, aunque después se le atribuya el mérito a portar la camiseta de la suerte.

Lo curioso de esta relación es que puede ser simbiótica, puesto que el efecto también se puede vestir de superstición con el objeto de que los profanos acepten una premisa sin cuestionársela, movidos por el miedo a las consecuencias.

- Una de las explicaciones a **la superstición del espejo** se cree que procede de la Venecia del siglo XVI. En esa época los espejos se realizaban con vidrio, colocándole una lámina de plata en la trasera para permitir la reflexión. Su compra suponía un desembolso considerable de dinero, por lo que su rotura podría tener consecuencias importantes —e imprevisibles— para las arcas de su propietario. Si se requería de los sirvientes que tuviesen especial cuidado en su manejo para prevenir la pérdida económica de sus señores, es muy posible que no mostraran las suficientes precauciones; pero si la rotura iba acompañada de un mal augurio y de siete años de desgracias para su ejecutor, la diligencia estaba asegurada.

- Otro ejemplo es **la superstición de la escalera**. Por norma general nunca suele ser una buena idea pasar por debajo de una escalera; podría romperse justo al estar pasando o caer algún objeto de quien esté arriba. Hoy en día contamos con mejores materiales y con medidas de prevención de riesgos, pero imaginemos la construcción de un castillo, una catedral o un gran edificio en la época medieval. Es bastante probable que, aun previniendo a los operarios sobre el peligro, estos nos prestaran atención, y la caída de objetos o la rotura de estructuras temporales provocara heridos o incluso muertos entre la gente que se encontrara debajo.

EL VUELO DESDE LA TEORÍA DEL CAOS HASTA REGRESAR AL PASADO

Teoría del caos

Aun siendo una parte de la teoría del caos, el efecto mariposa
fue su precursora, siendo su formulación el inicio de nuevos estudios
o la vuelta a los existentes sobre esa rama del conocimiento.

La computación

La auténtica revolución que facilitó el desarrollo de trabajos relativos
al caos fue la aparición de la computación, que permitió procesar
una cantidad ingente de datos en un tiempo reducido.

El tiempo

Lyapunov permitió establecer una clasificación del grado
de caos existente en un sistema, por medio del estudio del tiempo
y del exponente que llevan su nombre.

Atractores

Los atractores desprenden parte de la etiqueta
de impredecible al caos, adjudicándole una porción de orden.
La sensibilidad a las condiciones iniciales mantendrá cada trayectoria
en el marco caótico, pero acotar un gran número de ellas dentro
de un atractor permite cuantificar un porcentaje para un suceso.

El cerebro

Uno de los mayores obstáculos para definir la raíz de un suceso
se encuentra en el propio cerebro. La máxima que rige su funcionamiento
—economizar energía— lo conduce a presentarnos una versión depurada
y satisfactoria del pasado con la finalidad de evitar el consumo de energía
derivado de un análisis consciente.

La voluntad

Como reza el adagio «querer es poder». Una dosis adecuada de voluntad
puede someter al cerebro para que libere tal cantidad de energía que permita
alcanzar un conocimiento más exacto de la existencia del individuo.

Cambiar el pasado

El ser humano anhela volver al pasado para corregir los errores cometidos.
Pero si se consiguiera salvar la imposibilidad física, solo se habría dado
un primer paso. Después tendría que identificar las posibles causas
que condujeron al infortunio y determinar el papel que jugaron
—necesaria y/o suficiente—.

SU PODER PARA CONFIGURAR LA SOCIEDAD

En nuestro mundo cuasi caótico, inestable, y por tanto ultrasensible, mariposas como el pensamiento, los valores, la ética y la consciencia de una masa crítica de la sociedad pueden desencadenar una transformación.

ERVIN LASZLO

Entender la influencia del efecto mariposa en la sociedad entraña la dificultad añadida de comprender el concepto de sociedad en toda su extensión y complejidad. La primera aproximación a un término siempre es a través de su definición. Aunque se pueden encontrar múltiples redacciones para describir una sociedad, todas giran en torno a la misma idea de agrupación o conjunto de individuos bajo unos objetivos comunes.

El primer aspecto a tener en cuenta es que la existencia de agrupaciones colaborativas, es decir, de sociedades, no es algo exclusivo de los seres humanos. En el reino animal existen miles de ejemplos de sociedades en las que cada uno de sus miembros colabora con el resto en la ejecución de las labores que aseguren la subsistencia del grupo —el bien común—. Estas sociedades, aunque cuenten con estructuras organizativas y sistemas de regulación sorprendentes, se califican como elementales o básicas, puesto que consideran a los individuos como meros medios para asegurar la continuidad de la especie, por lo que solo tienen en cuenta la satisfacción de sus necesidades primarias.

Se puede tomar como ejemplo a las hormigas que, junto con las abejas, son la especie social por antonomasia. Con más de trece mil especies descritas, estos insectos se inscriben entre los de mayor éxito ecológico en el planeta, pues habitan en toda la superficie terrestre, salvo en la Antártida —curiosamente, como los humanos—. Lo llamativo de sus sociedades es que, con independencia de donde estén, se articulan de manera prácticamente idéntica en todas sus colonias. Todos sus individuos se dividen en **tres castas**, a tenor de su sexo y capacidad reproductiva:

- **hembras fecundas (reinas)**,
- **hembras estériles (obreras)**,
- **machos fértiles (zánganos)**.

Esto da una idea de la regla imperante que rige todas las acciones del conjunto del hormiguero: la continuidad de la especie, su reproducción ininterrumpida. Tanto es así, que incluso condiciona la esperanza de vida de cada casta. Mientras que las reinas pueden vivir hasta veinte años, los zánganos apenas llegan a un par de semanas, pereciendo una vez cumplida su función fundamental de fecundación.

Igual podría decirse de otras tantas especies animales, en las que los ritos de apareamiento, las directrices para la alimentación o los procesos de elección de líderes se repiten inalterables de generación en generación. Llegar a ese *consenso instintivo*, aceptado por todos los miembros del grupo, obedece al cumplimiento del fin supremo: mantener la supervivencia del grupo en particular y de la especie en general. **Esto convierte a las sociedades animales en entidades estables de comportamiento predecible.** En estas sociedades es imposible concebir un cambio brusco del modelo, y menos aún, que se produzca por la acción de un individuo o de un grupo reducido.

En este tipo de sistemas sociales lineales, cualquier variación en sus ritmos vitales vendrá siempre de agentes externos —clima, catástrofes, otras especies—, y los procesos de respuesta o adaptación a condiciones cambiantes serán extremadamente lentos, debido a la enorme inercia adquirida durante miles de años de evolución.

Al adentrarse en la dimensión humana es cuando desaparece cualquier atisbo de la estabilidad que podría esperarse por su condición de especie animal. Las estructuras sociales adoptadas por los humanos y sus dinámicas relacionales muestran una complejidad sin precedentes ni parangón en la naturaleza: ciudades donde los residentes se reúnen y debaten para resolver los problemas de la comunidad, aunque los problemas no sean importantes o nunca se llegue a una solución; modelos productivos donde prima la abundancia sobre cualquier otra consideración, aunque ese empeño por la cantidad termine con la destrucción del medio ambiente o la generación de pobreza; sistemas jurídicos basados en los designios de una divinidad que censuran, someten y castigan a los individuos, aunque ese dios nunca pronunciara más ley que la comprensión y compasión mutuas; u órdenes jerárquicos que asignan distintas cualidades a los individuos en función del color de la piel, del sexo o de cualquier otra particularidad que los diferencie de la norma, sin importar el valor que cada uno podría aportar al grupo.

Es paradójico pensar que la especie animal más evolucionada, el humano, sea la más alejada del principio fundamental que rige el funcionamiento de las sociedades animales. Este abandono de la esencia de conservación puede venir motivado por la convicción humana en su supremacía sobre el resto de animales que pueblan la Tierra, lo que le asegura una fuente de recursos ilimitada.

Al asumir que tienen la supervivencia garantizada, los grupos humanos han buscado otros principios rectores hacia los que dirigir las sociedades: justicia, igualdad, distribución, bienestar, tolerancia, seguridad. Cada uno de estos conceptos, y otros tantos presentes en los grupos humanos, están sujetos a tantas interpretaciones como individuos tenga el propio conjunto. Este factor otorga una relevancia particular al número de sujetos que definen una sociedad, siendo su complejidad proporcional a este. Por último, como sistemas dinámicos que son, las sociedades están sometidas a la intervención del tiempo y, por tanto, a la velocidad.

El último siglo y medio se ha caracterizado por un incremento casi exponencial de la velocidad en las comunicaciones, fomentando un contacto creciente entre grupos sociales distantes y diversos, lo que añade un extra de complejidad para el individuo a la hora de comprender los modelos sociales que lo rodean.

En suma, la multiplicidad de percepciones sobre unos principios rectores cambiantes, la velocidad en el intercambio de información y la creciente globalización de las sociedades se traduce en una falta de identidad del individuo con cualquier modelo social generalista, abundando el nacimiento de subgrupos, con intereses distintos y enfrentados entre sí. Esto provoca que los sistemas sociales humanos sean especialmente sensibles a cualquier variación, tanto por la acción de individuos discrepantes en su propio seno como por la injerencia de grupos externos. Es decir, los convierte en un espacio fecundo para la intervención del efecto mariposa.

EL EFECTO MARIPOSA Y LA SOCIEDAD ACTUAL

Los humanos somos seres eminentemente sociales. Necesitamos sentirnos parte de algo más grande que nosotros y compartir nuestro conocimiento y experiencia. Para facilitar nuestra integración, aceptamos parte de los rituales del grupo social en el que nos encontramos. Ese mimetismo con el colectivo es lo que aprovecha la mecánica estadística de Boltzmann para predecir el comportamiento del conjunto.

Pero nuestra naturaleza social está siendo invadida por un sentimiento individualista cada vez más fuerte, que, gracias a las nuevas herramientas de comunicación, reivindica el papel del yo en el ahora. En ese contexto se está perdiendo la perspectiva sobre la herencia de generaciones pasadas o el legado en las futuras. **El efecto mariposa tiene más oportunidades de aparecer en sociedad, pero en cambio, está más ausente que nunca**.

LA MECÁNICA ESTADÍSTICA DE BOLTZMANN

Un grupo social es un conjunto de individuos, más o menos homogéneo, definido por unas características compartidas. Al estudiar una sociedad, una primera aproximación consiste en considerarla como un ente en sí misma, como una materia de estudio única, aunque cada uno de sus integrantes tenga un comportamiento independiente, o esté compuesta por una amalgama de grupos más pequeños. Este proceso de trabajo es común utilizarlo en otros campos científicos. Por ejemplo, al estudiar un torrente de agua se contempla como un ente individual, aunque esté compuesto por miles de millones de moléculas de agua en continuo movimiento. Del mismo modo, al estudiar el comportamiento de un gas sometido a condiciones variables, se miden sus características generales, aunque cada una de las partículas pueda presentar algunas diferentes.

En los laboratorios de física se trabaja con entidades medibles de materia como objetos de estudio, siguiendo una de las máximas del empirismo científico que establece que solo es considerada materia de estudio aquella que pueda ser observada y medida. Como las partículas y su comportamiento individual no son observables ni medibles —problema de los n-cuerpos, siendo n aproximadamente 10^{23}—, se descartan del estudio, asumiendo que su intervención en el proceso no debería afectar al resultado final.

A finales del siglo XIX, esta era la regla que se aplicaba, siguiendo los dictados de las leyes universales y del positivismo científico. Pero qué sería de la ciencia si en algún momento, un científico inquieto e inconformista no pusiera a prueba los conocimientos comúnmente aceptados. Fue el caso del austriaco Ludwing Boltzmann, que frente a la opinión general, sí veía potencial en el estudio de las partículas microscópicas. El físico estaba convencido de que, si bien era imposible determinar las condiciones iniciales y estudiar el comportamiento de cada una de las partículas que componen la materia, sí que se podía considerar una cantidad estadísticamente significativa de elementos o partículas equivalentes y, a partir de ciertas hipótesis, aplicar la teoría de la probabilidad para deducir el comportamiento de un sistema macroscópico. Boltzmann había creado la mecánica estadística.

El concepto de predecir el comportamiento de un sistema como un todo a partir del estudio probabilístico de sus componentes individuales es fácilmente exportable a otros ámbitos de estudio, como, por ejemplo, las ciencias sociales.

Si una sociedad fuese un ente compacto, homogéneo en todas sus partes y de comportamiento lineal, la opción lógica para aventurar una situación futura sería aplicar la visión *laplaciana* del determinismo: conocer el estado inicial de todos sus integrantes para un instante concreto y aplicar las leyes universales. Estas acciones ofrecerían un estado final definido. Del mismo modo, se podría realizar el proceso inverso para determinar el origen de esa sociedad.

Pero ese enfoque se sostendría solo unos instantes. A diferencia de otros objetos de estudio físico, que están compuestos por partículas similares o incluso idénticas, una sociedad está compuesta por seres humanos, encerrando cada uno tal complejidad en sí mismo, que se hace imposible predecir su comportamiento.

La mecánica estadística de Boltzmann es particularmente útil en las ciencias sociales, no tanto para responder de dónde venimos como para aventurar hacia dónde vamos. A partir de patrones definidos de acuerdo a unas hipótesis de trabajo, proporciona un porcentaje de posibilidad de que un evento tenga lugar en una sociedad. Un ejemplo recurrente de este proceder son los estudios que buscan anticipar el resultado de las urnas en los procesos electorales. Las más publicitadas son las encuestas personales realizadas en los días previos. Pero alejados del electoralismo de las anteriores, los sociólogos trabajan en el análisis de las dinámicas electorales observables en comicios anteriores. Los resultados, más generalistas, pero con mayor porcentaje de fiabilidad, son del tipo: «La población urbana entre dieciocho y treinta y cinco años suele inclinar su voto hacia tal tendencia» o «los entornos rurales muestran preferencia por tal opción».

Aun con todos los estudios apoyando un resultado, se han dado casos a lo largo de la historia en los que los analistas se vieron sorprendidos por una realidad diferente a sus previsiones. La causa pudo ser un suceso extraordinario, próximo a la cita electoral, que movilizó o hizo cambiar de opinión a un amplio grupo de votantes, tanto como para provocar el giro electoral. No tuvo por qué ser un evento de una magnitud destacable, ni siquiera que afectase directamente en esos votantes. Pudo ser cualquier pequeño detalle que pasara desapercibido a todos, como el aleteo de una mariposa.

La ciencia también crea mártires

Como hijo de su tiempo, el físico austriaco Ludwing Boltzmann bebió de las fuentes del determinismo para desarrollar sus investigaciones. Él fue de los primeros científicos en explorar más allá de las leyes universales del determinismo, expandiendo el campo de trabajo a otros investigadores. Pero se salió del marco común y quiso buscar otros enfoques, aunque en sus postulados nunca atacó ni pretendió invalidar ninguna teoría existente.

Defendía que sus estudios debían entenderse como una extensión o complemento al determinismo y a las leyes termodinámicas. En el trasfondo de su trabajo, pretendía estimular a otros científicos a buscar nuevos campos de estudio, sin miedo a perder validez ni rigor científico.

Pero no siempre elegimos a nuestros enemigos, y una parte considerable de la comunidad científica, encabezada principalmente por el también físico austriaco Ernst Mach, realizó un esfuerzo improbo por desacreditar a Boltzmann, cuestionando y refutando sistemáticamente sus estudios.

Sirva como ejemplo que, en el año 1900, cuando Boltzmann llevaba seis años como profesor de Física teórica en la Universidad de Viena, Mach obtuvo la cátedra de Filosofía e historia de las ciencias en la misma universidad. La presión a la que sometió al profesor desde su llegada condujo a este a abandonar su puesto de trabajo, al que solo regresaría un año después, cuando Mach tuvo que retirarse por problemas de salud. Pero no quedaría zanjado el asunto. En su retiro, el catedrático continuó su campaña de descredito hacía el atomismo y contra Boltzmann, llegando en ocasiones al insulto más rancio.

Tanto es así que, aun no pudiendo vincularse directamente, algunas fuentes del momento no dudaron en considerar el rechazo y la incomprensión de la comunidad científica en general, y de Mach en particular, como una de las causas que condujeron a Boltzmann al suicidio.

SOCIEDAD, COMUNICACIÓN Y EFECTO MARIPOSA

Entender una sociedad es profundizar en la forma que tienen de comunicarse sus integrantes. Comunicación y sociedad son dos términos inseparables. Dirimir si es el modelo social el que condiciona el modo en que se comunican sus miembros o si, por el contrario, es la manera de comunicarse lo que modifica a la colectividad, es una tarea imposible. En lo que sí existe un acuerdo unánime en la comunidad científica es en calificar al humano como un ser social y, por tanto, como un ser comunicativo.

No existe una fecha concreta que identifique la transición genética desde nuestros ancestros primates hasta el nacimiento del humano como se conoce hoy. Asimismo, tampoco hay un momento que pueda calificarse como el nacimiento de la comunicación. Desde las etapas más tempranas de la evolución, los humanos han intercambiado información sobre el conocimiento adquirido.

Pero lejos de mantenerse un formato estable y duradero en las relaciones personales, la forma en que los individuos se relacionan ha sufrido continuos cambios, tanto en el tiempo como entre distintos grupos sociales. Esas mutaciones han venido de la mano de alteraciones en alguno de los cuatro componentes fundamentales de la comunicación —emisor, mensaje, canal y receptor—. Sin perder la esencia que los define, estos elementos sí que muestran sensibilidad y adaptación frente a las necesidades cambiantes de los grupos humanos o a los avances técnicos que han experimentado las sociedades con el paso de los años.

Para los cazadores recolectores lo fundamental era el mensaje, puesto que tenían como objetivo fundamental garantizar la supervivencia del grupo. La información transmitida permitía evitar los peligros y acceder a los recursos necesarios. En esos tiempos, llegar a una edad avanzada conllevaba una gran tasa de éxito en esas dos materias esenciales, por lo que los mayores asumían el rol de emisores al contar con la confianza de la comunidad. Como los grupos eran reducidos y los mensajes sencillos, la voz o los gestos servían perfectamente como canal entre emisor y receptor. Por la simplicidad de las dinámicas relacionales, estas protosociedades eran estables y previsibles. El caos disponía de poco hueco entre sus individuos, y mucho menos el efecto mariposa.

El establecimiento de asentamientos permanentes y los avances tecnológicos fueron modelando nuevos grupos sociales, surgiendo otras necesidades y otras formas de relacionarse entre sí y con el entorno. La historia, como parte de las ciencias sociales, está salpicada de momentos trascendentales que cambiaron los métodos de comunicación. Por ejemplo, la invención de la imprenta permitió que los mensajes pudieran ser más complejos y extensos y, al mismo tiempo, llegar a un mayor número de personas. El conocimiento pasaba de las manos de unos pocos a ser compartido por un mayor número de individuos.

Pero inicialmente la impresión no era barata, por lo que los editores eran muy escrupulosos con el contenido que publicaban. No podía desperdiciarse papel ni tinta en mentiras, en información inútil o en entretenimientos absurdos. Al proceso de impresión se sumaban los sistemas de transporte, que añadían un sobrecoste importante a la difusión de las obras, por lo que solían tener un recorrido limitado. Con estas restricciones, un ciudadano que accediese a una publicación tenía plena confianza en su calidad y rigor. Las sociedades empiezan a mostrar una mayor sensibilidad al caos, puesto que la transmisión de ideas experimenta una mejora sustancial. Pero se mantiene la prevalencia de la sociedad sobre el individuo, relegándose las inquietudes personales al bien de la comunidad. El efecto mariposa puede hacerse presente, pero dilatado en el tiempo o manifestado en entornos locales —como mucho regionales—.

La velocidad y enormidad en los avances tecnológicos que se producen a partir de mediados del siglo pasado, junto a la eclosión de las doctrinas filosóficas y de pensamiento que sitúan al individuo por encima de cualquier consideración, sí que establecen el caldo de cultivo perfecto para que florezca el caos, y por tanto, el efecto mariposa a nivel mundial. Internet, la superconectividad y las redes sociales han proporcionado un canal de comunicación tremendamente potente para cualquier persona, permitiendo el flujo de **grandes cantidades de información** a un número de receptores de **magnitud global** y en un **tiempo minúsculo**. Los roles propios de la comunicación se difuminan, y un individuo pasa de ser emisor a ser receptor en cuestión de segundos, retroalimentando un flujo ilimitado de la información. Un pequeño evento puede alcanzar una dimensión mundial en pocas horas y producir cambios ostensibles en determinados espacios de influencia.

Al igual que sucede en una inundación cuando, paradójicamente, lo primero que escasea es el agua (potable), con la nueva comunicación sucede lo mismo. El acceso instantáneo e ilimitado a tal cantidad de información debería redundar en individuos mejor formados, mejor comunicados y más implicados con el mundo que los rodea. Pero la facilidad para compartir cualquier dato, por falso, inútil, ofensivo, morboso o irrelevante que sea, y la velocidad a la que se produce, han terminado por saturar el sistema de comunicación y a las personas.

No estar informado de todas las novedades genera ansiedad, la falta de rigor en la información incentiva el recelo y la desconfianza, ocultarse detrás de un anónimo otorga impunidad y falta de compasión. En este nuevo entorno, el batir de las alas de la mariposa puede crecer muy rápido y llegar muy lejos en apenas unas horas. Pero el tornado que pudiera generar es posible que solo durase unos segundos y que ni siquiera llegase a tocar el suelo, o que se confundiese con otros cientos de tornados que estuviesen girando a la vez, sin poder identificar cuál ha sido creado por tal mariposa.

La importancia del lenguaje no verbal

Una de las mayores mermas para la comunicación que han acarreado las nuevas tecnologías ha sido relegar a la categoría de irrelevante al lenguaje no verbal. El uso de dispositivos digitales se ha convertido en protagonista absoluto de las comunicaciones personales. Los cumpleaños se felicitan por mensaje de texto, las reuniones se organizan por chats, los recuerdos se comparten con imágenes…, incluso los pagos a medias se realizan a través de plataformas digitales. El empleo masivo del canal digital prácticamente ha desterrado a la comunicación directa entre personas, omitiendo al lenguaje no verbal.

Aunque puedan darse discrepancias en los números, las cifras generales otorgan un 65 % del total de la información al lenguaje no verbal frente al 35 % que aportan las palabras. Los gestos que hacemos, la postura adoptada, la dirección de la mirada, la velocidad a la que hablamos, el tono de voz, la distancia a la que nos colocamos del interlocutor; todos estos elementos son imprescindibles para conseguir una comunicación plena y completa.

La falta de atención a estos aspectos de la comunicación aboca a la sociedad y a sus individuos a dos enormes pérdidas:

- Se suprimen todos los matices que enriquecen y complementan la comunicación, convirtiendo al mensaje y a su emisor en algo incompleto, plano e impersonal. El tono de voz, los gestos usados o la indumentaria aportan más información que las propias palabras que empleamos.

- Omitir la importancia del lenguaje no verbal engendra descuido e imprecisión en la conducta de los individuos al percibir que no es necesario prestar atención al cómo decir o hacer. La desafección con la totalidad del mensaje puede incurrir en ofensas, desencuentros o malentendidos sin ser conscientes siquiera de ello.

Al buscar el origen de una situación, tendemos a preguntarnos qué dijimos o qué hicimos. Pero para el efecto mariposa una palabra es tan adecuada para lanzar las alas al viento como un gesto con la mano o una verbal nos ayuda a identificar cuándo y dónde empezó la mariposa a volar.

> Las nuevas herramientas de comunicación social dotan a cada individuo del potencial para convertirse en mariposa. Pero al mismo tiempo lo privan de comprobar el efecto que produjo el movimiento de sus alas.

EL EFECTO EN LOS MOVIMIENTOS SOCIALES

La Proclamación de Emancipación, promulgada en 1863 por Abraham Lincoln, acababa con la esclavitud en Estados Unidos. Pero la nueva condición de ciudadanos a la que accedía la población afroamericana no sería plena ni equiparable a la de los ciudadanos blancos, especialmente en los estados del sur.

Desde finales del siglo XIX (1876) y hasta mediados del siglo pasado (1964) en la sociedad sureña dominaba el segregacionismo impuesto por las llamadas leyes Jim Crow. Su finalidad quedaba clara en el lema que las sintetizaba: «separados pero iguales». El mensaje que pretendía transmitir esta frase era tan ambiguo como la aplicación de las mismas leyes que imperaban en esa sociedad. Colocar el adjetivo «iguales» después del «pero» podría inducir a pensar que lo importante era fomentar la igualdad. Pero nada más lejos de las intenciones de los segregacionistas. Lo que se querían dejar claro era precisamente lo contrario, y en el ideario sureño se repetía de modo constante: «perdimos la guerra y tenemos que aceptar esa igualdad impuesta por otros, pero eso sí, cada uno en su lado de la calle».

Las leyes del gobierno federal establecían que todos los ciudadanos tendrían acceso a los mismos servicios, pero no indicaba que tuvieran que compartirse. Esto lo aprovechó la facción racista sureña para establecer la distinción entre «para blancos» y «para no blancos» —donde se incluían las comunidades afroamericanas, asiáticas e indígenas— en cuantos espacios públicos pudieran: el transporte, los hoteles, los parques, las tiendas, los centros de formación... Aparte de separar a la población, también se les dotaba de un estatus diferente, puesto que los servicios y espacios destinados a los «no blancos» eran de peor calidad y contaban con un mantenimiento deficiente en comparación con los destinados a los blancos.

La situación, lejos de estabilizarse, mantenía una **deriva cada vez más discriminatoria** para los ciudadanos afroamericanos y siempre que se modificaba una ley o norma municipal lo hacía en perjuicio de los ya exiguos derechos de la comunidad. Esto dio lugar al nacimiento de movimientos pro derechos civiles y antirracistas, que, por medio de protestas, actos de resistencia y manifestaciones públicas expresaban su descontento. Esas expresiones públicas eran aprovechadas por las autoridades más reaccionarias, y ante el menor atisbo de altercado, lanzaban a las fuerzas del orden para aplacar los ánimos de la forma más violenta y ejemplarizante posible.

LA INTERVENCIÓN DE LA MARIPOSA

En este clima de opresión y de limitación de derechos fueron varios los actos de desobediencia civil pasiva que buscaron activar las conciencias de todos los implicados y avanzar hacia la igualdad real.

En el año 1892, Homer Plessy se subió al tren de Luisiana con un billete de primera clase en la mano y se dirigió al vagón «para blancos». Plessy tenía una octava parte de ascendencia afroamericana, lo que le daba un tono de piel lo suficientemente claro para comprar un billete de primera, pero no lo bastante para cumplir los estándares racistas sureños y poder acceder a un vagón de blancos. Fue detenido, juzgado y condenado por incumplir las leyes separatistas. En marzo de 1955, Claudette Colvin, una joven de quince años, fue detenida y encarcelada por no ceder su asiento en el autobús a una mujer blanca.

Se podrían citar otros tantos casos similares que fueron sucediéndose durante los años que permanecieron vigentes las leyes segregacionistas. Pero el efecto de la mariposa se hizo presente con Rosa Parks. Era el 1 de diciembre de 1955, unos meses después de que Colvin fuera arrestada por el mismo acto de desobediencia en que incurrió Parks.

Rosa se encontraba sentada en la zona destinada a los «no blancos» del autobús que cogía todos los días al salir del trabajo. Esa tarde, según avanzaba el transporte en su ruta, fue recogiendo a más gente blanca de lo habitual. Los conductores de autobús tenían la potestad de reasignar las zonas de asientos y levantar a los «no blancos». Así procedió el chófer del autobús en el que iba Rosa Parks y le ordenó a esta que cediera su sitio a un ciudadano blanco —que es de destacar que en ningún momento lo requirió ni hizo ademán de imponer su condición racial—. Ante la negativa de Parks, el conductor llamó a la policía. Detuvieron a Rosa y pocos días después la sometieron a juicio y la condenaron a pagar una multa.

La situación no era especialmente novedosa para Rosa Parks. Junto a otras tantas personas de color —como Plessy o Colvin—, ya había participado en protestas, mítines y actividades en contra de la segregación. Al igual que una parte considerable de la sociedad afroamericana de la época, se consideraba una activista pro derechos civiles.

Entonces, si ya hubo actos similares de desobediencia y Parks también había participado como activista en otras ocasiones, ¿qué hacía diferente a este acto en particular?

La respuesta se encontraba en la actitud que Parks mostró ese día, y que distaba mucho de ser otro acto de protesta, otro gesto de indignación, otra muestra de valentía u otra forma de resistencia pasiva. Lo que Rosa transmitió en ese instante fue simple y llanamente cansancio, agotamiento, hartazgo y tristeza por una situación que ese día percibía como imposible de cambiar.

Paradójicamente, esa derrota emocional de Parks fue la que consiguió remover las conciencias de la gente y empujarla a la calle; la expresión sincera de un sentimiento que todos compartían, esa sensación de impotencia común a todos, desde los más activos hasta los más inmovilistas. Porque todos, en algún momento de sus vidas, se habían sentido cansados, abatidos, decepcionados,... como Rosa Parks. Ese pequeño matiz encerraba tal fuerza en su interior que fue capaz de movilizar a toda la comunidad de una manera nunca vista hasta entonces. En ese detalle, que podría pasar desapercibido, se hizo un hueco la mariposa.

«No tenía ni idea de lo que mis acciones podrían provocar. Cuando me arrestaron, no sabía cómo reaccionaría la comunidad. Me gustó que hicieran lo que hicieron al no subirse a los autobuses».

ROSA PARKS

LOS CAMBIOS QUE LLEGARON

El día del juicio a Rosa Parks, un lunes, se convocó un acto de protesta, encontrándose entre los manifestantes un hombre llamado Martin Luther King, que habría de ser Premio Nobel de la Paz en 1968, mismo año en que fue asesinado por un segregacionista. Ese lunes, la radio de Montgomery —ciudad donde se produjeron los hechos— lanzaba el siguiente mensaje, dando comienzo a un boicot contra la empresa de autobuses: «Estamos pidiendo a todos los negros que no suban a los autobuses el lunes, en protesta por el arresto y el juicio. Puedes faltar a clase un día. Si trabajas, coge un taxi o camina. Pero, por favor, que ni los niños ni los mayores cojan ningún autobús el lunes. Por favor, permaneced fuera de los autobuses el lunes».

En un principio, las autoridades y la propia empresa creyeron que ese boicot no duraría mucho, al tratarse de ciudadanos pobres que, en su mayoría, no contaban con vehículo propio y tenían que desplazarse varios kilómetros para ir a trabajar. Pero subestimaron su voluntad y motivación. Durante los 381 días siguientes, los ciudadanos buscaron cualquier alternativa al autobús —taxis, camionetas, bicicletas—, llegando incluso a recorrer a pie enormes distancias. Todo antes que usar el autobús.

Finalmente, ante la presión social, en diciembre de 1956, la Corte Suprema de Estados Unidos declaraba inconstitucional la segregación en los autobuses. Este fue el aldabonazo que los activistas esperaban para lanzar una campaña masiva hacia la igualdad plena. Las múltiples protestas y movilizaciones que se desencadenaron a continuación dieron lugar a la inconstitucionalidad de las leyes de segregación en todo el transporte público en 1961. Finalmente, en 1964 se promulgó el Acta de Derechos Civiles, acabando con la segregación racial en todos los ámbitos.

EL EFECTO VISTE DE IMPORTANTE A LO SUTIL

La magia del efecto mariposa reside en la significación que puede llegar a tener una acción, *a priori*, intrascendente. Ante la amenaza airada del conductor «Voy a llamar a la policía para que la arresten», Rosa Parks simplemente respondió con un lacónico: «Vale, hágalo». No hubo discurso, ni explicaciones, ni proclamas grandilocuentes. Solo la constatación y aceptación de un acto inevitable por ambas partes. Ninguno de los dos podía imaginar que esos cinco minutos de exigencias y negativas acabarían —en los diez años siguientes— con una injusticia arrastrada durante los setenta y cinco años anteriores.

Tendemos a pensar de modo lineal. Una gran repercusión solo puede alcanzarse por un acto de tal envergadura que capte la atención de cuantas más personas mejor. Con ese razonamiento olvidamos que **la sociedad es compleja y caótica**, y que en ocasiones nos puede sorprender con la fuerza que encierra un pequeño gesto o una simple palabra.

EL CAMBIO DE RUTA QUE CONDUJO A LA SOCIEDAD ACTUAL

La Europa de hace poco más de un siglo era bastante distinta a la de ahora. Los grandes imperios estaban perdiendo poder y esa decadencia era aprovechada por las naciones emergentes para reivindicar un espacio. Para mantener el *statu quo* se recurría a alianzas con países afines a la causa y se perfeccionaba un juego diplomático que hacia malabarismos sobre el filo de una navaja.

El Imperio austrohúngaro, gobernado por el emperador Francisco José, encontraba su mayor foco de inestabilidad al sur, en los territorios eslavos. Con la caída del Imperio otomano, esos territorios habían quedado sin dueño y buscaban alguna potencia protectora que los amparase en su recuperada libertad. Solo Serbia decidió arriesgarse a una andadura en solitario, entre otras causas, porque ambicionaba unir a toda la comunidad eslava bajo una misma bandera, la yugoslava —traducido, 'tierra de los eslavos del sur'—. Ese anhelo chocaba frontalmente con los intereses del Imperio austrohúngaro, que dominaba gran parte de esos territorios reclamados por Serbia.

Pero el joven país no estaba solo en el camino a conseguir su objetivo. Contaba con el apoyo del Imperio ruso, que también quería extenderse hacia el oeste y topaba con el mismo enemigo. A su vez, Francia siempre sintió animadversión por los Habsburgo —los gobernantes del Imperio austriaco—, por lo que estableció pactos de defensa mutua con Rusia.

Por otro lado, la joven Alemania estaba buscando hacerse un hueco en la vieja Europa, y necesitaba una posición de fuerza para desplazar a Francia o Inglaterra. En la misma situación se hallaba Italia, que vio en Alemania a un buen aliado. Por proximidad geográfica y comunión de intereses estratégicos, ambos países firmaron una alianza con Austria-Hungría.

Dos bloques enfrentados por intereses expansionistas y por dominar una Europa que sentía cómo se tambaleaban sus viejos cimientos, en parte debido al surgimiento de un nacionalismo exacerbado en los Balcanes, promovido y dirigido por Serbia; una nación joven, pero muy orgullosa y belicosa, que llamaba a la unidad eslava frente a la opresión imperialista del norte. El escenario estaba dispuesto, pero ninguno de los grandes actores quería ser el primero en salir a escena. El inicio de la función lo darían unos actores secundarios.

Uno de estos secundarios fue el joven e impulsivo Gavrilo Princip, nacido en el seno de una familia humilde. Pudo desplazarse a Sarajevo para cursar estudios avanzados, pero su nacionalismo efervescente lo condujo a militar en un grupo ultranacionalista —La Joven Bosnia—, viéndose envuelto en algunas acciones violentas. Terminó por desplazarse a Belgrado, donde encontró eco a sus inquietudes políticas. Allí quiso alistarse en la primera guerra de los Balcanes, pero fue rechazado por «escuálido y enfermizo». Desde ese momento, Princip siempre tuvo la necesidad de demostrar su fortaleza y valor, y buscó participar en las misiones más arriesgadas que se le presentaran. Esa oportunidad le llegó el 28 de junio de 1914.

Otro de estos secundarios fue el archiduque Francisco Fernando, heredero del Imperio austrohúngaro. Sobrino del emperador Francisco José, el archiduque no contaba en absoluto con el visto bueno de su tío, que lo consideraba un jovenzuelo arrogante y prepotente. Puede que parte de esa animadversión viniera por el matrimonio de Francisco Fernando con Sofía. En una sociedad tan tradicional y rígida como la austriaca del momento, que el heredero se casara con una condesa y no con una dinastía real era considerado casi una rebelión. Tanto fue así que el emperador solo accedió al matrimonio con la condición de que este fuera morganático. Es decir, el archiduque debía renunciar a los derechos dinásticos de sus hijos y dejar a Sofía al margen de cualquier asunto de Estado. De ahí que solo alejándose de la aristocracia austriaca pudieran sentirse cómodos marido y mujer. Francisco Fernando vio la oportunidad de compartir espacio público con su esposa en un viaje a la recién anexionada Sarajevo el 28 de junio de 1914.

LA INTERVENCIÓN DE LA MARIPOSA

El carácter festivo por la presencia del archiduque, sumado a la poca preocupación que este mostraba por la seguridad, le confirieron a la visita una amplia repercusión, detallándose en la prensa local los horarios e itinerarios que seguiría la comitiva oficial. Era el momento esperado por los nacionalistas serbios más radicales para mostrar al mundo que estaban dispuestos a todo por sus ideales.

Armados con bombas de mano y revólveres, seis atacantes se colocaron a lo largo del recorrido que el archiduque realizaría desde un cuartel hasta el ayuntamiento de la ciudad. El plan era sencillo. Al paso de la comitiva, el primer terrorista debía arrojar la bomba al vehículo del archiduque. Si fallaba, intentaría dispararle con el revólver. En cualquier caso, tras su acción, debería ingerir una cápsula de cianuro para no ser interrogado. Si el primero fallaba, lo intentaría el segundo, si se repetía el fracaso, el tercero... Así hasta que alguno tuviera éxito.

La comitiva pasó delante del primer terrorista, que no tuvo tiempo de sacar la bomba. El segundo se quedó bloqueado y tampoco hizo nada. El tercero consiguió arrojar la bomba al vehículo del archiduque, pero no tuvo en cuenta el tiempo de retardo, por lo que el artefacto rebotó contra la capota del transporte imperial y fue rebotando hasta detonar debajo del coche siguiente. Esto forzó a la comitiva a una carrera acelerada hacia el ayuntamiento. El cuarto atacante, Gavrilo Princip, se quedó en la misma esquina en la que esperaba realizar su acción. Sabía que la comitiva tenía previsto volver a pasar por ahí de camino al museo de la ciudad, pero después del atentado fallido, supuso que cambiarían el itinerario. Como el plan había fracasado, aprovechó la presencia de un establecimiento en ese mismo punto para comer algo.

La suposición de Princip fue correcta y el equipo de seguridad del archiduque canceló la visita al museo. En su lugar, Francisco Fernando quiso ir al hospital para comprobar el estado de los ocupantes del vehículo atacado. Se tomaron todas las disposiciones oportunas para el cambio de plan, pero se pasó por alto un detalle: informar al conductor del vehículo del archiduque, Leopold Lojka. Así, cuando la comitiva llegó al cruce donde se separaba el camino del museo y del hospital, el conductor siguió con el plan inicial —puesto que nadie le había dicho lo contrario— y giró hacia el museo.

El gobernador de Bosnia, el general Oskar Potiorek, que compartía vehículo con el archiduque, gritó al conductor que detuviera el vehículo y que diera marcha atrás de inmediato, pues había tomado la dirección contraria. El chófer obedeció y se produjo una de las coincidencias más nefastas para la historia de Europa, pues el vehículo fue a detenerse justo delante de Gavrilo Princip, que durante unos segundos no daba crédito a tener a su objetivo apenas a unos metros delante de él.

Finalmente reaccionó, sacó su revólver, pues no disponía de tiempo para sacar la bomba y activarla, y disparó dos veces contra el vehículo, hiriendo mortalmente a Francisco Fernando y a Sofía, que morirían a los pocos minutos. Después quiso dispararse a sí mismo, pero el arma falló. Tomó la píldora de cianuro, pero estaba en mal estado y solo le produjo molestias gástricas posteriores. Salvado de un linchamiento popular minutos después de su acción, fue detenido y llevado a prisión.

«La Primera Guerra Mundial fue el primer gran desastre del siglo xx del que derivaron todos los desastres posteriores».

FRITZ STERN

LOS CAMBIOS QUE LLEGARON

El fatídico suceso sacudió la maquinaria diplomática. Una acción semejante no podía quedar impune, máxime sospechando las autoridades austrohúngaras de la implicación serbia en el magnicidio. Pero tampoco podían iniciar un conflicto de futuro incierto, pues la balanza de alianzas era muy inestable.

Al final se impuso la acción bélica y Austria-Hungría declaró la guerra a Serbia el 28 de julio, un mes después del atentado. La siguieron Rusia y Francia, que declararon la guerra al Imperio, y Alemania e Italia que hicieron lo propio con los anteriores. Daba comienzo en mayor conflicto bélico conocido hasta esa fecha, en el que habrían de movilizarse ingentes cantidades de soldados —hasta 66 millones— durante los cuatro años que los beligerantes se empeñaron en hacer de Europa un campo de batalla.

En la dimensión humana las cifras fueron dramáticas, con 17 millones de muertos y 23 millones de heridos, entre civiles y militares. En el ámbito geopolítico, el enfrentamiento se saldó con la desaparición del Imperio austrohúngaro, del Imperio ruso y del más agraviado por el Tratado de Versalles, el Imperio alemán.

La guerra sumió a Europa en una crisis económica sin precedentes. Alguien tenía que pagar por la destrucción causada y financiar la recuperación. El Imperio austrohúngaro había sucumbido absolutamente y no era capaz ni de lamerse sus heridas. Italia había cambiado su postura inicial junto a Alemania para situarse al lado de Francia, por lo que, en calidad de vencedor ulterior, no asumió responsabilidades. Le tocó a una debilitada Alemania correr con todos los gastos, asumiendo una deuda cuyo resarcimiento conduciría a la aparición del nazismo; este a la Segunda Guerra Mundial; y el resultado de esta al modelo social actual y a la configuración de la nueva Europa.

Desde la cárcel, Princip fue conocedor del descomunal desastre que había provocado su acción. Poco antes de morir de tuberculosis, el mismo año del fin de la contienda, un periodista le preguntó si sentía remordimientos o responsabilidad por lo sucedido. Respondió que esa guerra se hubiera producido tarde o temprano, con atentado o sin él. Añadió que solo le quedó pena por haber matado a Sofía, pues no la consideraba culpable de nada.

LA MARIPOSA CAMBIA LOS PLANES

Una de las características del **efecto mariposa es que desmonta nuestras previsiones y nos sorprende con resultados que no podíamos ni imaginar**. La motivación que compartían los seis terroristas, y que estaba alineada con los ideólogos serbios, era exhibir ante el mundo que la causa eslava estaba dispuesta a todo en su empeño por la unificación. Lo que en terminología militar se llama realizar una «demostración de fuerza».

Además, a Princip lo impulsaba un factor personal relacionado con el anterior. Con su participación en el ataque quería decirle a aquellos que lo rechazaron para la guerra que estaban equivocados, que él era fuerte y valiente.

Ni la causa común serbia ni la propia de Princip contemplaban, ni remotamente, el inicio de un conflicto de tales dimensiones, que hizo peligrar la existencia de toda Europa. Pero en ocasiones, **la mariposa bate sus alas y las consecuencias son imprevisibles**.

Pero la mariposa no aleteó solo una vez. Nos regala otra poderosa lección: por mucha dedicación, voluntad y entrega que pongamos en la elaboración de un plan, siempre cabe la posibilidad de pasar por alto un detalle nimio que termine dando resultados inesperados.

Es muy probable que el nuevo plan de movimiento del archiduque estuviera estudiado al milímetro. La nueva ruta, los tiempos de desplazamiento, la organización del convoy, los apoyos de las autoridades locales... Todo coordinado y consensuado. Salvo por un detalle que pasó desapercibido al jefe de seguridad de Francisco Fernando, el conde Von Harrach: avisar del cambio, precisamente, al que habría de conducir el vehículo imperial.

Pero sería ridículo por parte del ser humano tomar al efecto mariposa como excusa para improvisar nuestras acciones. Lo que nos aporta el efecto es **tolerancia frente a la incertidumbre y flexibilidad para aceptar las variaciones que puedan presentarse**. Debemos asumir e interiorizar que un buen plan puede no llevarnos siempre adonde queríamos. Pero un «no plan» nunca nos conducirá a nada.

UNA CANCIÓN QUE CAMBIÓ EL MUNDO

Otro ejemplo de la repercusión de un hecho aparentemente menor: Sayyib Qutb nació en Egipto en la primera década del siglo xx. Siendo muy joven sintió la llamada de la literatura, si bien sus primeras obras no tuvieron prácticamente repercusión. Cuando se trasladó a El Cairo siendo un adolescente, compartió su interés por las letras con la actividad política, tomando como referente el partido Wafd, de corte nacionalista liberal, que se oponía a la ocupación británica de Egipto.

Finalizados sus estudios en la Casa de las Ciencias, la escuela superior de mayor prestigio del país, comenzó su andadura en la docencia, sin olvidar sus otras dos pasiones: la literatura, en la que su actividad se centró en la crítica literaria a través del periódico que él mismo fundó, *El pensamiento nuevo*; y su militancia política que, tras la publicación de algunos artículos críticos e incómodos para el gobierno, lo conduciría a un viaje a Estados Unidos —de 1948 a 1950— en una huida hacia adelante. La estancia en Norteamérica sería determinante para Sayyib en los siguientes quince años, y para el mundo entero a partir del año 2001.

Tras una breve estancia en Washington, se mudó a un pequeño pueblo de Colorado, Greeley, donde estudió un máster en educación en la Universidad Estatal. Según los escritos que publicaría a su regreso a Egipto, los días pasados en esa pequeña localidad, estudiando en primera persona el comportamiento y las costumbres de sus gentes, le mostraron la decadencia moral, el individualismo extremo y la degradación espiritual a la que había sucumbido la cultura occidental.

La imagen que Qutb se formó sobre Greeley —y que habría de usar como referente en sus escritos y manifiestos más radicales contra Occidente— solo podría ser calificada como disparatada por cualquier ciudadano de la zona. Y es que la historia de Greeley también es bastante peculiar. Esta localidad surgió de la idea utópica de Nathan Meeker, editor de una publicación agrícola, de constituir una comunidad de alto carácter moral, sobria, piadosa y cooperativa. Uno de los mayores logros de los setecientos seleccionados para formar parte de esta comunidad —después del anuncio de Meeker se presentaron más de tres mil candidatos— fue la construcción de un sistema de canalización de aguas que permitió disponer de regadío continuo y suficiente en una tierra considerada parte del «Gran Desierto americano». No es de extrañar que para los habitantes de Greeley fuera motivo de orgullo disponer de una parcela de verde y sano césped delante de sus casas.

Pero aparte de sus cultivos, el pueblo no disponía de ningún otro aliciente. Como le diría un viajero a la periodista Sara Lippincott, «morirás de aburrimiento en menos de cinco horas. (...) no hay un salón de billar, ni un trago de whisky (...)».

LA INTERVENCIÓN DE LA MARIPOSA

Cierta noche, Qutb asistió al típico baile celebrado los fines de semana en los salones parroquiales de las iglesias. Allí pudo contemplar con estupor cómo las chicas exhibían sus encantos con intenciones seductoras frente a unos primitivos y vanidosos muchachos. Aun así, permaneció en el salón recogiendo más evidencias de la inmoralidad occidental. Pero el colmo de la noche, y lo que habría de marcar a Sayyib, fue el momento en que el párroco bajó las luces de la sala y puso un tema que, según el egipcio, pretendía desencadenar una orgía. La canción era *Baby, it´s cool outside* y, cantada a dos voces, representaba el momento final de una cita en la casa de un chico. Este le pide a la chica que se quede a pasar la noche en su casa, con el pretexto de que fuera hace mucho frío. Finalmente, la chica hace prevalecer su sentido de la decencia y se va a casa. Un tema lírico, soso y recatado típico de los años cincuenta. Pero no debió de parecerle igual a Sayyib, que guardó ese recuerdo durante años.

Tras dos años en Estados Unidos, Qutb vuelve a Egipto para unirse a los Hermanos Musulmanes, convirtiéndose en su líder de propaganda y radicalizando su postura frente a Occidente. En diversos manifiestos y charlas recurriría al baile y al tema musical mencionados como exponentes de la inmoralidad, la indecencia y la bajeza propias de los países occidentales.

En el terreno político, las luchas por el poder en Egipto, que tan pronto creaban alianzas como enemigos, hicieron que el gobierno de Nasser reprimiera a los Hermanos Musulmanes —que le habían ayudado a conseguir el poder—.

Algunos de ellos tuvieron que salir del país, pero Sayyib había iniciado una lucha sagrada y no estaba dispuesto a abandonar, por lo que prefirió permanecer en Egipto. En 1954 sería encarcelado y posteriormente condenado a muerte y ejecutado en 1966.

Durante su estancia en prisión escribió sus dos textos más radicales: *Piedras milenarias* y *Jalones del camino*, donde justificaría cualquier acto de violencia que se ejerza contra Occidente o contra los musulmanes que han abandonado el camino recto.

Su muerte lo convirtió en un mártir para el extremismo islámico, y su obra fue ampliamente difundida y reverenciada. Uno de los continuadores de su legado fue su hermano Muhammad que, tras la represión de Nasser, se exilió en Arabia Saudí, donde se convertiría en un teólogo muy influyente en los años siguiente. Entre sus alumnos más próximos se encontraba un joven Osama Bin Laden. Aiman al Zawahiri, número dos de al-Qaeda en 2001, también fue un incondicional del pensamiento de Sayyib, con quien estuvo estrechamente vinculado, pues era el sobrino de su abogado defensor.

LOS CAMBIOS QUE LLEGARON

El 11 de septiembre de 2001, una organización terrorista desconocida provoca el ataque más sangriento e infame conocido hasta el momento con casi tres mil muertos. El nombre del grupo terrorista, al-Qaeda, así como el de sus líderes, Bin Laden y Ayman al Zawahiri, se incorporarían a las conversaciones cotidianas en hogares, centros de trabajo y establecimientos de todo el mundo.

Da comienzo un nuevo tipo de conflicto donde el objetivo de los atacantes no es obtener determinados recursos, ni alzarse con el poder político, ni conseguir la independencia de un territorio. La finalidad de los terroristas es castigar a toda sociedad que no cumpla con los preceptos que ellos consideran sagrados. Que los pecadores expíen sus faltas por apartarse de la rectitud y dejarse arrastrar por el egoísmo, el vicio y la vanidad.

Los atentados en grandes ciudades europeas que siguen al anterior, igual de cruentos e indiscriminados —Madrid en 2004, Londres en 2005 y París en 2015—, junto con otras acciones de grupos terroristas filiales principalmente en África y Oriente Medio, terminan de modelar el perfil de un enemigo que presenta una característica nueva y compleja: estos grupos terroristas no reconocen fronteras ni tienen más bandera que su fe.

Los planeamientos militares y los análisis políticos con los que se cuenta hasta la fecha pierden validez al enfrentarlos a un enemigo apátrida, que no tiene reclamaciones o intereses negociables y que, por tanto, tampoco presenta objetivos predecibles.

Este nuevo escenario en el que ninguna nación puede sentirse a salvo, configura el reciente modelo de relaciones internacionales, basado en el concepto de seguridad colectiva global. Las naciones son responsables ante sus propios ciudadanos y ante la comunidad internacional de adoptar las medidas necesarias que erradiquen esta nueva amenaza. Y si no son capaces por sí mismas, deben aceptar el intervencionismo exterior.

Del mismo modo, los propios ciudadanos deben asumir una cuota de pérdida de libertades individuales en favor de la seguridad común, así como acceder al envío de sus fuerzas y cuerpos de seguridad a otros territorios cuando lo requiera la coalición. La seguridad de un país ya no es un asunto estrictamente nacional. Desde el año 2001 pasa a ser de interés supranacional.

LAS ALAS MUEVEN EL AIRE CINCUENTA AÑOS DESPUÉS

Hasta su viaje a Estados Unidos, Sayyib nunca tuvo un acercamiento radical o extremo hacia el islam. Sus ideales sociales y políticos mostraban un profundo rechazo por Occidente, pero no por sus costumbres sociales ni por otras consideraciones éticas o morales, sino por la ocupación de territorios libres que no les pertenecían ni cultural ni históricamente. Sus dardos se dirigían en exclusiva contra el colonialismo y la expansión territorial.

De las notas y escritos rescatados de su estancia en Greeley, tampoco se desprende tal grado de ira, rencor o animadversión que inspirara imágenes apocalípticas de Occidente. Más bien destacaban unas diferencias culturales, cuando menos, anecdóticas. Por ejemplo, en varias ocasiones calificó a los vecinos como vanidosos y engreídos porque dedicaban gran parte de su tiempo al riego y cuidado del césped de sus parcelas. También veía un exceso de brutalidad en el fútbol americano, definiendo a los jugadores como primates musculados. Otro aspecto que destacó en varias ocasiones, y que le ponía especialmente nervioso, fue no poder encontrar una peluquería decente que se adaptara a su gusto oriental. Incluso, al hablar de la sexualidad y de la seducción de las mujeres, no les daba peor tratamiento del que le dedicaban casi todas las congregaciones religiosas cristianas estadounidenses del entorno.

Pero entre el baile en el salón parroquial de Greeley y los atentados del 11 de septiembre pasaron algo más de cincuenta años. Tiempo suficiente para que Qutb fuera encarcelado —a su entender porque sus antiguos aliados se habían dejado seducir por las comodidades de Occidente—; para que su discurso se endureciera por el resentimiento acumulado hacia unos y otros; para ser ahorcado y convertido en mártir, entre otros, por su fiel hermano; para que otros sucesos ajenos al propio Sayyib fueran incorporados a su ideario y magnificados hasta alcanzar las proporciones de odio y brutalidad que golpearon al mundo.

Cincuenta años que ponen de manifiesto la paciencia y la constancia de las alas de la mariposa. **El efecto nos enseña que no podemos descartar un suceso, por muy remoto o alejado que lo consideremos, como detonante de nuestro presente.**

EL VUELO DESDE LA SOCIEDAD HASTA UN FUTURO LEJANO

La sociedad

Hizo falta que científicos como Boltzmann arriesgaran su prestigio dentro de la comunidad científica para poder comprender cómo evolucionan las sociedades y tratar de pronosticar las consecuencias del efecto mariposa.

Redes sociales

El enorme potencial de la comunicación social actual se ha convertido en un arma de doble filo. Millones de personas se afanan cada día en compartir sus vivencias a través de posts, mientras que a sus conocidos apenas les dedican un segundo porque están muy ocupados subiendo sus nuevos posts.

Poincaré

Poincaré no mencionó explícitamente al caos en sus trabajos, pero sí que expuso que determinados sistemas mostraban una gran sensibilidad a las condiciones iniciales. Esta formulación es la esencia de la teoría del caos, por lo que se considera al matemático francés como el padre de dicha teoría y, por extensión, abuelo del efecto mariposa.

Pequeños detalles

Una forma que tiene el efecto mariposa de hacerse presente es a través de la significación de los pequeños detalles. Tiene la facultad de abrirnos los ojos ante esos matices imperceptibles que diferencian una situación de otra, y que albergan el potencial suficiente para movilizarnos.

Planes inciertos

Nuestras acciones están orientadas a conseguir unos resultados. Elaboramos planes —con más o menos diligencia— buscando un efecto acotado y previsible. Pero la mariposa agita los cálculos y los multiplica de modo exponencial, especialmente cuanto más amplio e inestable es el escenario donde queremos intervenir.

Futuro lejano

El efecto mariposa siente una atracción particular por romper las barreras del tiempo y del espacio; arrancar el aleteo en un extremo del mundo para llevar esa brisa a miles de kilómetros y, después, traerla de vuelta decenas de años después. En ese transcurrir del tiempo, en ese ir y venir por el planeta, es cuando el efecto más se hace sentir en las sociedades.

LA CRISÁLIDA EMOCIONAL

Tras EL PAUSADO PERO CONTINUO TRABAJO DE LA ORUGA, HA LLEGADO EL MOMENTO DE CAMBIAR DE ETAP. LOS CAPÍTULOS ANTERIORES HAN APORTADO AL LECTOR EL POSO NECESARIO PARA APROXIMARSE CON CURIOSIDAD Y CONFIANZA A UNO DE LOS MAYORES MISTERIOS DE LA NATURALEZA: LA FASE DE CRISÁLIDA O PUPA.

Cuando la oruga se envuelve su capullo, se ve sometida a gran cambios físicos y hormonales. La ciencia ha conseguido desvelar del proceso, pero siguen produc reacciones y mutaciones que se a salir de esos rincones ignotos que se reserva la naturaleza. De las mariposas, aunque visualme parecernos todas iguales según sean en realidad individuos únicos y singulares.

Los seres humanos no nos envolvemos en un capullo o pupa, pero a lo largo de nuestra vida nos vemos involucrados igualmente en procesos de regeneración que nos transforman y nos proporcionan una identidad genuina. Nos diferenciamos de la mariposa en que nosotros no estamos solos dentro de la crisálida. **La familia, la educación, los amigos y la sociedad nos acompañan durante el camino e intervienen en la configuración del individuo que llegaremos a ser. Pero, en realidad, cada persona se enfrenta en solitario a su propia metamorfosis**. La capacidad para identificar, interpretar y manifestar las emociones reside en lo más profundo de cada individuo, definiéndolo como un ser único dotado de voluntad propia.

89

En los siguientes capítulos
se mostrará al lector
el complejo universo
de las emociones y,
especialmente, cómo el efecto
mariposa es una constante en esa
dimensión íntima del individuo.
Para no entrar avasallando,
dogmatizando o exponiendo líneas
de acción que seguir, la intención
de las siguientes páginas es llenar
la mochila del lector con aquellos
conceptos que se consideran
imprescindibles para afrontar
un viaje complejo y profundo
hacia el interior del yo más íntimo.

Cuándo y cómo se empleen, forma
rte intrínseca de la transformación,
lo que deberá ser el propio lector
en decida el momento y la manera.
osible que en algún punto se sienta
orientado o incómodo al descubrir
torios inexplorados de sí mismo,
evas perspectivas sobre aspectos
cidos que no se había planteado
riormente. Pero ese temor inicial
debe ser motivo para replegarse
pacios frecuentados y transitados.
ontrario, para lograr una auténtica
formación es necesario que explore
los senderos y que remueva
er piedra que encuentre en
o, porque cuenta con la seguridad
e una forma u otra, siempre saldrá
da siendo una mariposa.

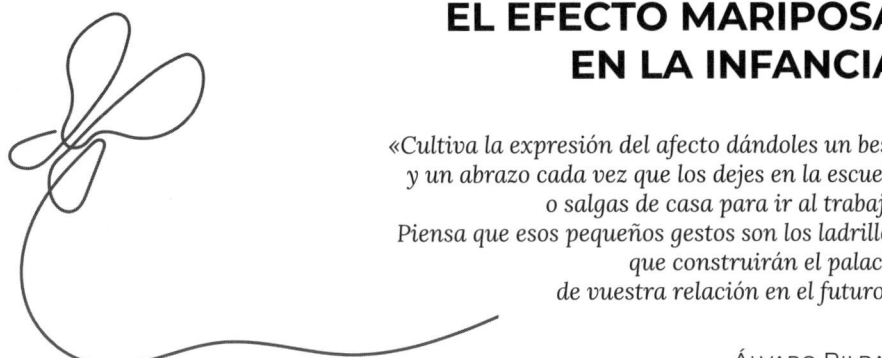

EL EFECTO MARIPOSA EN LA INFANCIA

*«Cultiva la expresión del afecto dándoles un beso
y un abrazo cada vez que los dejes en la escuela
o salgas de casa para ir al trabajo.
Piensa que esos pequeños gestos son los ladrillos
que construirán el palacio
de vuestra relación en el futuro».*

ÁLVARO BILBAO

Como hemos visto en los capítulos anteriores, los cambios que se producen al inicio de cualquier sistema darán como resultado estados finales completamente diferentes. Los seres humanos somos sistemas no lineales: no estamos compuestos solo por la suma de las partes, sino que las circunstancias serán determinantes para el desarrollo de cada individuo. Los hechos, imperceptibles en muchas ocasiones, influirán significativamente en nuestra identidad. **La repercusión del efecto como ser social tiene un carácter global, casi histórico, pero en el individuo resultará más intimista.**

El efecto mariposa, la bella metáfora utilizada para explicar la teoría del caos, tiene una repercusión especial en la infancia, por considerarse la etapa de nuestra vida más sensible a los cambios que se producen en nuestro entorno.

El científico y escritor británico John Gribbin, en su libro *Así de simple*, emplea un fabuloso ejemplo al utilizar las gotas de agua que caen sobre las crestas de una montaña, fluyendo por direcciones y lugares diferentes; dos trayectorias opuestas que conducen a finales distintos. ¿Seríamos los mismos si hubiéramos nacido en otra familia? ¿En otra cultura? ¿Por qué no somos iguales que nuestros hermanos u otros familiares cercanos?

EL NACIMIENTO DE LA MARIPOSA

Recordamos la infancia como una de las etapas más felices de nuestra vida. Una gran sonrisa se dibuja en nuestros rostros al rememorar los juegos en el parque, el olor de los libros nuevos al comienzo del curso, el sabor de nuestro postre favorito o la celebración de los cumpleaños. Recuerdos indelebles grabados en nuestra memoria, tan reales y vívidos que podían haber sucedido ayer. Desmenuzamos con detalle cada recuerdo, olor, rincón o sensación que experimentamos en nuestra infancia. Sin lugar a dudas, esta es la etapa más importante en el desarrollo de las personas: se forma nuestra identidad para convertirnos en el adulto que somos ahora.

EL ENTORNO FAMILIAR

Igual que no seleccionamos el momento histórico ni la sociedad a la que pertenecemos, no podemos elegir a nuestra familia. Ni el lugar ni las circunstancias en las que nacemos. Venimos al mundo marcados por unas condiciones de las que no podemos hacernos responsables, al menos, en los primeros años de nuestra vida. Históricamente, se le otorgó un papel fundamental a la genética. En cambio, en los últimos treinta años, el impulso de las neurociencias a través de sus investigaciones, nos han enseñado más sobre el cerebro humano que en todo el siglo pasado. Y estos estudios señalan a la familia como la primera institución social con capacidad para moldear el cerebro en la primera infancia.

Durante aproximadamente los nueve meses de desarrollo embrionario, nuestro cerebro se ha ido preparando para la supervivencia extrauterina: nacemos como individuos y será la familia la responsable de convertirnos en seres sociales. **El entorno familiar influirá en todas nuestras dimensiones: psicoafectiva, física, cognitiva y emocional.**

No hay dos familias iguales, del mismo modo que no existen dos individuos idénticos. La particularidad de cada familia, la interrelación entre sus miembros unida al contexto socioeconómico y cultural en el que se desenvuelven perfilará el cerebro infantil, dando como resultado la autenticidad del individuo que somos.

En palabras del famoso psicólogo y divulgador Rafa Guerrero: «Los padres, madres y cuidadores somos los responsables de establecer las conexiones neuronales para el correcto desarrollo de los niños [...]; somos los arquitectos del cerebro de nuestros hijos». Estas conclusiones, a las que han llegado científicos y psicólogos, **ponen en el punto de mira a la familia como el entorno más influente en la primera infancia.**

Esas conexiones neuronales de las que habla Rafa Guerrero nos enseñan un proceso de especialización cerebral muy sensible al ambiente. Para una correcta evolución, el cerebro infantil debe atravesar diferentes periodos sensibles donde, en cada uno de ellos, se van adquiriendo habilidades y competencias fundamentales para el crecimiento adecuado del individuo. El conocimiento y respeto de estas fases, las dinámicas familiares donde crecemos y las relaciones interpersonales a las que nos exponemos tallarán la arquitectura de nuestro cerebro. Cuanto más consciente sea la familia de la responsabilidad adquirida en el proceso que tiene entre manos, más positiva será su repercusión.

CADA COSA A SU TIEMPO

María Montessori describió los periodos sensibles como cada una de las etapas de aprendizaje por las que atraviesa el individuo en sus seis primeros años de vida. En cada una de estas fases, el niño muestra un especial interés por ciertas actividades, objetos del entorno o estímulos sensoriales. El niño explora y observa esta nueva experiencia dedicándose íntegramente a ella; presta toda su atención y determinación. Ha llegado el momento de aprender una nueva habilidad y desarrollar las capacidades necesarias para ponerla en práctica.

Según la pedagoga, **el orden, el movimiento, el lenguaje y la integración sensorial son los periodos evolutivos más importantes en la primera infancia**. Estos periodos son involuntarios y se dan de forma aleatoria o simultánea: los niños no pueden controlarlo, simplemente son sensibles a ciertos estímulos que perciben en su entorno, impulsándolo a la exploración intensiva.

Estos periodos están íntimamente relacionados con el contexto en el que se desenvuelve el niño; entornos empobrecidos dificultan la capacidad de desarrollo de estas habilidades; por el contrario, espacios en los que se estimula el aprendizaje y se respeta el ritmo de cada individuo garantiza el correcto desarrollo de estas actitudes, las cuales serán imprescindibles para transformarse en una persona autónoma e independiente, creando así su propia personalidad y gestando una autoestima saludable.

Es importante señalar que, si el aprendizaje de una habilidad no se produce durante su periodo sensible, no implica que dicho conocimiento ya no se pueda adquirir. Sin embargo, los estudios en esta materia afirman que el niño presentará mayor dificultad para afianzar estas competencias.

La familia juega un papel fundamental, ya que es la responsable de la creación de ambientes enriquecidos y saludables para el correcto desarrollo del niño. El adulto desempeña el papel de guía y favorece la exploración del entorno. La diversidad de ambientes y la exposición a diferentes experiencias marcan el camino óptimo del aprendizaje.

Pero ¿qué ocurre cuándo crecemos en entornos empobrecidos? Existen una pluralidad de patologías asociadas con este tipo de ambientes:

- Disminución de la función cerebral.

- Problemas de atención y concentración.

- Posibles trastornos de ansiedad.

- Retraso en el desarrollo de habilidades (falta de adquisición) motoras, lingüísticas, etc.

- Dificultad para establecer relaciones sociales (relaciones de mala calidad), etc.

La creación de ambientes donde los niños puedan explorar, dejar volar su imaginación, experimentar su individualidad, jugar, asombrarse, estimular su aprendizaje a través del ensayo-error u observar cómo la intuición abre otras posibilidades recae sobre la familia. Esta institución tiene una relevancia trascendental en el crecimiento de nuestros hijos: deben construir contextos donde se permita la frustración ante el fracaso, donde se aliente el volver a intentarlo, donde cuestionarse un cambio de opinión solo sea parte de proceso de autorregulación por el que todos debemos atravesar.

FACTORES AMBIENTALES Y GENÉTICOS

Sin embargo, la familia no puede elegir muchos de los factores que influyen de forma directa sobre su prole: la clase social a la que pertenece, el desempleo de alguno de sus miembros (o en el peor de los casos, de todos) o el orden de nacimiento de cada hijo. Hay condiciones que son invariables y tenemos que aprender a gestionarlas de la mejor manera posible.

En 1997, los orfanatos sobrepoblados de Rumanía fueron un caldo de cultivo para numerosos estudios sobre la socialización a edades tempranas. Los cientos de bebés y niños pasaban la mayor parte de su tiempo sin relacionarse, sin jugar ni afecto. La mayoría de ellos, a la edad de dos y tres años, no caminaban ni hablaban. Al escanear sus cerebros, se observaron diferencias sustanciales con niños de la misma edad criados en entornos estimulados. Las imágenes mostraban una inactividad parcial y/o completa en los lóbulos parietales, responsables de habilidades como la audición o el lenguaje. Aunque muchos de estos críos fueron adoptados posteriormente por familias canadienses, no consiguieron equilibrar su desarrollo con su edad biológica, mostrando una incapacidad para desenvolverse en situaciones comunes de la vida diaria.

CÓMO CONSTRUIR VÍNCULOS AFECTIVOS SALUDABLES

Un vínculo afectivo sano garantiza un correcto desarrollo cognitivo y emocional. Y este, como las buenas recetas, se cocina a fuego lento. La magia de las pequeñas acciones posee tal relevancia que nos otorgan multitud de oportunidades para enmendar errores del pasado.

Los ingredientes de esta receta no son más que unos cuantos kilos de consciencia y atención, dinámicas familiares bien saludables, mucho afecto, raudales de paciencia y tiempo sin medida. Y... *le voilà*: un **apego seguro** que formará adultos aptos socialmente y preparados para desenvolverse en cualquier contexto. Las cantidades que usemos en nuestra receta y el mimo con el que prepararemos los ingredientes dependerá de nosotros mismos, y en nosotros mismos está la decisión de continuar cocinando a fuego lento el proceso de crianza de nuestros hijos.

1. CONSCIENCIA

En una gran olla salteamos a fuego medio-bajo toda la consciencia que tengamos a mano.

La llegada de un bebé se ha convertido en uno de los acontecimientos más celebrados en nuestra sociedad; hacemos fiestas antes y después del nacimiento, llenamos la casa de cosas que probablemente no utilicemos, confeccionamos listas de regalos para que los amigos acierten seguro, abarrotamos nuestras viviendas con libros y revistas especializadas; todo esto engrosa nuestras expectativas de familia y crianza ideal, lo cual, indefectiblemente, nos conduce a un fracaso seguro.

La crianza de nuestros hijos es uno de los momentos más difíciles de nuestras vidas. Y sumergirnos en un mar de ideales puede alejarnos de la relevancia de este acontecimiento y de las necesidades reales del recién llegado.

Por eso, el conocimiento no es suficiente y tenemos que ir un paso más allá. Debemos alejarnos del marco de familia feliz de los reclamos publicitarios y responsabilizarnos del rol que ejercemos en el proceso de educación de nuestros hijos.

2. ATENCIÓN

> Dejaremos reposar la consciencia durante un tiempo y luego, poco a poco, mezclaremos la atención con mucha suavidad. Añadiremos una buena dosis de sentidos bien refinados, para que la textura nos quede exquisita.

A pesar de disfrutar del privilegio de haber nacido en estados del bienestar, nuestros índices de salud mental nos alertan de que hay algo que no está funcionando como debería. El estrés, la ansiedad, el insomnio, el sedentarismo, la depresión y otros tipos de trastornos mentales imperan en nuestros días. La inmediatez en la toma de decisiones, la velocidad de nuestra sociedad, la multitud de tareas y quehaceres nos hace vivir en un estado de alerta, modificando nuestros marcadores biológicos. El cortisol, hormona del estrés, que antes solo utilizábamos para mantener nuestra supervivencia, infecta nuestro organismo provocando numerosos desajustes físicos y mentales.

La responsabilidad de cuidar a un hijo añade un grado más de dificultad. Demasiados estímulos nos hacen perder la concentración, y enfocarnos en una sola tarea implica un esfuerzo descomunal.

Es necesario desaprender ciertos patrones sociales y volver a la simplicidad de nuestros actos. No necesitamos ser expertos en *mindfulness*, solo estar atentos a lo que estamos haciendo, sintiendo, observando, oliendo, escuchando y tocando. Necesitamos poner a trabajar a nuestros sentidos para que la atención recobre el protagonismo que la sociedad de la inmediatez le ha robado.

La atención nos sacude del automatismo de nuestras vidas cotidianas, evitando caer en la trampa de la justificación del tiempo de calidad frente a la cantidad.

El tiempo, en la crianza, cuanto más mejor. En los primeros años de vida se necesita calidad y cantidad; y esto solo se consigue con atención. Atención y dedicación sincera, respetuosa y amorosa, donde jugar es solo jugar y nada tiene que ver con revisar nuestros teléfonos móviles mientras colocamos las piezas de un puzle.

3. LAS DINÁMICAS FAMILIARES

> Sobre esta buena masa, vamos añadiendo nuestras dinámicas familiares, sazonándolas con dosis de respeto y cordialidad.

Cada familia es diferente. No hay dos iguales. Las interacciones de cada uno de los miembros de la familia estarán marcadas por reglas, tareas, límites, sistemas de creencias y roles que las hacen únicas. Estas dinámicas deben crear ambientes cordiales y respetuosos donde el niño pueda desarrollarse con plenitud. Las dinámicas familiares son cruciales: serán el fundamento donde construir la identidad del individuo.

Estas relaciones familiares nos dotarán de una serie de estrategias de gran utilidad que facilitarán nuestra posterior adaptación en estructuras sociales más complejas. La familia se convierte así en la escuela de la vida; presentes desde el nacimiento, nos van educando, van ejerciendo una influencia significativa sobre nosotros y, así, nos entrenan para la vida adulta, convirtiéndose en un potente moldeador de nuestra identidad.

Al observar cómo interactúan los miembros de nuestra familia, aprendemos patrones y adquirimos herramientas para la resolución de conflictos, negociar nuestros intereses y desarrollar la singular gestión emocional de este grupo social.

Sobre nuestra deliciosa mezcla de consciencia y atención, será fácil añadir una respetuosa forma de hablar, con un lenguaje cuidado, embadurnado de empatía y una resolución de conflictos alejada de los gritos y la violencia. Se transmitirán así nuestros valores y creencias. Y serán estas nuestras pequeñas acciones para proteger emocionalmente a nuestros hijos y presentarlos en un futuro amigable y socialmente adaptados para enfrentarse a cualquier situación.

4. EL AFECTO

> Espolvoreamos y recubrimos con afecto sobre el conjunto anterior.

El afecto es el engranaje que mantiene el resto de los ingredientes bien cohesionados. El afecto nos centra para que prestemos atención y nos ayuda a construir ambientes armoniosos y a enmendar el daño rápidamente. El afecto potencia nuestra empatía y nos pone el foco en las necesidades del otro.

> «¿Qué es lo que más nos eleva? El amor. Cuando nos sentimos cuidados, respetados, apoyados, nos invade la certeza de que podremos hacer realidad cualquier sueño. Porque sabernos amados nos da alas. Y esa sensación es la más dulce».
>
> *Amar. Colorea tu mundo*, C. NÚÑEZ Y R. R. VALCÁRCEL

Una palabra de reconocimiento, una mirada apreciativa, una caricia o un abrazo refuerzan la confianza y la seguridad consiguiendo una mejora del autoconcepto del niño; el afecto, se convierte así, en el ingrediente principal que robustecerá las estructuras psicoafectivas. Una cualidad poliédrica que se materializará en los pequeños gestos, aquellos que hacen batir las alas de nuestra mariposa.

5. TIEMPO Y PACIENCIA (A FUEGO LENTO)

> Pondremos nuestra gran olla a calentar a fuego lento, observando cómo, poco a poco, el conjunto se enternece con el calor de la llama.

Necesitamos tiempo. Tiempo y paciencia. Sin ellos, estamos perdidos; tiempo de dedicación para prestar atención a los procesos madurativos de los niños y paciencia para respetar los ritmos de aprendizaje de cada individuo. No todos aprendemos igual ni a la vez. Acelerar estos procesos afecta nuestra salud emocional y ejerce una influencia negativa en nuestro desarrollo.

Debemos aprender a esperar. Se nos ha olvidado que cada proceso lleva su tiempo y en la sociedad en la que vivimos, dejar pasar el tiempo y no aprovecharlo en su totalidad es casi un delito. Sin embargo, paradójicamente, tiempo y paciencia es lo que necesitan las familias para potenciar el efecto de los pequeños gestos.

Los niños necesitan familias que les dediquen tiempo: tiempo para jugar con ellos, para leer cuentos, para tumbarse en el césped observando las formas que dejan las nubes al pasar.

Cada vez es más difícil encontrar la virtud de la paciencia. Nos hemos olvidado de gestionar correctamente el tiempo y esto se ha convertido en una ardua tarea. Además, la sociedad no nos lo pone nada fácil. Nos obligan a resolver las cosas en el mínimo tiempo posible, aunque la solución no sea la más óptima; y «lento» resulta ser una etiqueta que mancilla la autoestima, ya que expolia al individuo del contexto social al que pertenece, acrecentando el grupo de los relegados sociales.

Hemos perdido la capacidad de vivir plenamente y nuestros objetivos diarios se basan en marcar, como terminadas, algunas de las tareas de esa enorme lista de deberes; y si puede ser, en el menor tiempo posible, para poder dedicarnos a otras tantas que tenemos guardadas en la recámara. Y para los niveles más avanzados, encontramos al superhéroe o superheroína capaces de hacer dos y tres cosas al mismo tiempo. Una efectividad enmascarada que nos conduce al agotamiento y al estrés crónico.

Esta carrera a contrarreloj influye en el comportamiento y en la calidad de vida de los individuos; individuos que forman familias; familias que tienen descendencia y contagian «de velocidad» el desarrollo de nuestros hijos.

Nos olvidamos del afecto y de la gratitud, porque no son dignos de añadirlos como tareas en nuestras agendas. Contestar un mensaje de WhatsApp es más urgente que dar un abrazo de bienvenida al llegar a casa. Por eso, necesitamos reflexionar sobre cómo aplicamos la rapidez en nuestros días; cómo actuamos de modo semejante a los autómatas con la mayor celeridad para disponer de más tiempo libre; y, contradictoriamente, es lo que menos tenemos. Necesitamos frenar en seco y observar cómo influye este modelo de sociedad en nuestras vidas y cómo se refleja en la educación de nuestros hijos.

Carl Honoré impulsor del *slow movement* y autor del libro *Elogio a la lentitud* nos enseña que «en un mundo adicto a la velocidad, la lentitud es un superpoder». Y es necesario lentificar para hacer las cosas mejor, desacelerar para dedicarnos en plenitud a nuestros hijos, ralentizar para mejorar las dinámicas familiares y respetar los ritmos de cada uno de los miembros que lo componen; en definitiva, reducir la velocidad para suavizar el impacto negativo que la sociedad de las prisas vierte sobre la infancia.

6. ESPERANZA

> Hornéalo con un poquito de esperanza y nuestra receta estará lista para emplatar.

Debemos enterrar la culpabilidad y abandonar el laberinto de posibilidades que hubiéramos encontrado de haber hecho las cosas de otra manera. La culpabilidad es una emoción paralizadora y necesitamos volver a tomar el control de nuestras acciones para que la mariposa mueva sus alas en la dirección correcta.

La responsabilidad será nuestra aliada. Responsabilizarnos de nuestros errores y tomar nuevas decisiones para mejorar la calidad de vida de nuestro entorno serán decisivos para desencadenar hechos enriquecedores. No debemos olvidar que es necesario que ciertas cosas salgan mal para que otras mejores sucedan; y esto solo puede producirse cuando damos la espalda a la culpabilidad y nos agarramos a la responsabilidad de nuestros actos, tomando decisiones diferentes que nos muestren soluciones que afiancen el apego con nuestros pequeños.

CONSCIENCIA

Más allá
del conocimiento.

ATENCIÓN

Poner el foco
en lo importante.

**DINÁMICAS
FAMILIARES**

Deben ser saludables
entre todos
los miembros.

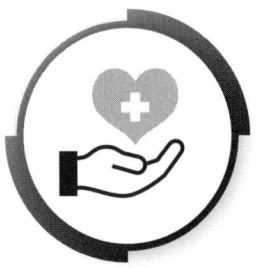

AFECTO

Crea ambientes
de armonía.

**TIEMPO
Y PACIENCIA**

Beneficioso
para la madurez
de los niños.

ESPERANZA

Volver a tomar
el control.

LA IMITACIÓN: EL REFLEJO DE NUESTROS ACTOS EN EL APRENDIZAJE

LAS NEURONAS ESPEJO

En 1996, el neurólogo italiano, **Giacomo Rizzolati**, investigando el cerebro motor de los simios, descubrió por casualidad una red neuronal que se activaba tanto al ejecutar una acción como al ver a sus congéneres cómo la llevaban a cabo. A estas células cerebrales las llamó **«neuronas espejo»** porque generan una representación mental de los actos y las emociones del otro, como si nos estuviéramos mirando en un espejo y añadió sobre ellas que **«son el ladrillo sobre el que se construye la cultura»**. No se trata de un proceso cognitivo; al observar cómo otros realizan una tarea sabemos lo que está ocurriendo sin tener que procesar previamente esta información.

Las neuronas espejo están distribuidas en cuatro zonas diferentes del cerebro, cada una de ellas con funciones diferentes, otorgando así un papel integrador en las funciones cerebrales. Rizzolati dio un paso más allá; las neuronas espejo no solo reflejan acciones que vemos en los demás (conexión motora), sino que son capaces de reflejar las emociones que está sintiendo el otro (conexión emocional). La empatía queda así científicamente explicada.

La empatía dio a los seres humanos una ventaja evolutiva. Conecta directamente con nuestro sistema límbico, estructura cerebral responsable de la gestión emocional y de la supervivencia, conceptualizado por el neurocientífico Paul MacLean. La empatía es la responsable de la transmisión de emociones, permitiéndonos aprender tanto a nivel individual como grupal, creando conexiones y lazos entre las personas, dando lugar al nacimiento de las civilizaciones.

Un claro ejemplo de transmisión emocional es el contagio de la risa. Se sabe de actores y cómicos que ríen para provocar este reflejo en las neuronas de su público, desencadenando así la risa del espectador. Nacemos con esta resonancia emotiva de serie y, a medida que vamos creciendo, nuestras experiencias ejercerán una poderosa influencia sobre esta peculiar red neuronal, aumentando o disminuyendo nuestra empatía origen.

Podríamos decir que la **empatía**, a través de la activación de las neuronas espejo, es una forma inconsciente de leer la mente de los demás. Si prestamos atención en la constitución del rostro humano, observamos que es el mecanismo más poderoso para transmitir emociones. Su anatomía es única en el mundo animal, contando con cuarenta y siete músculos integrados y coordinados entre sí para expresar emociones básicas: **alegría, enfado, tristeza y asco**. Este código emocional orquestado por los músculos faciales es universal, son las mismas en todo el mundo. Por lo tanto, en nuestro origen, estamos programados tanto para transmitir emociones como para interpretar lo que otros están sintiendo y de forma inmediata, sin pararnos a pensar; simplemente —en palabras de Rizzolati— lo sentimos.

EL APRENDIZAJE SOCIAL O POR IMITACIÓN

El descubrimiento de las neuronas espejo en el campo de la neurociencia ha sido revelador. Posiblemente, uno de los hallazgos más importantes en los últimos años, demostrando que son la base de la empatía y del aprendizaje por imitación.

Las neuronas espejo activan tanto las áreas motoras del cerebro para desarrollar capacidades físicas que nos permitan alcanzar la autonomía como el sistema límbico, o área emocional, aprendiendo comportamientos empáticos, vitales para la adecuada socialización del individuo. Estas neuronas tan singulares son las responsables de conectarnos con el mundo exterior integrando la dimensión psicomotriz y la emocional.

Cuando salgas a pasear, párate en un parque infantil y observa a los más pequeños. Todo parece caótico. Niños que corretean sin sentido de un lado para otro, subiendo las escaleras del tobogán, lanzando juguetes, y los más atrevidos saborean la exquisitez de la arena. Sin embargo, este albedrío es una fuente incalculable de aprendizajes. Si somos un poco más detallistas, nos daremos cuenta de que aquellos que están más próximos intentan imitarse los unos a los otros. ¡Y que no exista un juguete de por medio, que todos lo van a querer agarrar! Es maravilloso convertirnos en espectadores de lo que una vez fuimos en el pasado.

En este caótico parque, las dos principales líneas de aprendizaje **experiencia e imitación** se integran, regulando las interacciones sociales. En el capítulo anterior hablamos sobre cómo la interacción con el entorno nos abría las puertas de la experimentación, convirtiendo al niño en el centro de su desarrollo; el entorno debía ofrecer un abanico de estímulos donde poder probar, errar, descubrir, y reintentar, utilizando el juego como canalizador. Ahora, caminaremos hacia el aprendizaje social para revelar cómo nuestros pequeños gestos pueden cambiar la trayectoria de toda una vida.

Fue el psicólogo canadiense Albert Bandura quien describió el **aprendizaje social o aprendizaje vicario** como aquel contexto estimulante que todo niño necesita para poder aprender. De la observación nacerá un aprendizaje que, acompañado por el paso del tiempo, se irá perfeccionando según las habilidades innatas de cada individuo.

> La imitación, como sistema de aprendizaje, nos demuestra que el ser humano adquiere conocimientos a través de la conjugación de componentes cognitivos, conductuales y ambientales, utilizando, en primer lugar, la observación y después la imitación de los comportamientos de su entorno social más próximo.

EL EXPERIMENTO DEL MUÑECO BOBO O TENTETIESO

En 1961, Bandura, en la Universidad de Stanford, llevó a cabo el experimento conocido como el Niño Bobo. El psicólogo quería demostrar de forma empírica el **aprendizaje social** y, para ello, utilizó un muñeco hinchable y setenta y dos niños (treinta y seis por cada sexo) en edad preescolar. Organizados en grupos de tres, estos fueron expuestos a un modelo agresivo de trato hacia el muñeco y el resto a uno no agresivo. Bandura partió de la teoría conductista para realizar este experimento: el aprendizaje se genera tanto al experimentar la recompensa que recibimos como al observar la respuesta recibida en otras personas al realizar una misma acción.

Existen variaciones de este experimento, pero la más notable fue observar cómo se comportaban los niños después de presenciar cómo el muñeco hinchable era castigado, recompensado o ignorado. Los niños expuestos a modelos agresivos respondían antes con conductas similares que los «no agresivos».

Una de las conclusiones más relevantes fue demostrar que, observando a las personas de nuestro entorno, los niños van adquiriendo aprendizajes (tantos positivos como negativos desde un punto de vista social) del mundo que les rodea.

Protagonistas del aprendizaje de nuestros hijos

El aprendizaje social o por imitación tiene como eje la consideración del entorno social como principal estudio del aprendizaje. Al igual que antes el niño era el impulsor de su conocimiento, ahora serán las personas más cercanas y la interacción entre ellas (dinámicas familiares) las que retoman el protagonismo. Nuestras acciones serán las semillas de las habilidades socioemocionales de nuestros hijos, de las que brotará la identidad del individuo que somos.

Bandura nos explica que, para exprimir el aprendizaje social, debemos considerar los siguientes factores:

- **Un modelo** que proporcione entornos donde el niño se sienta tranquilo y seguro.

- **Modelo y observador** de características similares: cuantos más parecidos existan, más se favorece el aprendizaje.

- **Refuerzo de las conductas** cuando estas son premiadas, animando a su imitación. Con efecto contrario, se reducirán aquellas cuando la consecuencia sea negativa.

La teoría del aprendizaje por imitación nos enseña cómo **los niños reflejan en su comportamiento** lo que observan en su entorno, poniendo el foco en los modelos a los que son expuestos.

La vida real: la verdadera fuente de emociones intensas

Las investigaciones de las neuronas espejo realizadas por Rizzolati y el aprendizaje social, que se basa en la activación de estas, definido por Bandura, nos demuestran que la vida real es la experiencia más poderosa desde el punto de vista emocional.

Hay varios experimentos que corroboran esta teoría. En Japón, quisieron saber si la respuesta emocional de los individuos era la misma cuando veían una película que cuando asistían a una obra de teatro. El resultado fue sorprendente: en el teatro la emoción es mucho más intensa.

Otro experimento fue medir la actividad cerebral de las neuronas espejo cuando observamos un espectáculo de danza y cómo la actividad se vuelve frenética si ese mismo baile lo mira un bailarín. Al observar una actividad que hemos experimentado y recompensado positivamente, la actividad neuronal se dispara, fomentando conexiones y lazos emocionales mucho más fuertes. Esto explica por qué los deportistas retirados son tan buenos comentaristas deportivos: están unidos emocionalmente con ese deporte entendiendo, más rápidamente y de forma inmediata, lo que está ocurriendo en el terreno de juego.

La llegada de las redes sociales, aunque repleta de usuarios, seguidores e influencers, consolida esta teoría; las experiencias digitales son frías desde un punto de vista neurológico. La región cerebral de nuestras queridas neuronas espejo —el giro cingulado— no se activa con las historias de los internautas. En palabras del famoso Rizzolati: «Si leo que hubo un terremoto en Marruecos con varios muertos me puede dar pena, pero dentro de mi sistema neuronal no hay dolor. En cambio, si salgo a la calle y veo un accidente de tráfico, siento el dolor dentro de mí».

En los últimos años, debido al uso excesivo de las redes sociales como herramienta de interacción social, se reduce la exposición social de los niños y, por lo tanto, su aprendizaje emocional se ve ralentizado. Estos se quedan más tiempo en casa jugando a videojuegos o con dispositivos móviles. Se ha detectado que es uno de los principales motivos por el cual la empatía ha disminuido en la generación Z.

El neurólogo estadounidense Vilayanur Ramachandran llamó a las neuronas espejo «las neuronas Gandhi» por su capacidad de facilitar el entendimiento, aumentar la solidaridad y la cooperación. Responsables de hacernos bostezar cuando observamos a nuestro compañero hacerlo, o vomitar, sin causa aparente, al ver al otro hacerlo; una explicación neurofisiológica del entramado emocional de las relaciones sociales.

Una vez más, el efecto mariposa nos devuelve las riendas de la educación de nuestros hijos a través de las pequeñas acciones. Necesitamos convertirnos en un buen referente, para que el resultado del efecto siempre esté de nuestro lado.

En la primera infancia, somos los protagonistas indiscutibles de la vida de nuestros hijos. Nos observan todo el tiempo e intentan imitar cualquier gesto o palabra que pronunciemos. Debemos conseguir nuestra mejor versión para convertirnos en un referente ejemplar:

- Debemos **alejarlos de la violencia** en cualquiera de sus manifestaciones, tanto física como psicológica, cuidaremos nuestro lenguaje y nos haremos los reyes de la asertividad.

- **Nuestro ejemplo, el mejor modelo.** Cuidaremos de nuestras acciones y actitudes, evitando sarcasmos e ironías que nos alejan de una comunicación afectiva y respetuosa.

- Inventaremos espacios donde nos puedan observar y repetir con nosotros. Nos valdremos de la palabra para acompañar nuestros actos y hacer así un aprendizaje más prolífico: si observan e imitan al mismo tiempo, las neuronas espejo trabajan dos veces.

- Cuantas más personas observen, a cuantas más relaciones interpersonales estén expuestos, mayor provecho obtendremos de nuestras neuronas espejo.

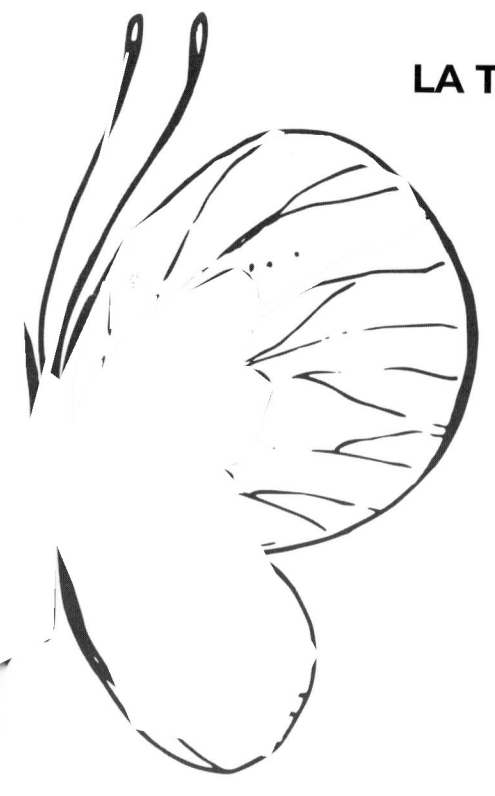

LA TRANSFORMACIÓN A TRAVÉS DE LOS PEQUEÑOS GESTOS

«Casi todo el mundo piensa que sabe qué es una emoción, hasta que intenta definirla. En este momento, prácticamente nadie afirma poder entenderla».

WENGER, JONES & JONES

La oruga ha tejido cuidadosamente las paredes de su crisálida, endureciéndola con la solidez que le ha concedido el aprendizaje. El insecto permanece en una falsa quietud; sin embargo, el organismo de estos pequeños seres está más activo que en otras fases, desarrollando sus órganos vitales y preparándose para la salida al mundo exterior.

En este capítulo viajaremos por el mundo de las emociones y cómo a través de nuestros sistemas de creencias vamos formando una identidad que se irá transformando, al igual que los órganos de nuestra crisálida.

LAS EMOCIONES

El ser humano está programado para sentir. Y, sin embargo, nos resulta muy complicado identificar lo que estamos sintiendo. El estudio de las emociones —**psicología emocional**— se ha abierto camino maravillando a la comunidad científica, a pesar de que no exista una línea clara de investigación para entender y explicar las emociones.

Pero ¿qué son realmente las emociones? ¿Para qué sirven? ¿Por qué son tan importantes? Y, sobre todo, ¿por qué desde hace unos años todo el mundo habla de ellas?

En cualquier manual de psicología encontraremos extensas definiciones sobre qué son las emociones. Pero rara vez conseguimos ser precisos ante la pregunta *qué es una emoción*; nos perdemos en un mar de sentimientos que entremezclamos con pensamientos y con sensaciones físicas y, al final, no somos capaces de responder de una forma clara y sencilla.

Una emoción es una respuesta a un estímulo externo. Esta definición será la cimentación sobre la que construiremos el complejo mundo emocional del ser humano. El objetivo principal de las emociones consiste en preservar nuestra supervivencia, aumentar nuestro bienestar o adaptarnos al entorno, tanto ambiental como social. Las respuestas a este estímulo generan una conducta adaptativa de gran utilidad para el individuo, provocan cambios bioquímicos y modifican procesos cognitivos como la atención, la toma de decisiones y la memoria.

EL CEREBRO EMOCIONAL: EL SISTEMA LÍMBICO

El **sistema límbico** es la estructura cerebral interconectada donde se producen las emociones; pero también tiene un papel fundamental en el **aprendizaje y la memoria**.

Está compuesto, entre otras estructuras cerebrales, por: el hipotálamo, la amígdala y el hipocampo.

Estos organos son los responsables de: las respuestas fisiológicas, el aprendizaje y la memoria a largo plazo.

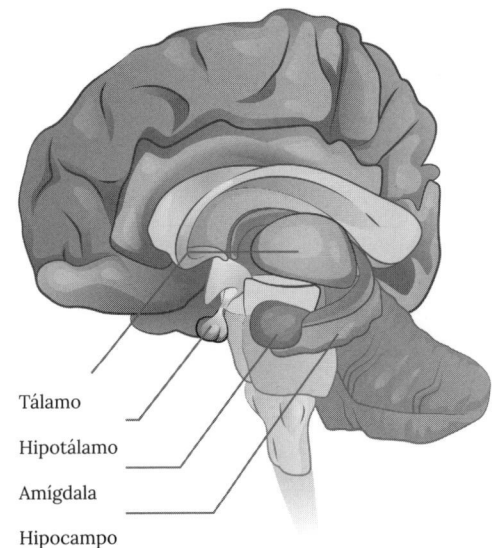

Tálamo

Hipotálamo

Amígdala

Hipocampo

Con una actividad trepidante, en el sistema límbico podemos encontrar diferentes funciones vitales como las que ahondaremos a continuación.

• Hasta los conductores más experimentados se han enfrentado a situaciones desagradables al toparse, de repente, con un animal en su camino. La **amígdala**, estructura subcortical del sistema límbico, desencadenará de inmediato una respuesta neurofisiológica automática para que este conductor reaccione de manera rápida, esquivando y evitando daños tanto al animal desorientado como a los pasajeros que lo acompañan. **Es el regulador emocional por excelencia**.

- **La infancia es un pozo de recuerdos**. Las fiestas de los barrios y la llegada de la feria se convertían en todo un acontecimiento. Luces rutilantes y sonidos estridentes embadurnaban el ambiente haciéndolo insoportable para un adulto y emocionante para un niño. Las nuevas atracciones llamaban la atención de toda la comunidad y los más atrevidos no perdían ni un segundo en probarlas para contar a los demás su vivencia. Cuando decidimos experimentar nosotros mismos esa nueva sensación, el miedo o la satisfacción marcará nuestra preferencia por las atracciones mecánicas. La **amígdala** se pone en funcionamiento y constituye una **memoria emocional**, negativa o positiva, en función de nuestra respuesta, almacenando así recuerdos emocionales a largo plazo.

- Ante los recuerdos generados en la infancia, **el sistema límbico** es capaz de extraer hasta el más mínimo detalle; **es el responsable de recuperar de la memoria aquella experiencia y revivirla en diferido**, dejando al tiempo fuera de contexto. En el **hipocampo** se forma la **memoria explícita**, aquella que trae a la consciencia hechos de nuestro pasado. Gracias a este tipo de memoria podemos volver a experimentar situaciones, recordar lugares y personas y estremecernos con la emoción principal que destacó aquel recuerdo. Esta memoria nada tiene que ver con la **memoria implícita**, aquella que almacena habilidades motoras como conducir, montar en bicicleta o escribir; cada una de ellas viaja por circuitos neuronales diferentes, dando como resultado funciones cerebrales distintas.

- En 1913, Marcel Proust publicó la novela *Por el camino de Swann*, primer volumen de *En busca del tiempo perdido*, en la que el protagonista saborea una magdalena recién horneada que, al unirla con el sabor del té, desencadenó una sensación extraordinaria dentro de él.

> «[...] Pero en el mismo instante en que aquel trago, con las migas del bollo, tocó mi paladar, me estremecí, fija mi atención en **algo extraordinario que ocurría en mi interior.** Un placer delicioso me invadió, me aisló, sin noción de lo que lo causaba».
>
> MARCEL PROUST, *En busca del tiempo perdido*

- El poeta dedicó más de tres mil páginas a describir los hechos que desencadenó la emoción sentida por el protagonista y cómo esta desencadenó la posterior secuencia de recuerdos. Esto dio origen al **efecto magdalena de Proust**, la magdalena más célebre de la literatura universal. El **procesamiento sensorial** es una herramienta poderosa que crea conexiones sociales, memoria y aprendizaje. Incluye tanto los cinco sentidos como la **interopcepción**, percepción del estado interno del organismo. Este sentido no suele aparecer mucho cuando se habla de emociones, pero tiene una actividad reguladora vital, puesto que es el encargado de mantener un entorno interno estable y relativamente constante (homeostasis). Niveles como la temperatura corporal, el PH de la sangre, la concentración de glucosa, sed o el apetito son regulados por la interopcepción.

- El **olfato** es el sentido que más estructuras neuronales comparte con la memoria y el aprendizaje, coronándose así como el sentido más poderoso para la generación y recuperación de recuerdos; ateniéndonos a la cantidad de información que percibimos de un suceso en concreto, el olfato extrae un 35 % frente al 5 % que nos da la vista. A través del olfato se graba información completa sobre las experiencias, y la reexposición a ese aroma nos devolverá a la situación inicial: el recuerdo de esta vivencia desencadenará la misma respuesta fisiológica que se produjo en nuestro organismo la primera vez. El olfato, al ser el sentido qué más memoria genera, también es el que mayor capacidad posee para desenterrar recuerdos que creíamos olvidados y lo hace de una forma instantánea. Las investigaciones realizadas en la Universidad de Chicago desvelaron que el deterioro del sentido del olfato en personas mayores es la antesala a las disfunciones cognitivas, a la demencia y al alzhéimer.

- En numerosas ocasiones hemos escuchado que la primera impresión es la que más cuenta. Si en nuestra primera cita hemos pasado unas horas muy divertidas, tendremos más ganas de repetir ese encuentro. El sistema límbico regula el **sistema de recompensa cerebral**, convirtiéndose así en el **motivador de la conducta** deseada. En concreto, es en el núcleo *accimbens* donde se integra la cognición, el impulso y la conducta para convertir la voluntad de un individuo en acción, manifestando la consecución del deseo en nuestras acciones.

- Si es habitual que nuestra compañera de trabajo salga de su reunión semanal con cara de pocos amigos, inmediatamente, basándonos en situaciones pasadas y similares, interpretamos que algo no le ha ido bien. Sería un buen momento para un café distendido que la aleje del estrés al que está sometida. Pues bien, esta es la **función reguladora social** del sistema límbico. El hipocampo y la amígdala, conectados a través del tálamo, **desarrollan habilidades sociales** como el estado de ánimo, el afecto, el amor o la amistad. El sistema nervioso sirve de apoyo y activa los músculos faciales y otros movimientos corporales que mejoran la comunicación de la emoción a los que nos rodean. Estas estructuras, del mismo modo que lanzan el mensaje, también nos hacen de intérpretes y es así como podemos llegar a entender lo que están sintiendo los otros.

- Aun llevando horas sin comer, ¿nos pararíamos a recoger frutos de un árbol si nos está persiguiendo un oso? El sistema límbico, a través del hipotálamo y su **función homeostática**, inhibe el apetito y nos inyecta cortisol a raudales para poner nuestros músculos a trabajar al máximo rendimiento y prepararnos para la huida. Es el regulador de las funciones corporales encargado de equilibrar la respuesta hormonal para una conducta determinada.

Práctica. Reflexiones en nuestro cuaderno de vuelo

Utilizaremos un diario para observar el efecto del vuelo de nuestra mariposa. Empezaremos anotando un recuerdo de la infancia. ¿Podrías identificar en dicho recuerdo todas las funciones del sistema límbico? ¿Y por qué se grabó así ese recuerdo? ¿Podría haber pasado algo que cambiara el signo de esa emoción?

LA ANATOMÍA DE LA EMOCIÓN

Las respuestas que ofrecen nuestras emociones atienden a tres componentes principalmente:

- **Componente neurofisiológico y bioquímico**. Este componente activa el sistema nervioso autónomo y el sistema endocrino y preparan físicamente a nuestro organismo para la ejecución de una conducta. La emoción más popular de este componente es el **miedo**. Cuando sentimos miedo, el corazón se acelera, la presión sanguínea se eleva, los músculos se tensan, perdemos apetito, etc. Estos cambios físicos modifican nuestro organismo para adaptarnos a una nueva situación a la que debemos responder de la manera más efectiva.

- **Componente conductual o expresivo**. Compuesto por expresiones no verbales —gestos, expresiones faciales y corporales— y verbales —entonación de la voz, ritmo, sonidos, etc.—. Este componente suele modularse en función de los factores sociales, culturales y educativos y nos indica que la sociedad influye en el proceso de regulación emocional al igual que la etapa evolutiva de la persona, puesto que un adulto tiende a controlar sus emociones mejor que un niño. Las sociedades colectivistas, como las orientales, toleran y perciben las seis emociones básicas de modo diferente a las sociedades individualistas; las primeras funden los rasgos de todas las emociones y se centran en la identificación de estas analizando los músculos de los ojos; mientras que, en las segundas, la asociación entre la expresión facial y emoción está claramente diferenciada. Esto se debe a que las sociedades orientales prestan más atención al contexto social a la hora de juzgar las emociones; en cambio, las occidentales se enfocan en el individuo. Por lo tanto, las expresiones de las emociones no son universales, sino que han evolucionado dentro de un marco social y cultural.

- **Componente cognitivo**. Cada individuo vive la emoción de una determinada forma. Su interpretación, su percepción, la situación que se genera hacen única esta vivencia. Por eso un mismo estímulo afecta de manera diferente a dos personas. Esta es la verdadera razón de por qué dos hermanos criados en una misma familia, con la misma organización y sin cambios aparentes, son radicalmente distintos. La reacción es tan rápida que se convierte en una respuesta autómata e inconsciente, de modo que muchas veces no sabemos explicar por qué nos hemos sentido así.

Es el *estado* **subjetivo de la emoción** que la califica como agradable o desagradable según la interpretación subjetiva de la misma.

¿PARA QUÉ SIRVEN LAS EMOCIONES?

Aunque el eje central es su **función adaptativa**, el ser humano ha tenido que evolucionar en muchos otros aspectos hasta llegar al momento histórico y social en el que nos encontramos.

- La llamada **función adaptativa a las condiciones medioambientales** fue desarrollada en la obra *Expresión de las emociones en los animales y en el hombre*, del célebre **Charles Darwin**, aportación que, curiosamente, quedó olvidada durante muchos años. La conclusión principal de este estudio fue identificar las emociones como las responsables de capacitarnos para ofrecer la mejor conducta ante un estímulo externo que vulnere nuestra supervivencia. Por ejemplo si observamos un peligro, sentiremos miedo. Nuestras estructuras cerebrales se ponen a trabajar y preparan nuestro organismo para ofrecer la mejor respuesta: huir, atacar para defendernos o paralizarnos, siendo estas respuestas las más comunes cuando experimentamos esta emoción.

Paul Ekman, psicólogo estadounidense, asoció una utilidad como respuesta adaptativa principal a cada una de las siete emociones básicas.

- Cuando un amigo nos llama angustiado porque necesita de nuestra ayuda para resolver una situación embarazosa y al acudir a la cita nos ofende con insultos, descargando sobre nosotros su frustración, probablemente nos sintamos dolidos y nuestro interés por volver a prestarle ayuda se reduzca. Esta situación nos presenta la **función motivacional de las emociones**: nuestro cerebro nos anima o nos inhibe de realizar ciertas conductas en función de la recompensa que hemos obtenido.

- En algunas culturas, es muy común acudir a los velatorios para acompañar a los más allegados en el último adiós de un ser querido. Cuando se habla de este acompañamiento nunca es desde el ámbito físico, sino que lo abordamos desde un acompañamiento emocional. Es la **función social de las emociones**: aquella que nos permite establecer relaciones interpersonales y adaptarnos al grupo en el que nos encontramos. En la expresión facial y corporal se manifiesta la emoción que estamos sintiendo; del mismo modo, prestando atención a estos indicadores, intuiremos lo que están sintiendo los demás. Es un mecanismo de regulación emocional que nos permite aprender qué conductas son las socialmente adecuadas en cada momento.

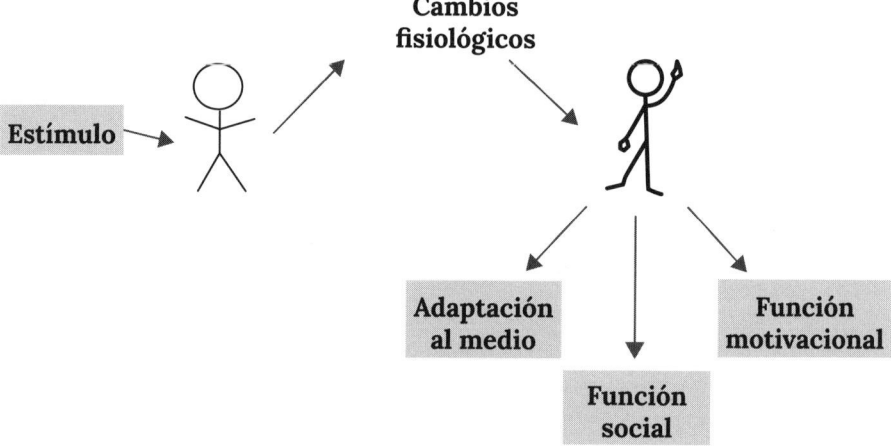

LA INTELIGENCIA Y SUS MÚLTIPLES DISCIPLINAS

LA INTELIGENCIA INTELECTUAL O COGNITIVA

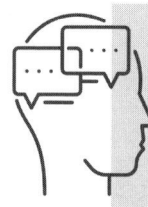

«Recuerdo la visita de unos psicólogos a nuestra escuela. Portaban pesadas carpetas que contenían unos cuadernillos repletos de preguntas que dejaron caer como una losa sobre la mesa del profesor. La rectitud se dibujaba en sus caras como una marca de identidad. Eran los años ochenta y tener un alto coeficiente intelectual era sinónimo de éxito y felicidad en la vida adulta. Este debía ser el motivo por el cual aquellos señores no podían bromear con la futura crema de la intelectualidad.

Mediocre. Ese fue mi resultado; los profesores llamaron a mis padres, entre sorprendidos y decepcionados, porque no entendían cómo podía aprobar los exámenes con un notable de media siendo portadora de ese coeficiente de inteligencia. No solo mancillaron mi autoestima con el estigma de tonta, sino que pusieron en tela de juicio mi credibilidad cuando se plantearon que debía de hacer los exámenes con el libro bajo la mesa y apuntes ocultos repartidos entre los calcetines y las mangas de la chaqueta. Más allá de las ofensas y mis cuestionados resultados académicos, mi vida quedó sentenciada por una etiqueta y, a partir de ese momento, soñar con ser científica era inútil porque cualquier ratón del laboratorio tendría más destrezas que las de las que yo podría alcanzar jamás».

En 1905, Simon y Binet, por iniciativa del Ministerio de Instrucción Pública francés, desarrollaron unas pruebas para estimar qué alumnos iban a tener éxito en sus estudios y cuáles fracasarían. Binet elaboró una escala tomando la edad como factor crítico, considerando al niño adelantado, atrasado o en la media del rendimiento esperado para su periodo evolutivo. Años después, fue Stern el que estableció una relación entre la edad mental y la edad cronológica, dando origen al famoso **Cociente Intelectual** (IQ).

Este cociente ha ido marcando generaciones de niños, discriminándolos entre atrasados y adelantados. Un alto cociente deslumbraba el currículo del agraciado, abriéndose paso entre la multitud que no conseguía desmarcase de la media. Fue la herramienta que seleccionaba, catalogaba y discriminaba individuos para el acceso a determinados puestos de trabajo, el ejército, educación, etc. En 1960, en Estados Unidos se repartían más de doscientos millones de pruebas de inteligencia que determinaban el futuro profesional de las personas; habilidades como el procesamiento visual y espacial, el conocimiento del entorno, el razonamiento fluido, el razonamiento cuantitativo y las memorias de trabajo a corto plazo medían y cuantificaban la inteligencia relacionándola con la edad cronológica del sujeto.

El futuro de estas generaciones fue determinado por este indicador, al igual que lo hicieron la estirpe o la clase social en el pasado. Se convirtió en la nueva esclavitud intelectual del siglo xx, despojando a las personas de su capacidad de decisión ante un futuro predefinido y con escaso margen de mejora.

A partir de los años setenta, esta teoría empezó a cuestionarse al observar que este indicador devolvía una visión sesgada de la inteligencia. Aparecieron psicólogos como Garner y Stenberg que arrojaron duras críticas derivadas de la imposibilidad de esta teoría para conocer el verdadero origen de la inteligencia. Este numerito tampoco nos decía mucho sobre cómo percibimos la información y cómo la procesamos. Se demostró que este cociente solo sirve para cuantificar algunas parcelas de nuestro intelecto, pero nos impide recopilar información para elaborar programas de educación efectivos.

Otro inconveniente que llamó la atención a esta nueva ola de psicólogos es que este cociente excluye tanto elementos sociales —como nivel socioeconómico, tipo de escuela, expectativas familiares, etc.— como factores asociados a la personalidad —motivación, autoestima, preferencias, experiencias, etc.—. Sin embargo, la consecuencia más negativa de la aplicación de este indicador fue el estigma generado por el etiquetaje que recae sobre las personas; las críticas fueron tan duras que en algunos estados de Estados Unidos se dejó de aplicar este indicador por los daños derivados de su aplicación en las estructuras sociales. En los años sesenta del siglo pasado, Howard Becker fue uno de los pioneros e impulsores de la **teoría del etiquetaje**. Esta eminencia de la sociología moderna estudió las conductas de los grupos minoritarios y explicó que al salirse de la norma, se empujaba al individuo al grupo de los **desviados**. Persona y conducta quedaban así asociadas dando lugar a una etiqueta que lo señalaría de por vida.

En su reconocida obra *Outsiders*, Becker cita: «En algunas ocasiones, esos comportamientos fuera de lo común pueden hacer que los demás decidan que uno "no es maleducado" ni "raro", sino que está mentalmente "enfermo" y es ahí cuando pueden llegar sanciones y a uno lo llevan al hospital».

Práctica. Reflexiones en nuestro cuaderno de vuelo

Algunas etiquetas frenan nuestros sueños; nos limitan y reducen la motivación. Se inoculan como pequeños virus, apoderándose de nuestro diálogo interno, la herramienta más poderosa para abandonar cualquier reto que se nos presente. ¿Identificas alguna etiqueta que haya condicionado el devenir de tus proyectos?

GARDNER Y LAS INTELIGENCIAS MÚLTIPLES

Las duras críticas a estas teorías sobre la inteligencia y su naturaleza fueron tomando fuerza y dando lugar a nuevas corrientes de pensamiento orientadas a formular un nuevo paradigma de la inteligencia humana.

Un psicólogo de la facultad de Pedagogía de Harvard, **Howard Gardner**, desarrolló su teoría de las inteligencias múltiples, demostrando que no solo existe una inteligencia en el ser humano. Identificó y definió las ocho principales inteligencias y descubrió que estaban asociadas a áreas específicas de nuestro cerebro:

1. **La inteligencia lingüística-verbal** es la capacidad para manejar de forma eficaz el uso de las palabras y las estructuras lingüísticas. Destaca en aquellos con facilidad para aprender idiomas, contar chistes, escribir historias y comunicar ideas. Esta inteligencia también está relacionada con la introspección y junto con la lógico-matemática son las inteligencias que más relevancia han tenido en el sistema educativo tradicional.

La magnífica **Emily Dickinson** se debate entre la inteligencia lingüística y la naturalista. Su gran capacidad para observar y entender el entorno se unió a la delicadeza de sus palabras. Escribió más de trescientos poemas, pero solo publicó seis en vida. El éxito póstumo de la escritora americana se lo debemos a su hermana Lavinia, que descubrió más de dos mil poemas encuadernados en cuarenta volúmenes donde Emily había ido dejando su legado.

Si tengo la sensación física de que me levantan la tapa de los sesos, sé que eso es poesía».

EMILY DICKINSON

2. **La inteligencia lógico-matemática** está relacionada con los números, patrones y conceptos abstractos: los cálculos de todo tipo, resolver juegos de lógica y hacer rompecabezas son actividades hacia las que se inclinan las personas con esta capacidad dominante. Históricamente, es la inteligencia más representativa en el estudio de la mente humana.

Con su doble Premio Nobel, **Marie Curie** es una de las embajadoras de esta inteligencia. En una época en la que la presencia de las mujeres en las universidades era prácticamente inexistente, Marie terminó sus estudios de Ciencias en la Universidad de La Sorbona de París. El magnetismo no solo entendía de física, y la unió en matrimonio con Pierre, convirtiéndose en la pareja de científicos más famosa de la historia. Juntos descubrieron la existencia de radioactividad en ciertos elementos; por este descubrimiento recibieron el Nobel de Física en 1903. La muerte de su marido no frenó las investigaciones de esta incansable mujer; tal fue así que volvió a recibir el Premio Nobel de Química, en 1913, por sus avances sobre el radio. Curiosamente, una de sus hijas, Irene Curie, junto con su marido, Frèderic, también ganaron el Nobel en Química en 1935 por su contribución a la física nuclear.

3. **La inteligencia corporal-cinética (cinestésica)** es la capacidad para expresar ideas y emociones a través del movimiento del cuerpo. Esta inteligencia implica el desarrollo de habilidades como la fuerza, el equilibrio y la destreza. Disciplinas como la danza, la actuación y el deporte son predominantes en este tipo de inteligencia. Posiblemente sea la inteligencia menos apreciada en la sociedad y en el entorno laboral; y aunque se haya demostrado que esta inteligencia potencia las conexiones neuronales y aumenta la capacidad cognitiva, no tiene el reconocimiento social que se merece. Las personas cuya inteligencia predominante es la cinestésica tienen mayor facilidad para crear cosas con las manos debido a una motricidad fina altamente desarrollada y cumplen sus objetivos con mayor disposición al unir cuerpo y mente para su consecución.

El legendario **Michael Jordan** deslumbró en la cancha no solo por el espectáculo de sus movimientos y su polifacetismo, sino por la inteligencia y elegancia. Su autoestima y su autodisciplina para convertir un hábito en su mejor estrategia lo catapultó a lo más alto de este deporte. En la actualidad, Jordan sigue siendo el mejor deportista de todos los tiempos con un nivel de excelencia al alcance de pocos.

> «He fallado más de nueve mil tiros en mi carrera. He perdido casi trescientos partidos. En veintiséis ocasiones me confiaron la oportunidad de tomar el tiro ganador... y fallé. He fallado una y otra vez a lo largo de mi vida. Esta es la razón por la que he tenido éxito».
>
> MICHAEL JORDAN

4. **La inteligencia visual-espacial**, situada en el hemisferio derecho del cerebro, está relacionada con la capacidad para representar ideas o imágenes mentales en tres dimensiones, comprendiendo el espacio, líneas, figuras y dimensiones. Esta es la inteligencia predominante en las personas con gran sentido de la orientación, destreza para entender los mapas, realizar trabajos de construcción o ingeniería.

Pintor, escultor, arquitecto, ingeniero, astrónomo...; es imposible enmarcar el trabajo del gran **Leonardo da Vinci**. Su insaciable curiosidad lo llevó a tocar todas las áreas que estaban a su alcance. En su legado encontramos numerosas contribuciones que nos demuestra la extraordinaria capacidad del genio para transformar sus ideas en arte y creación. Tanto así que lo llevó al extremo. El italiano, desesperado por la ociosidad que le provocó abandonar el estudio de Verrochio, fue a buscar a su amigo Botticelli para proponerle una idea brillante: abrir un restaurante en el barrio más popular de Florencia para servir comidas a los trabajadores de la zona. Dicho y hecho: crearon un negocio donde no existiera jefes ni supervisión; un sitio donde darían forma a sus propias reglas y donde nadie metiera las narices; se dio así, la combinación perfecta para estos dos grandes genios. El público estaba expectante y fascinado, ¿cómo dos artistas de ese renombre abren un restaurante en un barrio obrero, alejado de las excentricidades de la ciudad? El restaurante no llegó a celebrar su primer aniversario. Da Vinci y Botticelli volcaron su arte en cada textura, ofreciendo exquisiteces estéticas y, sobre todo, extremadamente pequeñas. Enfocaron su negocio en la composición de platos donde primaba la belleza estética y la dotaban con un toque escultórico que reflejaba la vocación real de estos personajes. Los parroquianos del lugar, enfadadísimos por el tamaño de los platos, protestaron enérgicamente para que su apetito fuera saciado después de las duras jornadas de trabajo. Una tarde la gente, armada con fruta podrida, se agolpó en la puerta del restaurante exhortando a los artistas a que abandonaran para siempre esa zona. Este restaurante hubiera recibido tres estrellas Michelin si se hubiera abierto seiscientos años después. Dos grandes visionarios, con una inteligencia artística asombrosa, pero con limitaciones para interpretar las imposiciones sociales de su época.

«Saber escuchar es poseer, además del propio, el cerebro ajeno».

LEONARDO DA VINCI

5. **La inteligencia musical** está relacionada con la sensibilidad al tono y al ritmo, así como la capacidad para transformar y discriminar sonidos y la expresión a través de la música. **Michael Jackson**, **Ludwig van Beethoven**, **Mozart** o **Jimmy Hendrix** son celebridades con una capacidad musical arrolladora. Michel Jackson y Mozart fueron niños prodigio en diferentes contextos y periodos históricos. Ambos demostraron un talento musical y un oído absoluto sorprendentes que les dotó de una capacidad exquisita para percibir melodías, ritmos y secuencias musicales.

Wolfgang Amadeus Mozart, el genio de Salzburgo, padecía el síndrome de Tourette, un trastorno nervioso que le impide comportarse correctamente en público. Esta era la causa de encontrar insultos y expresiones groseras ya no solo en cartas y escritos, sino en declaraciones formuladas en actos sociales a los que asistía. Este trastorno, lejos de encasillarlo como un potencial sociópata, fue eclipsado por la magia de su música. ¿Qué hubiera ocurrido si **Mozart** se hubiera dejado llevar por las inconveniencias de esta patología? ¿Hubiera sido el compositor que conocemos hoy en día?

6. **La inteligencia interpersonal** consiste en la capacidad de comprender a los demás. Son personas que ven más allá de los gestos y del significado de las palabras de otros, desarrollando una empatía que les facilita una mejor adaptación social. Es la inteligencia predominante de los líderes, porque su personalidad irradia confianza en los demás; son moderadores en caso de conflictos y tienen facilidad para trabajar en equipo y ayudar a los demás. Mahatma Gandhi, Charles Chaplin y Teresa de Calcuta fueron personajes donde su inteligencia interpersonal fue relevante.

Gandhi poseía una gran flexibilidad para adoptar distintos puntos de vista de diferentes personas y utilizarlos conjuntamente para luchar contra las injusticias de su pueblo. Fue un gran comunicador, con gran poder de influencia sobre los demás, que le ayudó a enfrentarse a las injusticias del Raj británico, convirtiéndose en el líder más destacado de la independencia de la India. A Gandhi no se le hubiera ocurrido jamás abrir un restaurante de diseño en un barrio popular de la India.

Un error no se convierte en verdad por el hecho de que todo el mundo crea en él».

MAHATMA GANDHI

Charles Chaplin fue el actor y director más famoso del cine mudo. Su capacidad de transmitir sin palabras lo situó entre los grandes de Hollywood. Tanto Gandhi como Chaplin fueron nominados al Premio Nobel de la Paz, aunque ninguno de los dos lo recibió.

Todos somos aficionados. La vida es tan corta que no da para más».

CHARLES CHAPLIN

La madre Teresa de Calcuta dedicó su vida, en cuerpo y alma, a los más necesitados. Con humildad, generosidad y abnegación, demostró una gran capacidad de liderazgo, flexibilidad y trabajo en equipo. Creó la congregación religiosa de Misioneras de la Caridad y dejó un legado de más de quinientos centros distribuidos por todo el mundo. En el conflicto del Líbano de 1982, Teresa de Calcuta se presentó ante Philip Habib, embajador estadounidense en aquel año, para informarle que iba a trasladar a un lugar seguro a todos los niños que habían quedado desamparados tras la estampida de los encargados de un orfanato al oeste de Beirut. Los pequeños, con discapacidades físicas y mentales, agonizaban sin comida ni bebida ni higiene personal ni atención primaria. El diplomático, alarmado por el riesgo que esto suponía, explicó que nadie podía cruzar la ciudad de un extremo al otro y que no disponía de escoltas que garantizaran el éxito de la operación. Al día siguiente, ambulancias y coches oficiales cruzaron la capital libanesa trasladando a aquellos niños a un sitio donde pudieran ser atendidos como merecían. La fuerza de Teresa de Calcuta llevó al embajador a negociar el alto al fuego más milagroso de los últimos años.

7. **La inteligencia intrapersonal** consiste en la habilidad de configurar una imagen exacta y verdadera de nosotros mismos, pudiéndola utilizar para actuar con más eficacia en las decisiones que vamos tomando en la vida. El autoconocimiento y la autodisciplina son características de las personas con inteligencia intrapersonal; son reflexivas y poseen un equilibrio emocional que les permite evaluar si sus acciones están en consecuencia con sus actos. Otra cualidad destacada es el razonamiento crítico que les permite formar una realidad a través del análisis y la reflexión. Dalái Lama y Eleanor Roosevelt son personajes históricos que destacaron por su inteligencia intrapersonal.

Eleanor Roosevelt tuvo una infancia difícil y quedó huérfana muy pronto. Conociendo las limitaciones de su formación académica, trabajó con mucho esfuerzo para convertirse en la delegada de las Naciones Unidas, jugando un papel fundamental en la Declaración de los Derechos Humanos. La adaptabilidad de su inteligencia intrapersonal transformó a la primera dama en una de las mujeres más influyentes del siglo XX.

«Las mujeres son como los tés. No conocen su verdadera fuerza hasta que se encuentran en el agua caliente».

ELEANOR ROOSEVELT

8. **La inteligencia naturalista** hace referencia a aquella capacidad para relacionarse con el entorno natural. Habilidades como observar detalles en el medio, clasificar y relacionar elementos del entorno y mostrar interés por la supervivencia de las especies caracterizan a las personas dotadas con este tipo de inteligencia.

Jacques Cousteau popularizó la vida submarina a bordo de su buque Calypso, convirtiéndose en el oceanógrafo más famoso de todos los tiempos. A través de sus documentales, películas y libros, Cousteau desveló los secretos que esconden nuestros océanos, antes inhóspitos y desconocidos para todos; sus divulgaciones impulsaron la conservación de la vida oceánica, denunciando la devastadora repercusión de la acción humana. El romance del prestigioso biólogo con el mar comenzó a los cuatro años de edad; la debilitada salud del pequeño Jacques tras sufrir un accidente lo llevó a practicar natación por recomendación médica. Ese momento, aparentemente trágico, supuso el nacimiento del mayor comunicador de la vida submarina de los últimos años.

«En el mar no hay pasado, presente o futuro, solo paz».

JACQUES COUSTEAU

En este grupo habría que incluir a un astrónomo y visionario que no dejó indiferente a nadie. **Carl Sagan** demostró una gran sensibilidad y capacidad de observación del entorno, llevándolo más allá de nuestro planeta.

«Si hay vida en Marte, creo que no debemos hacer nada con ella. Marte pertenece a los marcianos, incluso si los marcianos son solo microbios».

CARL SAGAN

No existe una única inteligencia; la inteligencia humana es mucho más amplia y abarca más dimensiones que las competencias matemáticas o lingüísticas. La inteligencia debe considerarse como un conjunto de herramientas que dotará a cada individuo de unas capacidades diferenciales. Tristemente, los modelos educativos actuales siguen siendo rígidos, estáticos y no contemplan las múltiples inteligencias que identificó Gardner. Seguimos considerando que los alumnos con peores destrezas matemáticas o lingüísticas son merecedores del fracaso escolar. Aunque poco a poco van surgiendo en las escuelas asignaturas orientadas al resto de inteligencias, no alcanzan la madurez suficiente en nuestros sistemas educativos como para potenciar las habilidades innatas de cada alumno.

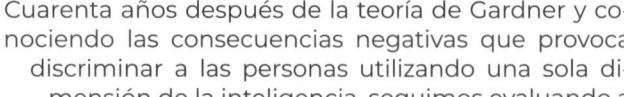

Cuarenta años después de la teoría de Gardner y conociendo las consecuencias negativas que provoca discriminar a las personas utilizando una sola dimensión de la inteligencia, seguimos evaluando a todos los individuos por igual, despreciando sus verdaderas capacidades. Estamos cometiendo el mismo error: el modelo educativo y su sistema de evaluación se convierten en el nuevo coeficiente de inteligencia, diferenciando dos tipos de colectivos: los aptos y los no aptos. Como la distribución de las asignaturas en los modelos educativos frenan el desarrollo de las inteligencias específicas de los alumnos, seguimos reduciendo el concepto de inteligencia a la resolución de problemas matemáticos y comprensión lingüística. Así, nos encontramos con situaciones muy dolorosas al descubrir capacidades cinestésicas en niños de primaria sobre los que recae la presión de padres y profesores porque no son capaces de alcanzar la nota definida como mínima para pertenecer a un estándar social. Por eso, no es de extrañar que las matemáticas sean la peor pesadilla de estos alumnos. Se escuchan aseveraciones y profecías de todo tipo asociadas a todos aquellos que no son capaces de aprobar esta asignatura. Mientras tanto, el niño se aleja de lo que realmente lo hace feliz, de lo que realmente sabe hacer y de aquello que lo emociona.

El modelo educativo debe evolucionar hacia un sistema que permita que cada persona pueda desarrollar su inteligencia predominante; debe prepararnos para que en el futuro podamos dedicarnos a aquello que nos gusta y se nos da bien por naturaleza. ¿No seríamos todos un poco más felices así?

Es posible que todavía no hayamos descubierto nuestra inteligencia dominante. Pero no perdemos la esperanza. La reflexión sobre aquello que se nos da bien de manera innata que nos desvelará cuál **es nuestra inteligencia principal, clave esencial para la autorrealización**. Nos apartaremos de los estereotipos sociales impuestos desde la infancia y abandonaremos clichés para dar paso al autoconocimiento y a la introspección que servirán de combustible hacia una vida más en sintonía con nuestras capacidades innatas.

Práctica. Reflexiones en nuestro cuaderno de vuelo

Trae a la mente un recuerdo de la escuela. ¿Qué se te daba bien? ¿Cuándo eras más feliz: en alguna asignatura en concreto, en el patio, con amigos, en solitario? ¿Has dejado de sentir esa felicidad? ¿Hay alguna inteligencia de las descritas por Gardner por la que sientas más afinidad?

EL DESCUBRIMIENTO DE UNA NUEVA INTELIGENCIA

Antes de que Daniel Goleman popularizara el concepto de «inteligencia emocional» con su superventas *La inteligencia emocional*, Edward Thorndike (1920) habló de una inteligencia social que nos permitía entender a otras personas y actuar de forma adecuada para establecer relaciones personales adaptativas. Fue pionero en dividir la **inteligencia** en tres componentes: **mecánica, abstracta y social**. El enfoque innovador fue identificar una inteligencia como *social*, basada en la relación con los demás y en los sentimientos y emociones derivados de esta. Sin embargo, las corrientes psicológicas de la primera mitad del siglo xx no profundizaron mucho en este nuevo tipo de inteligencia.

Gardner empezó a aproximarse con un tipo de inteligencia múltiple al que denominó «inteligencia interpersonal». Poco a poco, la ciencia fue mostrando mayor interés en esta novedosa dimensión de la inteligencia desconocida hasta el momento.

No fue hasta los años noventa del pasado siglo cuando Meyer y Salovey formularon la primera definición de inteligencia emocional como la capacidad para comprender, regular y reconocer las emociones propias y las de los demás, utilizándolas como guía de pensamiento y acción.

Pero, sin duda alguna, el gran divulgador de la inteligencia emocional es **Daniel Goleman**. En 1995, este famoso psicólogo escribió *La inteligencia emocional*, que en menos de un año y medio vendió más de cinco millones de copias y se tradujo a más de veinticinco idiomas, dando a conocer este concepto y otorgándole la importancia que se merece.

Goleman descompone la inteligencia emocional en los siguientes componentes:

- **Conciencia de sí mismo**. Identificar, reconocer y utilizar nuestras emociones en un determinado momento y emplearlas en la toma de decisiones, haciendo valer nuestras preferencias y voluntad desde un punto de vista realista de nuestras capacidades.

- **Autorregulación**. Moderar nuestras emociones para conseguir nuestros objetivos, ya sea para recuperarnos frente a situaciones difíciles como para dejarnos llevar hacia la procrastinación.

- **Motivación**. La motivación es el motor para conseguir nuestros objetivos, ser más eficientes, perseverar y recuperarnos de las frustraciones. Nos ayuda a tomar iniciativas y a buscar caminos alternativos frente a la presencia de dificultades que se presenten.

- **Empatía**. Reconocer el sentimiento de los demás a través de sus emociones y ser capaces de sentir lo mismo que ellos. Esto ayudará a cultivar las emociones y nos pondrá en contacto con más personas.

- **Habilidades sociales**. Manejar las emociones en relaciones, interpretando situaciones e interactuando fluidamente para persuadir, dirigir, negociar y resolver diferencias; esto nos permitirá desarrollar un buena cooperación y trabajo en equipo.

El desarrollo de una adecuada inteligencia emocional nos capacita para comprender tanto lo que estamos sintiendo, conocer su origen y sus derivaciones, como lo que pueden estar sintiendo los demás. Cuando escuchamos la expresión «Me pongo en tus zapatos» no es más que una de las capacidades que nos ofrece esta dimensión de la inteligencia. Esta exploración del conocimiento emocional nos permite expresar mejor lo que sentimos; a medida que la experiencia nos va enriqueciendo emocionalmente, cualquier vehículo de comunicación será viable para transmitir nuestras emociones: la palabra, el movimiento y el arte en cualquiera de sus manifestaciones.

En el momento que identificamos lo que estamos sintiendo y el motivo que ha provocado esa emoción surge la gestión emocional, que no es más que la capacidad para llegar a un equilibrio, moderando las emociones incómodas y potenciando las más agradables, permitiéndonos así conseguir nuestros objetivos.

LA INTELIGENCIA EMOCIONAL Y EL APRENDIZAJE

A diferencia de la inteligencia cognitiva, la emocional es una capacidad que sigue desarrollándose hasta el final de nuestros días. Y esto sucede porque se alimenta de la experiencia y de las situaciones a las que nos enfrentamos.

Como hemos visto en el capítulo anterior, el cerebro emocional juega un papel clave para generar recuerdos, recuperarlos, en la toma de decisiones y como motivador de nuestra conducta. Por lo tanto, influirá en la inteligencia cognitiva a la hora de adquirir nuevos conocimientos o habilidades.

Cuando experimentamos emociones muy intensas ante un fenómeno que se nos presenta, este hecho queda marcado en nuestra memoria y determinará decisiones y comportamientos futuros. Por este motivo, educadores y pedagogos insisten en la importancia de contar con ambientes emocionalmente saludables donde se fomenten las emociones positivas y, así, garantizar experiencias de aprendizaje significativas.

Frente al obsoleto aprendizaje repetitivo o memorístico donde aprendemos nuevos conceptos por repetición, nos encontramos el **aprendizaje significativo**, aquel que se genera por la asociación de experiencias y conocimientos previamente adquiridos sobre el que se construirá uno nuevo. Necesita de la emoción, la motivación y la cognición para que este aprendizaje dé su fruto; integrando estos elementos, la nueva información conecta con un conocimiento existente, identifica semejanzas y diferencias, reorganiza conocimientos previos y jerarquiza, construyendo progresivamente un nuevo aprendizaje sobre otros existentes. Este proceso requiere de una participación activa del individuo (motivación) como disparador del aprendizaje, dotándolo de una dimensión afectiva y personal (emoción). Todo aquello que ha sido aprendido bajo la supervisión de una emoción perdurará más tiempo en nuestra memoria.

Hay emociones que favorecen el aprendizaje y otras que lo retraen. **La calma, la motivación y la curiosidad son potenciadoras del aprendizaje** y crean memoria a largo plazo que hacen más significativos los conocimientos. Por el contrario, el estrés, el aburrimiento, la competitividad, el miedo y la falta de confianza en nosotros mismos provocan el efecto contrario.

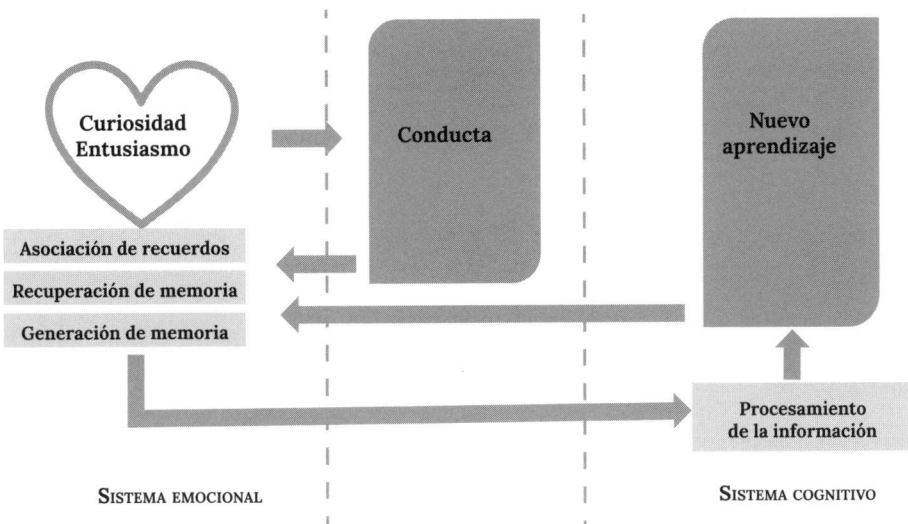

Antes se consideraba que el aprendizaje se producía en el **neocórtex** (cerebro pensante), que es la parte de nuestro cerebro más reciente desde un punto de vista evolutivo. Sin embargo, la neurociencia nos aporta nueva información sobre el proceso de aprendizaje. Nos señala la amígdala como la estructura cerebral especializada en cuestiones emocionales; ligada al aprendizaje y a la memoria, forma nuestro depósito de memoria emocional.

En el proceso de aprendizaje, nuestro cerebro tiende a realizar una y otra vez la capacidad adquirida y ante la elección de una respuesta, tenderá a elegir la conducta que más veces se haya repetido. Esto se debe a que cada vez que realizamos una actividad nuestro cerebro refuerza las conexiones cerebrales, fijándola así en la memoria y afianzando el aprendizaje. La eliminación de conductas adquiridas es un proceso neurológico muy complejo y conlleva mucho esfuerzo, puesto que requiere de la destrucción de estructuras neuronales para generar otras nuevas. Esto explica la dificultad a la que nos enfrentamos cuando queremos cambiar alguno de nuestros hábitos diarios o algo tan banal como morderse las uñas cuando nos sentimos nerviosos.

RECONOCER MI EMOCIÓN

Para simplificar los conceptos relacionados con el mundo emocional, expertos de todo tipo reducen las emociones a las básicas o como máximo a las más usadas coloquialmente. Sin embargo, experimentamos mucho más de lo que somos capaces de transmitir con el lenguaje. Y, por supuesto, no todas estas emociones son útiles o adaptativas.

El profesor de la Universidad de Florida **Robert Plutchik** elaboró una valiosa herramienta que nos permite conocer a fondo el misterioso mundo de las emociones. **Creo la Rueda de las Emociones**. En el centro de la rueda y diferenciándolas por colores, colocó las seis emociones básicas identificadas por Paul Ekman, e incluyó dos nuevas: la anticipación, como la expectativa sobre situaciones, y la confianza, como la creencia de poder actuar sin peligro.

Esta rueda nos permite observar cómo las emociones se relacionan entre sí y cómo de sus diferentes combinaciones nacen nuevas emociones más complejas; esto nos permite adentrarnos en un mar de experiencias emocionales y empaparnos de nuevas capacidades que nos sumerjan en la complejidad de nuestros estados de ánimo para darle sentido a nuestras acciones. Porque nuestras emociones no son más que el motor de nuestra conducta y su conocimiento explica por qué actuamos de una determinada manera. Tomar consciencia sobre el poder que ejercen las emociones sobre nosotros, ilumina el camino hacia el autoconocimiento y el crecimiento personal; nuevos mundos donde tomamos el verdadero control de nuestras vidas y nos responsabilizamos de nuestras acciones.

Esta primera diferenciación, dividió a las emociones entre:

- **Primarias o básicas**. Estas emociones, grabadas en nuestro código genético, tienen una función puramente adaptativa y son universales, con independencia de la cultura, país o grupo social del individuo.

- **Secundarias o compuestas**. Con una función social, ayudan a la formación de la identidad de cada individuo y su expresión en propia de cada cultura. A diferencia de las primeras, estas emociones se van adquiriendo con la experiencia y se forman por la combinación de dos emociones básicas.

Esta herramienta ha derribado fronteras; incluso, empresas de *marketing* de todo el mundo la utilizan para conectar la marca con su público objetivo, creando una experiencia emocional gratificante para el consumidor. Como resultado, nace una nueva tendencia llamada **marketing emocional**, adquiriendo protagonismo a nivel empresarial. Emociones desagradables como la tristeza pueden ser un reclamo publicitario para reclamar socios de una ONG. Las empresas, mediante sus campañas publicitarias, provocan emociones en el consumidor para influir en sus conductas y que la campaña llegue con más facilidad al objetivo marcado.

Robert Plutchik utilizó los colores para mostrar la intensidad de cada emoción; así, cuanto más cerca esté nuestra emoción del centro de la rueda, más se aproxima a su emoción básica y más intensa será. Si nos fijamos en la imagen, «decepcionado» es menos intensa que «agresivo» y esta a su vez menor que el «enfado». Por último, agrupó las emociones similares y alejó aquellas que eran diferentes. Volviendo a revisar nuestra rueda, observaremos cómo la emoción antagónica de la alegría es la tristeza, la del miedo es el enfado, la opuesta a la sorpresa es la anticipación y el asco es la emoción contraria a la confianza.

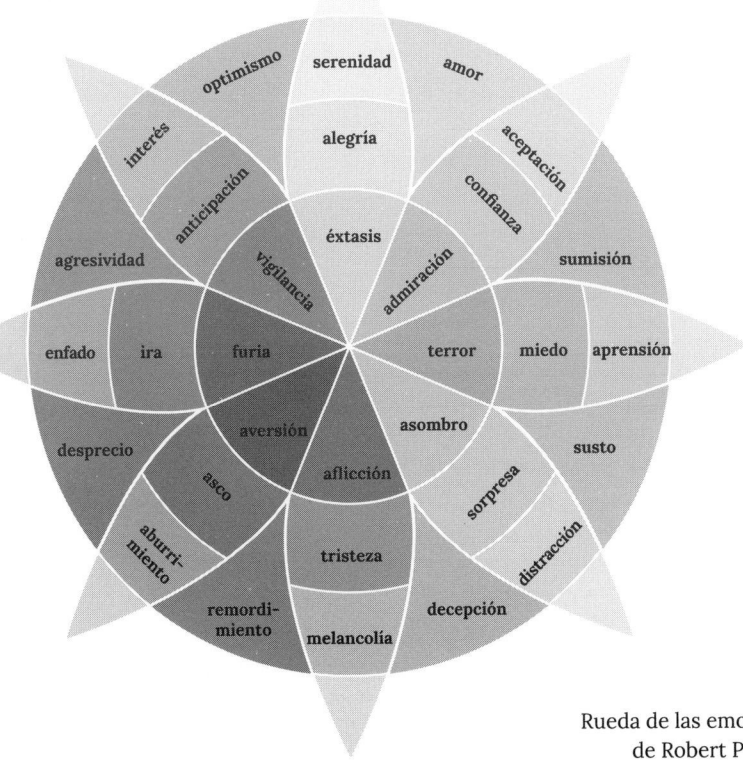

Rueda de las emociones,
de Robert Plutchik.

Diada primaria

Alegría	Confianza

AMOR

Alegría	Anticipación

OPTIMISMO

Confianza	Miedo

SUMISIÓN

Miedo	Sorpresa

SUSTO

Sorpresa	Tristeza

DECEPCIÓN

Tristeza	Aversión

REMORDIMIENTO

Aversión	Ira

DESPRECIO

Ira	Anticipación

AGRESIÓN

Diada secundaria

Tristeza	Miedo

CULPA

Alegría	Ira

ORGULLO

Confianza	Sorpresa

CURIOSIDAD

Confianza	Anticipación

FATALISMO

Miedo	Tristeza

DESESPERACIÓN

Sorpresa	Aversión

INCREDULIDAD

Tristeza	Ira

ENVIDIA

Aversión	Anticipación

CINISMO

Diada terciaria

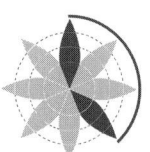

Alegría	Sorpresa

DELEITE

Alegría	Aversión

MORBOSIDAD

Confianza	Tristeza

SENTIMENTALISMO

Confianza	Ira

DOMINACIÓN

Miedo	Aversión

VERGÜENZA

Miedo	Anticipación

ANSIEDAD

Sorpresa	Ira

INDIGNACIÓN

Tristeza	Anticipación

PESIMISMO

En este mismo gráfico, Plutchik señaló las emociones combinadas que podían formarse por la asociación de dos emociones próximas. A esta primera combinación la llamó **díada primaria**. Así, por ejemplo, encontramos que la combinación de la anticipación y de la ira genera agresividad. Y la combinación de la tristeza y la sorpresa nos generan decepción.

En una segunda combinación, definió la **díada secundaria**, que consiste en la combinación de dos emociones con un grado de separación. Así nos encontramos que la culpa es el resultado de la unión del miedo y de la tristeza, o que la envidia se genera cuando la tristeza y la ira se asocian.

Por último, detalló un **tercer nivel** que consistía en la combinación de dos emociones separadas por tres grados. En esta tipología encontramos emociones muy complejas y en muchas ocasiones son complicadas de identificar. Encontramos que la alegría unida a la sorpresa nos causa deleite; sin embargo, si se asocia con el asco genera morbosidad.

Práctica. Reflexiones en nuestro cuaderno de vuelo

La comprensión de nuestras emociones nos empodera como individuos; aparecen nuevas opciones y soluciones deslumbrantes que surgen gracias a la iluminación del autoconocimiento. Si fuéramos capaces de identificar la emoción que sentimos y por cuáles está compuesta, ¿cambiaríamos de actitud?, ¿la decisión sería diferente? Si estás en un proceso de toma de decisiones importante, ¿podrías descifrar el código emocional hasta llevarlo a sus emociones más básicas, según definió Plutchik?

LA DISFUNCIÓN EMOCIONAL: NO TODAS LAS EMOCIONES NOS SIRVEN

Hasta ahora solo hemos ensalzado nuestro cerebro emocional. Pero este, como el resto de nuestro organismo, también tiene sus errores. Y uno de ellos es que existen emociones que no sirven para nada. Es una paradoja pensar que algo creado para garantizar nuestra existencia derive en otra cosa más compleja y que, además, carezca de sentido. Para no alejarnos de la naturaleza del concepto «emoción», podríamos encontrar un sentido a estas emociones descarriadas: la capacidad para amargarnos la vida.

La culpabilidad

Esta emoción nace en nuestra infancia como resultado de chantajes emocionales y expectativas sociales que no fuimos capaces de alcanzar: «Si no sacas buenas notas no vas a llegar a nada» o «Como te portes así te voy a dejar de querer». Al crecer con sentencias como estas, no nos extrañamos cuando de adultos nos enfrentamos a comentarios del tipo: «Con esa decisión que has tomado, demuestras que no me tienes en cuenta» o «No me felicitaste por mi cumpleaños». Sentimos culpa porque no nos ha gustado cómo se desarrolló una situación en el pasado y la revivimos en nuestra mente, una y otra vez, como si este proceso circular pudiera cambiar el curso de lo ocurrido. La culpabilidad provoca una ruptura con el momento presente y dejamos de vivir, aquí y ahora, para anclarnos en el pasado. Y aunque sabemos que no podemos cambiar estos hechos, somos incapaces de romper con esta emoción.

El conocimiento de las emociones te permite desarrollar una gestión emocional eficaz pudiendo poner a nuestro favor la culpabilidad. Aceptando que todos los seres humanos nos equivocamos, aprenderemos de nuestros errores para mejorar en situaciones futuras. Una vez adquirida esta enseñanza, abandonaremos el pasado y nos quedamos en el presente que es donde realmente está sucediendo la vida. Si le damos la vuelta a la culpabilidad, descubrimos una gran aliada para del crecimiento personal.

«Si no quieres que el pasado se repita, estúdialo».

SPINOZA

La preocupación

Si el marco de la culpabilidad es el pasado, la preocupación viaja hacia un futuro que pinta de negro, llenándonos la cabeza con infinidad de posibilidades que carecen de fundamento. Nos petrificamos y no sabemos cómo actuar. Y esto se debe a que, en realidad, la preocupación no sirve para nada. Anticiparnos negativamente al futuro no resuelve ningún problema ni nos aporta soluciones, ya que el contexto que forma nuestra imagen mental no tiene nada que ver con lo que sucede en la realidad.

Las personas más intuitivas son capaces de anticipar la realización de ciertos hechos en un futuro inmediato. Sin embargo, aunque hayan coincidido en la descripción del hecho, el contexto donde se desarrolla es tan diverso que las consecuencias derivadas del hecho en cuestión no resulta nada fácil predecirlas. Esta fórmula matemática-emocional refuerza la inutilidad de la preocupación como emoción.

La preocupación nos conduce a estados de ansiedad donde la respuesta fisiológica pone en alerta a todo nuestro organismo. Mantener este estado durante mucho tiempo puede dañar los órganos internos y perjudicar nuestra salud considerablemente.

Aceptar que el futuro, por mucha imaginación que tengamos o por mucha intuición con la que estemos dotados, es la clave para enterrar la preocupación de una vez por todas. No sabemos si nos vamos a quedar sin trabajo y, si nos quedamos sin trabajo, no sabemos si esto puede ser una gran oportunidad para desarrollarnos en aquello a lo que realmente queremos dedicarnos. Otra preocupación muy típica en la sociedad actual es preocuparse por los hijos. ¿Cambiamos la preocupación por la ocupación? Preocuparnos, aunque es una acción que realizamos en el presente, nos aleja de él y nos lleva a un futuro; desde allí, no podemos ayudar en los problemas actuales que tienen los hijos. Ocuparnos es prestar nuestra atención en el presente, dando soluciones a problemas reales que se están sucediendo y en los que tomamos partido.

Estas emociones displacenteras son alimentadas por nuestra sociedad actual; utilizan la culpa y la preocupación como medidas de control social dejando a un lado el bienestar del individuo.

«¿Y si...?», «¿Qué sucedería si...?», son preguntas malditas que enturbian nuestro pensamiento; lentamente proliferan las suposiciones y los pronósticos sobre unos acontecimientos imaginarios que se cimentan con cada hipótesis que formulamos. Un bucle sin fin que nos lleva a un estado de ansiedad que, sostenido en el tiempo, puede desencadenar un trastorno grave. Es inútil dirigir nuestra atención hacia aspectos sobre los que no tenemos el control.

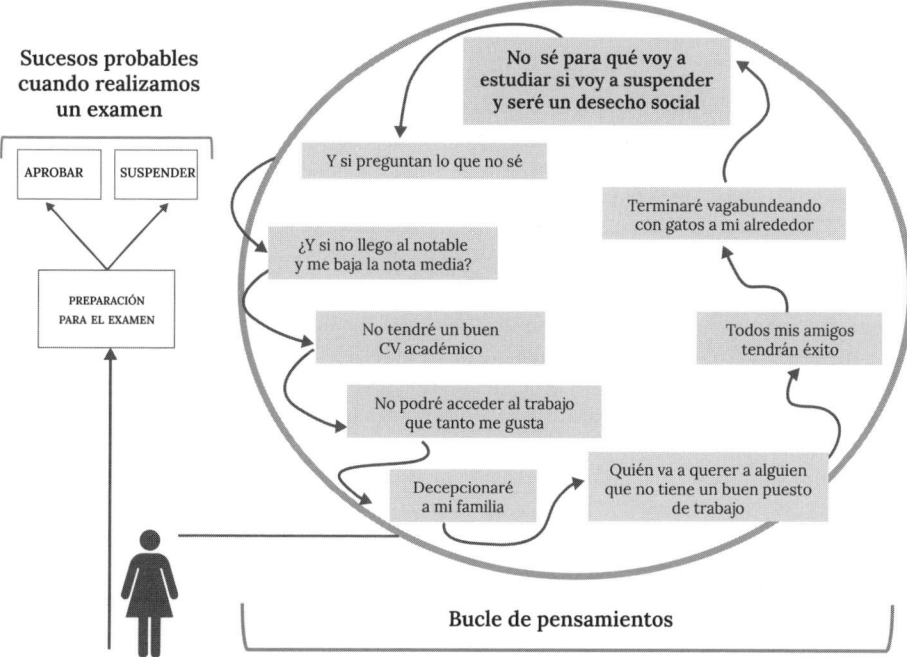

Cuanto más tiempo dediquemos a planteamientos futuribles sin fundamento menos esfuerzo dedicaremos al objetivo real que queremos conseguir: ¿cuánto tiempo ha dejado de estudiar nuestro muñeca-ejemplo para imaginarse un círculo de desgracias? Y si profundizamos aún más en este tipo de pensamiento, ¿cómo ha reaccionado nuestro organismo cuando le presentamos este futuro desolador? Hemos visto en capítulos anteriores cómo nuestro cerebro emocional pone a funcionar todas las herramientas que posee para dar respuesta a un estímulo. Aunque nosotros sepamos que estamos manejando suposiciones, nuestro cuerpo está preparado para actuar ante una situación de peligro.

Mi vida estuvo llena de desgracias, muchas de las cuales no sucedieron».

RENÉ DESCARTES

PROFECÍAS AUTOCUMPLIDAS. ¿MITO O REALIDAD?

El mito de Pigmalión

Los deseos del rey de Chipre por contraer matrimonio eran desmedidos; por más ahínco que dedicaba a materializar sus deseos, no hallaba la mujer perfecta para él. Desesperado, abandonó la incesante búsqueda y decidió que sería él quien la esculpiría con sus propias manos. El rey, dotado con muchas cualidades para el gobierno, pero con escasas aptitudes artísticas, con su entrega sin medida hizo que, con el paso de los años, sus técnicas escultóricas mejoraran de manera extraordinaria.

Un día consiguió esculpir una mujer maravillosamente bella; llamó a su creación **Galatea**. No podía dejar de mirarla, ni de imaginar cómo sería compartir la vida con una mujer de esas características. Así fue como dio comienzo la historia de amor entre **Pigmalión** y su estatua. Con una obsesión desmedida, el rey se enamoró perdidamente de su creación y construyó en su mente una historia de amor imposible de hacerse realidad.

Afrodita, enternecida con este romance, no pudo evitar intervenir y, aprovechando uno de los sueños que el rey tuvo con su Galatea, la diosa la llenó de vida. Cuando Pigmalión despertó, confundido por el vívido sueño, fue corriendo a tocar las mejillas de su estatua. Al notar su candor, Pigmalión enmudeció y Afrodita aprovechó su asombro para aparecer ante el rey y anunciarle: «Ahí tienes la reina que anhelabas; ámala hasta el final de tus días».

¿Y SI SE CUMPLE LO QUE ESTOY PENSANDO?

El mito de Pigmalión, relatado por **Ovidio** en su *Metamorfosis*, nos enseña que todo aquello en lo que ponemos nuestro esfuerzo tiene muchas posibilidades de cumplirse; y lo podemos observar en ambas polaridades: éxito y fracaso.

En los años setenta del pasado siglo, nació el **efecto Pigmalión, profecía autocumplida o efecto Rosenthal**, nombre del investigador y psicólogo que dirigió el estudio que dio forma a este concepto. Leonore Jacobson, directora de una escuela primaria en San Francisco y Robert Rosenthal reunieron a los profesores, a principio del curso escolar, para comunicarles que habían realizado el test de inteligencia de Harvard (*Harvard Test of Inflected Acquisition*) a los estudiantes de la escuela, y solo sesenta y cinco niños tuvieron un resultado brillante.

En realidad, nunca hubo ninguna prueba de inteligencia inicial y los alumnos estrella fueron elegidos al azar entre los estudiantes del centro, formando así el grupo experimental de la investigación de Rosenthal y Jacobson.

Los profesores trabajaron más motivados sobre este grupo de alumnos y la relación que tenían con ellos era de mayor confianza y respeto, puesto que los trataban como si realmente fueran más inteligentes que el resto. Si un alumno del grupo experimental interrumpía la clase, era escuchado con interés, considerando su aportación como una señal más de su brillantez; sin embargo, si el mismo comportamiento provenía de un estudiante considerado «normal», se consideraba que era un incordio para el profesor.

Ocho meses después, el grupo experimental obtuvo mejores resultados académicos que el resto de los alumnos. De esta investigación nació el consiguiente efecto, homónimo de la fabulosa novela de George Bernard Shaw, mostrando su derivada más positiva al constatar que las expectativas de un determinado resultado aumentan las posibilidades de que este suceda.

En contraposición, este fenómeno tiene su lado más oscuro cuando se presenta su vertiente negativa; porque cuando creemos que algo puede ir mal, solo vemos los indicios que confirman nuestro presagio: pensamientos y expectativas de los demás sobre nosotros y nuestras propias creencias sobre nosotros mismos; todo esto tiene un gran impacto sobre nuestra conducta y nos aleja de la oportunidad real de triunfo.

Rosa era una de esas chicas cuya expresión llamaba la atención del que se encontraba a su lado. Sin embargo, un sentimiento de insuficiencia la abordaba cada vez que tenía que relacionarse con alguien desconocido. Siempre pensaba que nunca estaría a la altura de los demás: todos más listos, con más experiencia y con mejor conversación que ella. Esta creencia la poseía cada vez que un evento social se aproximaba y la invadía una ansiedad que le resultaba difícil de controlar. Ella sabía perfectamente que jamás encontraría a alguien con quien compartir su vida. Ella no era suficiente. Ella no valía.

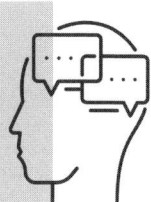

CREENCIAS DE LOS DEMÁS SOBRE NOSOTROS

EL PEQUEÑO GESTO DE UNA MADRE QUE MARCÓ EL RUMBO DE LA CIENCIA

Las creencias que los demás tienen sobre nosotros pueden tener un efecto positivo, ayudándonos a creer que somos capaces de conseguir lo que nos proponemos; pero también tienen unas consecuencias devastadoras cuando el peso de las creencias subjetivas lo vuelcan sobre nosotros. Hay un lado más desolador aún: cuando nosotros mismos nos convencemos de que no somos merecedores de alcanzar los objetivos propuestos o alcanzar buenos resultados. La toma de conciencia es fundamental para identificar estos pensamientos limitantes.

Cuando aparezca por nuestra mente frases como «No soy capaz», «No lo voy a lograr» o «Esto no es para mí», debemos parar y reflexionar acerca de cómo hemos llegado hasta aquí. ¿Son mis propias creencias o es que nadie ha creído en mí? Llevar un diario con este tipo de reflexiones puede servirnos de gran ayuda, ya que anotaremos las veces que hemos triunfado, demostrándonos que tenemos las mismas oportunidades que el resto de las personas.

Las palabras se convierten en verdaderas armas de destrucción cuando desconocemos el poder que ejercen sobre los demás. Un juicio, por insignificante que parezca, puede influir negativamente sobre los objetivos de una persona. Conocer el efecto de nuestras acciones sobre las expectativas de los demás nos hará ser más cuidadosos en la forma de relacionarnos con las otras personas.

«Todos somos genios, pero si juzgas a un pez por su habilidad para trepar árboles, vivirá toda su vida pensando que es un inútil».

ALBERT EINSTEIN

A **Thomas Edison**, famoso por inventar la bombilla o el fonógrafo, y con más de mil trescientos inventos patentados a su nombre, lo llegaron a expulsar del colegio porque lo consideraron mentalmente enfermo. El maestro, superado por los acontecimientos, escribió una carta a la madre del pequeño Thomas. Este, siguiendo las instrucciones de su maestro, entregó la carta a su mamá, que empezó a leerla con asombro. Las lágrimas inundaron los ojos de esta, que se acercó con cariño a su pequeño y le dijo: «Hijo mío, el maestro dice que eres un genio y que esta escuela es demasiado pequeña para estudiantes con tus capacidades. Así que, a partir de ahora, seré yo quien te enseñe». Esa confesión fue el inicio del aleteo de la mariposa para la ciencia.

La señora Nancy Edison se tomó muy en serio la educación de su hijo: le enseñó a leer, a escribir, aritmética; desde muy pronto comenzó a leerle libros sobre el Imperio romano, la historia de Inglaterra, novelas de Shakespeare y Dickens. Cuando Thomas aprendió a leer, su padre le daba diez centavos por cada libro leído, aunándose en las labores de educación que dirigía su madre.

Thomas Edison padecía un trastorno cognitivo que influyó en su capacidad de aprendizaje, hablaba diferente y acabó por perder la audición en la adolescencia. Pero su madre nunca dejó de creer en él, quien terminó convirtiéndose así en una de las personalidades más influyentes del siglo pasado.

La madre nunca le reveló a su hijo qué decía realmente el texto de la nota del maestro hasta que Thomas la descubrió tras la muerte de su progenitora.

INDEFENSIÓN APRENDIDA: NO SÉ HACER LAS COSAS DE OTRA MANERA

Cuando era un niño, al reconocido psicólogo y escritor argentino Jorge Bucay le encantaba todo lo relacionado con el circo, en especial, los animales. Le sirvió de inspiración para escribir uno de los cuentos más famosos de su bibliografía: *El elefante encadenado*. El majestuoso animal vivía con una de sus patas encadenadas a una estaca que, fácilmente, podría arrancar con un leve tirón. Sin embargo, el elefante jamás intentó escaparse. Cuando era pequeño trató una y otra vez zafarse de la cadena, pero aún no tenía la suficiente fuerza para librarse de la estaca. Probó hasta que su impotencia se transformó en resignación a vivir amarrado a una estaca hasta el final de sus días. Ni el vigor ni la fortaleza que le regaló la madurez fueron suficientes para abandonar esta idea. Los fracasos en su niñez le enseñaron que no merecía la pena seguir aspirando a ello.

En algún momento de nuestras vidas nos hemos sentido incapaces de afrontar determinadas situaciones negativas, manteniéndonos inmóviles y sin capacidad de respuesta. Con cada intento fallido aprendemos que la mejor solución es la indefensión; se afianza así un aprendizaje dañino que nos encadena a una situación problemática sin más reacción que la sumisión, ya que somos incapaces de ofrecer otra respuesta. Mostramos así un **déficit motivacional**, que deriva en una carencia emocional, que favorece la aparición de la depresión o de la ansiedad. Tal estado emocional debilita nuestro sistema cognitivo e impide que otras opciones, como la huida o el enfrentamiento, pierdan su eficacia. Y, aun cambiando las condiciones del entorno, seguimos actuando de la misma manera. Es la conocida **teoría de la indefensión aprendida** descubierta por **Martin Seligman**.

Todos somos vulnerables a la indefensión; la encontramos en todos los entornos y círculos sociales: familia, trabajo, pareja, amigos, etc. Este fenómeno es el responsable de que las víctimas de violencia de género no abandonen a sus parejas: han llegado a creer que no tienen control sobre la situación y sienten que, hagan lo que hagan, la violencia persistirá. ¿Cuántas veces nos hemos preguntado por qué los torturados en prisiones o campos de concentración no se rebelan para seguir viviendo?, ¿por qué las minorías pueden oprimir a una mayoría sorda y pasiva? Conocer cómo se desarrolla esta creencia limitante será nuestro mejor antídoto para enfrentarnos a ella. La indefensión está asociada a cómo interpretamos y percibimos una situación negativa y a cómo la afrontamos: ante una misma situación, dos personas reaccionan de forma diferente y el aprendizaje resultante varía de la interpretación inconsciente y automática del individuo.

Charisse Nixon, doctora en Psicología del desarrollo, demostró cómo inducir la indefensión aprendida en grupo de alumnos y en menos de cinco minutos. Para ello preparó cuartillas con tres anagramas; la mitad de las cuartillas estaban compuestas por anagramas descifrables, mientras que en la otra mitad solo uno de ellos tenía solución. Una vez repartidas bocabajo, Charisse pidió que se le diera la vuelta a la hoja y resolvieran el primer anagrama. Quien terminara, debía levantar la mano para hacérselo saber a la investigadora y al resto de los compañeros. En pocos segundos, los brazos de la mitad de la clase se levantaban como resortes; en la otra mitad, solo había miradas de desconcierto. A continuación, se pidió que se resolviera el segundo acertijo; el comportamiento de los alumnos fue idéntico que el anterior. Para terminar, había que resolver el tercer anagrama, pero a diferencia de los dos anteriores, este tenía solución y era el mismo para toda la clase. Los alumnos con la cuartilla de anagramas irresolubles no fueron capaces de transponer el tercero, a pesar de que este sí tenía solución. Charisse demostró como los individuos sometidos a hechos negativos y arbitrarios pierden la confianza en sí mismos para afrontar una situación común.

NUESTRO SISTEMA DE CREENCIAS

El psicólogo austriaco Fritz Heider observó que los humanos nos comportábamos como científicos noveles: conectamos sucesos con causas para entender y predecir la conducta de los demás. Fue la base para **su teoría de la atribución causal** definida dentro del marco de la psicología social. Profundizar en este fenómeno nos conduce hacia el maravilloso mundo del autoconocimiento, la mejor herramienta para alcanzar la felicidad.

CÓMO INTERPRETAMOS NUESTRA REALIDAD

Esta teoría aclara cómo cada individuo explica los hechos que le suceden y cómo interpreta el comportamiento de los demás. Las **atribuciones se dividen en internas** (personalidad, carácter, motivación, etc.) **o externas** (entorno, acción de terceras personas, azar, etc.). Posteriormente, Bertrand Weiner, mejoró esta teoría añadiendo dos dimensiones más: la estabilidad y la capacidad de control.

- **La estabilidad** hace referencia al **origen de las causas** que han provocado la acción y cómo pueden cambiar en el tiempo. Así diferenciamos entre estables, permanentes en el tiempo, e inestables, susceptibles de cambio. Es muy recurrente el ejemplo de **atribución estable**, el referido a la de aquel estudiante que suspende un examen porque se considera incapacitado para aprobarlo frente a aquel que atribuye el suspenso al azar (**factor inestable**) porque le preguntaron aquello que no se había preparado. La incapacidad es más difícil de cambiar que la secuencia de preguntas en el próximo examen.

- **La capacidad de control** que percibe el individuo para cambiar las causas de un hecho es la segunda dimensión de la teoría de la atribución.

Los expertos identifican entre capacidades de control externas —que se atribuyen al entorno— y las capacidades de control internas aplicadas al individuo.

La explicación de las causas se define a través del concepto **locus de control**. El **individuo** se responsabiliza de las causas de un hecho (locus de control interno) o encuentra explicaciones de lo sucedido en el **contexto** donde se ha desarrollado el hecho (locus de control externo).

Una misma persona puede hacer atribuciones diferentes ante hechos similares; al igual que, ante un mismo acontecimiento, un grupo de personas interpreta la situación de forma diferente. Nuestra interpretación **influirá significativamente** sobre nuestras expectativas, la autoestima y la motivación.

Si ante un éxito nuestro modelo de atribución es interno, tanto en la capacidad de control como en su localización, y su estabilidad en el tiempo es duradera, sentiremos orgullo y satisfacción por el logro conseguido. Estas emociones mantendrán viva nuestra motivación para alcanzar los logros futuros e impactará positivamente en nuestra autoestima. Sin embargo, si estas mismas atribuciones las aplicamos a un fracaso, la ira y la frustración emanarán de nuestro interior deteriorando nuestra autoestima y disminuyendo el impulso para lograr nuevos objetivos.

La situación puede empeorar cuando combinamos la atribución externa a los logros y la interna a los fracasos. Este tipo de interpretaciones nos lleva a estados depresivos y de indefensión.

En el caso contrario, cuando un éxito lo atribuimos a causas internas y estables y un fracaso a factores externos, nos encontramos ante un sesgo de interés personal orientado a proteger nuestra autoestima frente a los agentes del entorno.

LOCUS DE CONTROL INTERNO EN EL ÉXITO

		CAPACIDAD DE CONTROL		
		INTERNO	EXTERNO	
ESTABILIDAD DE LA CAUSA	ESTABLE	He aprobado el examen porque estoy capacitado para ello	He aprobado el examen porque robé las preguntas a la profesora	MEJORA LA AUTOESTIMA
	EFÍMERA	He aprobado el examen porque esta asignatura se me da bien	He aprobado el examen porque estudié con mi hermano mayor	AUMENTA LA MOTIVACIÓN

LOCUS DE CONTROL INTERNO EN EL FRACASO

		CAPACIDAD DE CONTROL		
		INTERNO	EXTERNO	
ESTABILIDAD DE LA CAUSA	ESTABLE	He suspendido el examen porque no soy capaz de aprobar esta asignatura	He suspendido el examen porque las preguntas que me han puesto no soy capaz de aprenderlas	
	EFÍMERA	He suspendido el examen porque soy incapaz de aprender esta asignatura	He suspendido el examen porque era muy difícil	FALTA DE MOTIVACIÓN
		INDEFENSIÓN APRENDIDA		

LOCUS DE CONTROL EXTERNO EN EL ÉXITO

		CAPACIDAD DE CONTROL		
		INTERNO	EXTERNO	
ESTABILIDAD DE LA CAUSA	ESTABLE	He aprobado el examen porque era la asignatura más fácil del trimestre	He aprobado el examen porque la profesora explica bien	DISMINUYE LA MOTIVACIÓN
	EFÍMERA	He aprobado el examen porque me han preguntado por lo que sabía mejor	He aprobado el examen porque la profesora ha explicado un tema que me apasiona	REDUCE EL ESFUERZO PARA CONSEGUIR OBJETIVOS

LOCUS DE CONTROL EXTERNO EN EL FRACASO

		CAPACIDAD DE CONTROL		
		PERSONAL	AMBIENTAL	
ESTABILIDAD DE LA CAUSA	ESTABLE	He suspendido el examen porque había muchas preguntas	He suspendido el examen porque la gran mayoría también ha suspendido	FALTA DE CAPACIDAD
	EFÍMERA	He suspendido el examen porque no descansé bien por la noche	He suspendido el examen porque la profesora se equivocó en explicarnos el temario	

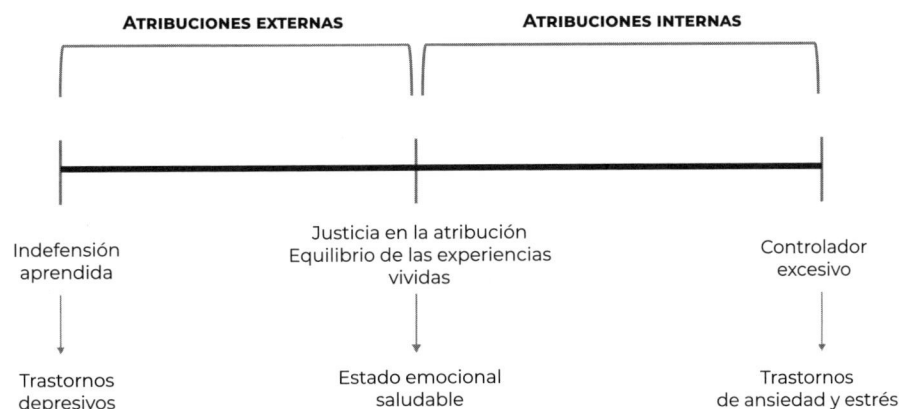

ATRIBUCIONES EXTERNAS — ATRIBUCIONES INTERNAS

Indefensión aprendida	Justicia en la atribución Equilibrio de las experiencias vividas	Controlador excesivo
Trastornos depresivos	Estado emocional saludable	Trastornos de ansiedad y estrés

Estas variaciones de pensamiento nos configuran cómo percibimos la realidad y cómo vemos a los demás. Pero no debemos olvidar que es fácil cometer errores en el proceso de interpretación. Los sesgos y la obediencia, entre otros, son los responsables de las falsas creencias sobre el comportamiento de los demás.

Uno de los objetivos principales de nuestro cerebro es la toma de decisiones de la manera más rápida y eficaz posible. Y por este motivo este órgano se especializó en la formación de patrones mentales y atajos de pensamiento. Esta ha sido su forma de evolucionar. Y, es indudable, ha tenido un éxito rotundo.

Sin embargo, el considerar que nuestra interpretación es una verdad absoluta es el peor error en el que podemos caer. ¿Qué ocurre cuando nuestro compañero suspende un examen? De modo automático, tendemos a pensar que es debido a su falta de compromiso y le colgamos la etiqueta de «perezoso». Pero ¿es la misma etiqueta que nos pondríamos nosotros? Tal vez. Con nosotros mismos nos perdemos en justificaciones que aprueben el resultado, mientras que con los otros el juicio de valor es automático, carente de reflexión.

LA JUSTIFICACIÓN A TRAVÉS DEL AUTOENGAÑO

En psicología utilizan el término «disonancia cognitiva» para explicar algo que llevamos haciendo desde que tomamos consciencia: autoengañarnos. No lo podemos evitar, debatirnos entre ideas contradictorias es incómodo, y nuestro cerebro tenderá a quedarse con aquella idea que le sea más difícil de asumir, generando así un **atajo de pensamiento**. Cuando nos presentamos ante una disonancia nos esforzamos para reducirla a través de justificaciones y evitamos exponernos a situaciones que refuercen ese malestar. Ese malestar suele ir acompañado de emociones como la ira, la frustración, el enfado o la vergüenza. La **teoría de la disonancia cognitiva** fue formulada por Festinger y nos explica fenómenos tan complejos como las adicciones, la «paradoja de la carne», el maltrato o dilemas éticos y morales.

Es paradójico, pero ¿cuántas veces hemos observado que la postura de un exfumador es más radical con el tabaco que otra persona que jamás haya fumado? He aquí la respuesta: un exfumador necesita reivindicar ante los demás los motivos por los cuales ha tomado esa decisión. Una persona que nunca ha tenido esa adicción no necesita esa justificación y puede ser más tolerante con el fumador al reconocer su adicción. Un fumador, aun sabiendo que dicho acto perjudica la salud, aun leyendo presagios desmoralizantes sobre el final de su vida, aun enfrentándose a un rechazo familiar o social, siempre encontrará una justificación para seguir fumando: «Todos tenemos que morir de algo», «Me calma», «Me ayuda a sentirme mejor», etc. Huirán despavoridos de cualquier información relacionada con el cáncer o enfermedades coronarias, evitando así que sus creencias y apetencias entren en conflicto.

A través de la popular fábula de la zorra y las uvas se muestra un claro ejemplo de disonancia cognitiva: después de tanto esfuerzo en balde por alcanzar tan delicioso manjar, la zorra se autoconvence de que, en realidad, no le apetecían tanto esas uvas. Esta forma de calmarnos ante la resolución de un dilema es la manifestación de la disonancia cognitiva.

Conocer e identificar nuestro modelo atributivo es la mejor herramienta para alcanzar un estado emocional saludable. Pero no es tarea fácil. El equilibrio y la justicia a la hora de atribuir los hechos que nos suceden constituyen la piedra angular de este conocimiento. Nuestra identidad está construida sobre un sistema de creencias que junto con la calidad de nuestros pensamientos pueden alejarnos de nuestro objetivo cuando este fenómeno distorsiona nuestras experiencias. Impregnados de esa amalgama de valores y creencias, nuestras decisiones y el placer de vivir quedan determinados.

MI REALIDAD: UNA VISIÓN REDUCCIONISTA DEL MUNDO QUE ME RODEA

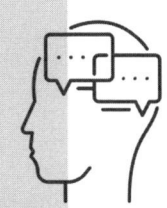

Todas las mañanas acostumbraban a tomar café en la mesa de la cocina. Era casi un ritual. El olor a café recién hecho envolvía el ambiente y acompañaba a esa complicidad que aquella pareja disfrutaba con su taza en la mano. Desde hacía una semana, unos nuevos vecinos se mudaron al piso de enfrente y las apariciones de la vecina protagonizaban las conversaciones matinales. Ella observaba cómo cuidadosamente sacaba las sábanas de la lavadora y las tendía en su balcón. Sorprendida, le dijo a su marido: «Debería aprender a lavar mejor. ¡Qué sábanas más sucias!». Desde ese momento, sorprendida, no paraba de observar la forma tan descuidada de lavar que tenían los nuevos vecinos. La mujer, a medida que pasaban las semanas, se enfadaba y, como si se tratara de sus propias sábanas, siempre hacía el mismo comentario: «¡Qué sábanas más sucias! ¡No lo puedo entender!». Poco a poco, la intimidad que disfrutaban por las mañanas fue desapareciendo y se sustituyó por la mugre de las sábanas de los vecinos y su incapacidad para mantener una casa limpia y en orden.

Una mañana, la mujer tardó un poco más en levantarse. Un dolor de cabeza se lo había impedido. El olor del café la despertó cuidadosamente y la llevó hasta la cocina donde su marido preparaba con esmero un formidable desayuno. Ella alcanzó su taza, y como, hacía últimamente, miró por la ventana para observar la colada tendida de los vecinos. Sorprendida, miró a su marido, que suavizó sus gestos esperando el beso de agradecimiento. Sin embargo, sus palabras tenían otro destinatario: «¿Has visto? ¡por fin tiene la ropa limpia! Ya iba siendo hora». Su marido, decepcionado, la miró y contestó: «Tardaste tanto en despertar que aproveché para limpiar los cristales de la cocina, que llevaban meses sin adecentar».

Hay tantas realidades como individuos. Esta perspectiva única de ver el mundo nos identifica como personas y define nuestro particular modo de responder ante las situaciones. Es el llamado **sistema de creencias**: un conjunto formado por pensamientos, valores y experiencias con el que interpretamos el mundo y nos explica por qué, ante un mismo hecho, dos personas piensan, actúan y lo interpretan de manera diferente. Este sistema, además de dirigir nuestra conducta, influye poderosamente sobre nuestras emociones. Nos llegamos a identificar tanto con él que fundimos nuestro ser con los pensamientos. Pero solo son eso, pensamientos.

Imaginemos que una noche, caminando distraídos de regreso a casa nos adentramos en un callejón oscuro y del cual sabemos que tiene muy mala fama. Implorando que no suceda ningún percance, decidimos atravesarlo porque deshacer lo andado para tomar otro camino nos llevaría mucho tiempo y nos sentimos especialmente cansados. De repente, a menos de doscientos metros del cruce con la calle principal, escuchamos que alguien camina detrás de nosotros. Algunos pensarán que, si aprietan el paso y disimulan su miedo, el final del callejón está cerca. Otros decidirán huir y otros dejarán que el perseguidor nos adelante para seguir teniendo el control de la situación. La respuesta que manifestemos está completamente asociada con nuestro sistema de creencias, que nos muestra cómo funciona el mundo y cómo debemos proceder ante una situación como esta.

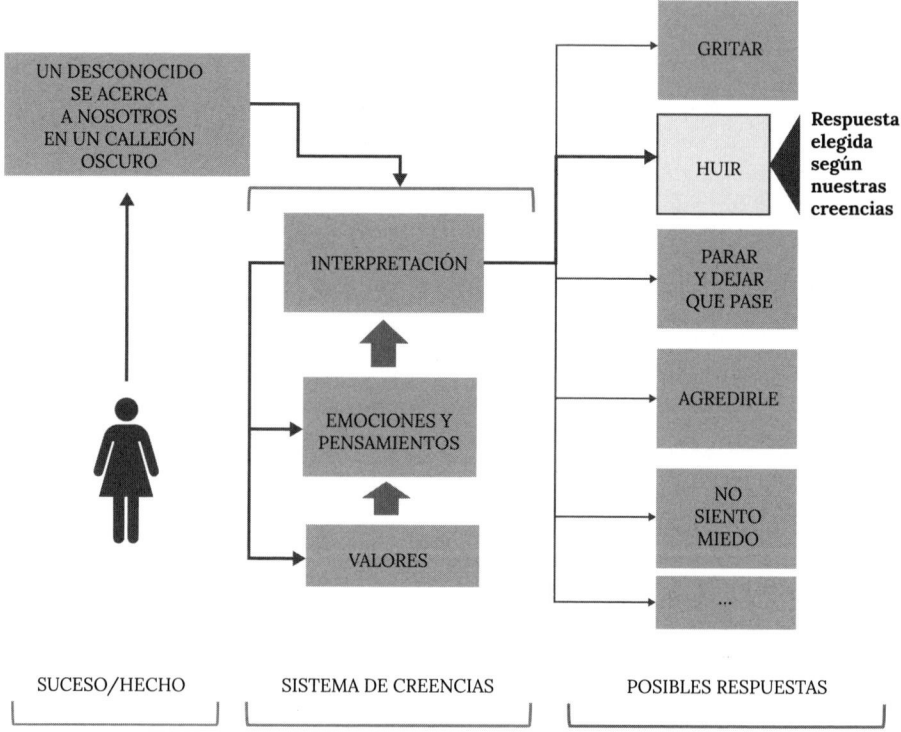

De la respuesta ante este suceso concreto nace una impronta, que no es más que un hecho que nos moldea como individuos. Si la respuesta elegida fue HUIR, no es ni buena ni mala en sí misma; el problema aparece cuando nos identificamos con la creencia, creando patrones de pensamiento que servirán de base para interpretaciones sesgadas de acontecimientos futuros.

Incorporación al sistema de creencias

Si ante un hecho concreto evaluamos que la mejor respuesta que podíamos ofrecer en ese momento era huir, y llegamos a la conclusión de que somos unos cobardes, hay algo en nuestro sistema de interpretación que no está funcionando correctamente. Estamos dejando por el camino cómo nos encontrábamos ese día, los que percibimos a nuestro alrededor, las sensaciones físicas, etc. Todos esos condicionantes, junto con nuestros pensamientos, optaron por ofrecer la mejor respuesta que podíamos dar en aquella coyuntura. Si el resultado final es que somos unos cobardes, acabamos de crear una creencia limitante, completamente sesgada y errónea, pero que determinará de un modo claro cualquiera de nuestras decisiones futuras.

Si el juicio sobre la respuesta ofrecida es positivo, habremos incorporado una creencia potenciadora que nos impulsará hacia nuevos retos y a cumplir nuestros objetivos. Tanto si la **creencia** es **limitante** como **potenciadora**, dirigen nuestras decisiones futuras y tienen el poder de condicionarnos de tal manera que influirá en la forma en la que sentimos y nos comportamos.

Aunque las creencias fundamentales las adoptamos en la infancia, a medida que vamos creciendo, este sistema sigue incorporando nuevos valores que van conformando nuestro ser. Las creencias nacen tanto de las experiencias vividas como de las valoraciones de personas significativas en nuestro entorno, teñido del contexto sociocultural donde hayamos nacido.

Encontramos distintos tipos de creencias:

- **Identidad**. Relacionadas con la imagen que tenemos de nosotros mismos (personalidad, valores, aspecto físico, espiritualidad, relaciones personales, etc.), se van generando por lo que nos dicen las personas significativas emocionalmente para nosotros.

- **Posibilidad**. Relacionadas con la probabilidad de que un suceso sea posible o no. Vinculadas con los objetivos marcados, descubrirán interesantes caminos en nuestro mapa existencial.

- **Capacidad**. Relacionadas con la capacidad de hacer algo o no. Estas creencias se forjan a través de la experiencia y de las personas influyentes de nuestro entorno.

- **Merecimiento**. Creencias relacionadas con el marco sociocultural que nos indican si somos merecedores de conseguir o experimentar algo en concreto.

Cada tipo de creencia se desarrolla en tres niveles:

1. EL PERSONAL.

2. EL PROFESIONAL.

3. EL RELACIONAL.

De este modo, podemos identificar creencias de identidad personales (definición del yo), profesionales (el yo en el trabajo) o relacionales (el yo con mis amigos).

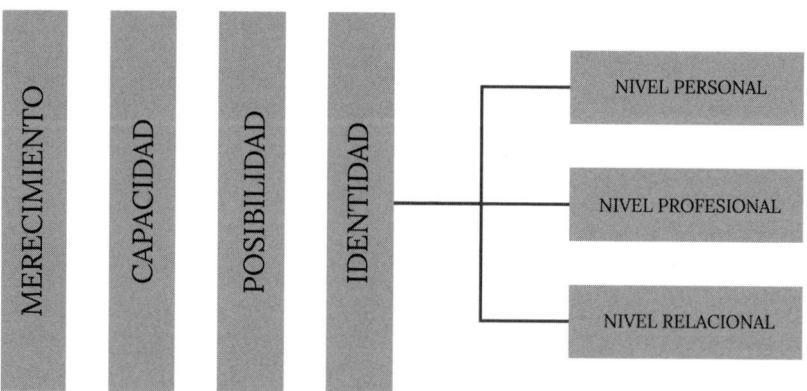

Examinando nuestro diálogo interno obtendremos pistas acerca de qué tipo de creencias componen nuestro sistema. Pero, no es tarea fácil. La forma en la que nos hablamos está tan interiorizada que apenas la percibimos; los pensamientos aparecen con rapidez, de manera automática y espontánea; y el primero en aparecer será aceptado como un axioma, sin lugar para un razonamiento reflexivo.

Al analizar la naturaleza de nuestros pensamientos observaremos que diferenciar entre un juicio de valor, una aseveración o una generalización es muy complicado. Necesitamos conocer todos estos sesgos y reconocer si existe alguno que obstaculice nuestra conducta.

Las creencias se caracterizan por:

- Su **relatividad**, ya que solo son válidas para el individuo que las siente, siendo el prisma por el cual interpretamos la realidad.

- Estas son **atemporales**, es decir, no se mantienen constantes en el tiempo y, a medida que vamos viviendo nuevas experiencias, las creencias van cambiando con los años.

- Suelen **retroalimentarse** con creencias ya existentes y se nutren de las nuevas experiencias para enraizarse en nuestra mente.

- Ejercen un **poder** extraordinario sobre nosotros mismos al condicionar nuestras emociones y nuestras conductas sin reparar en ello; respuestas inconscientes a hechos parecidos que suelen ir tejiendo nuestro modelo de procesamiento.

- Son las grandes **responsables del *efecto Pigmalión*** o profecía autocumplida, debido a que su aceptación sin límites condiciona inconscientemente nuestra conducta para llegar a aquella conclusión que valide nuestra creencia.

A pesar del descubrimiento que nuestro Premio Nobel en Medicina, en 1906, don **Santiago Ramón y Cajal** realizó sobre la plasticidad cerebral y la capacidad del cerebro para adaptarse a nuevas situaciones, el esfuerzo que le entraña la variación de un simple paradigma lo convierte en el primer detractor del cambio. Cuando nos exponemos a una experiencia que cuestiona alguna de nuestras creencias, nuestro cerebro optará por **obviarla** (eliminamos ese suceso de nuestra memoria), **por la distorsión** (utilizando patrones existentes para reforzar nuestra creencia) o **por el análisis**, primer paso para cuestionar si nuestra creencia debe ser cambiada por otra más adaptativa. El aprendizaje se genera cuando optamos por esta última opción.

Si mantuvimos una relación tóxica con una persona muy manipuladora, aunque se disculpe por un error cometido, será difícil que lo acojamos de buen agrado, puesto que será interpretado por el patrón manipulador asociado a este individuo y la conclusión será que, con esa buena acción, está intentando engañarnos de nuevo. Da igual lo que esa persona haga para contentarnos, porque ese suceso será eliminado o distorsionado para llegar a la conclusión inicial que refuerza nuestra creencia.

Debemos construir un mapa de pensamientos para interpretar nuestra realidad y que nos sirva de guía para cumplir nuestros objetivos; debemos añadir opciones como si de caminos secundarios se tratara; resaltar puntos de conexión que nos ayuden a cuestionar los pensamientos y así, poco a poco, cartografiar la representación mental de nuestro mundo.

Una creencia será limitante según el objetivo y el contexto en el que aparezca. Por ejemplo: si las matemáticas no son nuestro punto fuerte y nos tenemos que enfrentar a ellas en nuestro trabajo diario, pensar «somos malos en matemáticas» es una creencia limitante porque nos impide ser mejores en el trabajo. Sin embargo, el reconocer que las matemáticas no se nos dan bien no es en sí misma limitante, ya que no viene determinado por un contexto u objetivo definido.

Nacemos con un mapa en blanco; con cada vivencia, con cada creencia lo enriquecemos configurando una representación de nuestra realidad. Así construimos, sin apenas darnos cuenta, el atlas que nos guiará por el camino de la existencia. Avanzar hacia nuestros objetivos, abandonarlos o perdernos por el camino estará determinado por el nivel de detalle de nuestro mapa. Analizar nuestro modelo de pensamiento y el conocimiento de técnicas para identificar el proceso que nos conduce hacia una nueva creencia nos acercarán a la transformación personal.

Analicemos la relación entre la realidad y nuestras creencias punto a punto:

1. **Lo negativo a la moda**. Tanto si magnificamos los sucesos negativos como si nos enfocamos solo en estos, minimizando o despreciando el lado positivo que nos puede aportar una experiencia, estaremos ante una creencia que distorsiona la realidad. *«Aunque la comida era exquisita, ¡es intolerable el servicio del restaurante! No pienso volver».*

2. **Porque yo lo valgo**. Llegar a conclusiones arbitrarias sin evidencias que las determinen puede jugarnos una mala pasada. *«No me contesta al mensaje de Whatsapp, seguro que está engañándome».*

3. **Yo, el centro del universo**. Pensar que todo lo que sucede a nuestro alrededor está relacionado con nosotros, prestando más atención a si el suceso es negativo. *«¡Qué mal humor tiene mi madre! No sé qué le habré hecho».*

4. **Mi emoción es mi razón**. Sin darnos cuenta, creamos argumentos basándonos en cómo nos sentimos, despreciando los hechos sucedidos o datos objetivos. *«No haces más que darme motivos para estar celoso».*

5. **El deber que rige el mundo**. Todos, alguna vez, hemos utilizado esas reglas rígidas sobre cómo deben ser las cosas —*debería hacer, debería ser, tengo que,* etc.—, que nos han ayudado cuando nuestro razonamiento se quedaba sin peso para respaldar nuestra opinión. *«María debería ser más agradable si quiere tener pareja».*

6. **Divina tragedia**. Elegir la catástrofe como primera opción es un mecanismo de autodefensa que aparece ante la incapacidad de ofrecer soluciones innovadoras. *«Si mi hijo no me llama en una hora es que ha tenido un accidente»*.

7. **Mentirse a uno mismo no es de locos**. Esta creencia nos abre un mundo inconmensurable de falacias que somos capaces de inventar para defender o atacar una decisión. Nos engañamos sobre la justicia de los acontecimientos que vivimos, la capacidad de un falso control, o la defensa hasta la extenuación de un argumento solo por el simple hecho de querer llevar razón. *«Me voy a cambiar de casa y así todo irá bien»*.

8. **La culpa por bandera**. Ya sea para culparnos o culpar a los demás por lo sucedido sin tener en cuenta otros aspectos relevantes, la culpa es un sesgo muy utilizado para otorgar responsabilidades sobre los hechos acontecidos. *«¡Otro semáforo en rojo! Llegaré tarde porque este ayuntamiento que no hace más que poner semáforos en esta avenida»*.

9. **En blanco y negro**. La realidad pierde su escala de grises que nos dan pie a nuevas interpretaciones. Nos quedamos con el blanco y el negro, polarizando así nuestros pensamientos. *«Los que no saludan son unos antisociales»*.

10. **¡Qué razón llevo!** Por muchos detalles que configuren un suceso, es inevitable fijarnos en aquel que refuerza mi creencia. Ninguna evidencia ambiental nos hará cambiar de parecer. *«Si pienso que mi relación con mi amigo Luis está deteriorada y para mí es importante que mis amigos me feliciten el día de mi cumpleaños, si Luis no lo hace, se refuerza la idea de que nuestra amistad se terminó»*.

11. **Carta de presentación**. No solo construimos creencias de los hechos que nos suceden y de las personas de nuestro entorno, nosotros tampoco nos libramos de nuestras propias creencias y nos atribuimos calificativos que nos pesan como losas: *«Soy un fracasado»*.

12. **Siempre es lo mismo**. Aunque solo suceda una vez, existe una tendencia a marcar como hecho probable que siempre ocurra lo mismo como consecuencia a otro suceso que nada tiene que ver con el original: *«Si un perro me mordió, todos los perros muerden»*.

13. **¡Trampa!** Hay creencias que son en apariencia positivas, pero esconden unas consecuencias terriblemente negativas. Suelen categorizarse dentro de las creencias culturales y encontramos ejemplos tan poderosos como: *«Ayudar a la gente es de buenas personas»*, *«Piensa en los demás antes que en ti mismo y no serás egoísta»*; preceptos que nos alejan del cuidado personal, anteponiendo el bienestar de los demás al propio.

Fijándonos atentamente, las **distorsiones cognitivas** que forman parte del sistema de creencias tienen todas algo en común:

- **Un suceso, un factor**. La mayoría de ellas solo tiene en cuenta un factor o dos para interpretar un hecho. Se ignoran detalles y se olvidan sus causas, que pueden tener el mismo peso que las demás, pero que, nuestra creencia, anula inconscientemente.

- **Presencia sorpresa.** Las creencias aparecen de modo espontáneo, sin darnos cuenta. Son automatismos tan engrasados en nuestra consciencia que nos determinan sin evaluación ni procesamiento racional.

- **Creencia sin análisis**. Estas creencias no solo aparecen sin avisar, sino que nos las creemos sin cuestionarlas ni analizar otras posibilidades.

- **Siempre negativo**. Si hay una cualidad que define a una creencia limitante es su capacidad para generar emociones negativas. El malestar emocional es inherente a estos pensamientos. Y como consecuencia, nuestras acciones se verán influenciadas por nuestro estado emocional.

- **Una barrera para nuestros sueños**. Estas creencias nos impiden soñar o pensar que no somos dignos de ser felices. Nos lastran y nos incapacitan para conseguir lo que deseamos. Es el inhibidor por excelencia de nuestra motivación y posiblemente, la raíz de nuestros estados de indefensión.

Descubrir los procesos reflexivos que nos han llevado a la adquisición de creencias, contextualizarlas en un marco temporal y relacionarlas con nuestros objetivos nos ayudará a desprendernos de aquellas que nos lastran, sustituyéndolas por otras más adaptativas, transformando nuestra existencia de una manera asombrosa.

CAMBIANDO EL RUMBO HACIA UNA EXISTENCIA DE CALIDAD

Deshacernos de una creencia es un proceso complicado. Y más aún reemplazar una antigua por otra más valiosa para nosotros. Es un proceso difícil que requiere dedicación y entrega por nuestra parte, pero sus resultados pueden transformar considerablemente nuestra existencia.

Nuestro cerebro busca la coherencia y lo hace a través de la comparación de creencias. Así, si pensamos que nuestro compañero es un vago y este suspende un examen automáticamente, estamos reforzando la creencia que tenemos de él y la etiqueta de vago será más difícil de sustituir por otra menos bochornosa. Si, por el contrario, nuestro compañero aprueba el examen y además saca buena nota, atribuiremos el logro al azar porque, a pesar de todo, seguimos pensando que es un vago. Este mismo modelo de procesamiento también lo utilizamos con nosotros mismos, siendo determinante cuando lo enfrentamos ante la realidad que queremos transformar.

Este proceso no solo se da en la adquisición de creencias, también se manifiesta en la toma de decisiones o en el compromiso adquirido por las personas. Las empresas lo saben y se aprovechan de ello ofreciéndonos ofertas que podemos devolver en treinta días si no estamos satisfechos, pero ¿cuántas veces hacemos uso de esta opción? Muy pocas, tan poco probable que la rentabilidad de las empresas es tan alta que asumen el impacto económico de aquellos que deciden echarse atrás en sus decisiones iniciales. El peso del compromiso de un matrimonio adquiere fuerza con el paso de los años. Por eso es más difícil presenciar el divorcio de matrimonios que llevan más de treinta años juntos que aquellos que se acaban de formar. Debemos reconocer que a nuestro cerebro, por muy dotado a la plasticidad que esté, no le gustan los cambios ni de preceptos, ni de opinión, ni de dirección.

Esta rigidez nos puede llevar al desánimo y, en los casos más extremos, a vivir condenados a una realidad que nos hace infelices. Hay que considerar todos los aspectos cuando nos enfrentamos ante un juicio de valor o ante una toma de decisiones y atrevernos a hacernos las preguntas más dolorosas. Porque es ahí donde se encuentran las semillas de un nuevo pensamiento o decisión.

Práctica. Reflexiones en nuestro cuaderno de vuelo

¿Por qué consideramos vago a nuestro compañero? ¿Estamos confundiendo holgazanería con desmotivación? ¿No le gusta la asignatura o la carrera que está haciendo? ¿Es su falta de libertad la que le impide escoger otra rama y por eso dedica esfuerzos mínimos que lo llevan incluso a aprovecharse de los compañeros de clase para que le hagan los trabajos? ¿Ha sido así siempre? ¿Desde hace cuánto tiempo lo conocemos para haber sacado esa conclusión? Preguntas y más preguntas. Hacia los demás y hacia nosotros mismos. No son las respuestas las que nos hacen libres, sino la pregunta adecuada que nos dirige hacia el cambio.

«Una sola pregunta puede contener más pólvora que mil respuestas».

JOSTEIN GAARDER, *El mundo de Sofía*

EL PODER DE UNA CREENCIA

Si alguien ha tenido dudas sobre el poder que ejerce una creencia no hay más que estudiar **el efecto placebo** como la máxima expresión de esta. Si no influimos más sobre nuestro entorno o sobre nosotros mismos es porque subestimamos el poder de las creencias.

En medicina, el efecto placebo es la demostración empírica del poder de una creencia. Se han realizado investigaciones que demuestran que, cuando una persona cree que está tomando un medicamento para curar una enfermedad, esta mejora y en los casos más sorprendentes, llegan a curarse de su dolencia. E incluso, realizando la investigación inversa, si administran medicamentos a personas que creen en el placebo como solución, no se evidenciaba una mejoría. Lo más sorprendente de estas investigaciones es que hay que creer hasta en los verdaderos medicamentos para que produzcan los efectos deseados. Los números hablan: el 35 % de los casos en los que se ha suministrado un placebo ha sido igual de efectivo que un medicamento real.

Sin embargo, no estamos hablando de magia o atribuciones divinas. Cuando creemos firmemente que un medicamento nos puede curar, estamos enviando un mensaje contundente a nuestro cerebro para que actúe. ¡Y vaya si actúa! De inmediato, responde con la liberación de endorfinas (opioides naturales) y dopamina que mitigan el dolor. Curiosamente, son los mismos componentes del medicamento convencional. Tanta repercusión tiene el efecto placebo en la rama de la medicina que ha sido necesario regular los principios éticos de su aplicación en la Declaración de Helsinki de 2017.

Los individuos tenemos la capacidad de influir sobre todos los aspectos que nos configuran, pero no lo conseguimos porque seguimos subestimando el poder de una creencia. Creemos a medias tintas, sin convicción y nuestra creencia fluctúa según nuestro estado de ánimo. Y aquí encontramos otro motivo que nos arrastra al fracaso una y otra vez; nos envuelve en una espiral, alejándonos de la consecución de nuestros objetivos.

El paso del tiempo nos regala vivencias, anécdotas y experiencias que van dando carácter a nuestra identidad. Al mismo tiempo, vamos perdiendo otros valores por el camino. Uno de ellos es la capacidad de creer con aplomo. Nacemos con esta habilidad; la cultura la alimenta en nuestros primeros años de vida a través de cuentos y personajes imaginarios que entran en nuestras casas en Navidad o dejan regalos cuando se nos cae un diente. Y al descubrir la diferencia entre la realidad y la ficción, repercute en nuestra capacidad de creer, mermándola y perdiendo nuestra autenticidad.

Somos animales sociales y no debemos olvidar que nos realizamos como individuos al relacionarnos con los demás. Sin embargo, convivir dentro de un marco social articulado con normas y cánones sociales nos limita, bloqueando nuestras inquietudes e impidiendo el desarrollo de nuestro verdadero potencial.

Si tomamos el timón de nuestra vida y creemos que podemos cambiar, cambiaremos. Recuperar ese poder de convicción y ligarlo a nuestros objetivos nos mostrará nuevos caminos que nunca hubiéramos planteado sin creer en nosotros mismos.

«Creo en mi corazón, el que yo exprimo para teñir el lienzo de la vida».

GABRIELA MISTRAL

EL LENGUAJE COMO HERRAMIENTA PARA CONSTRUIR CREENCIAS

El lenguaje es la capacidad más excepcional que poseen los seres humanos. A través de él, observamos las caras contrapuestas: una amable, tierna y sincera, capaz de derribar banderas y cohesionar individuos para generar comunidades unidas por la consecución de un bien común; y otra cruel, mezquina y falaz.

El lenguaje tiene un poder incalculable en todos los niveles en los que se relaciona el individuo. Es el medio con el que nos comunicamos con nosotros mismos mediante el diálogo interno, con los demás y con el que explicamos el mundo que nos rodea. No es de extrañar que **el efecto mariposa alcance su máxima repercusión cuando observamos las consecuencias del uso del lenguaje en nuestro entorno**. Conocer, controlar y adaptar esta herramienta para alcanzar la libertad espiritual es el otro reto que debemos asumir.

Adquirimos valores, formamos creencias y nos comunicamos a través del lenguaje. Sin embargo, no ahondamos en las particularidades de este ni valoramos el impacto de su mal uso en nuestras vidas. La **programación neurolingüística** (PNL) es una técnica que usa herramientas de procesamiento mental para llegar a lo más profundo de nuestra consciencia, donde anidan nuestras creencias, y transformarlas por otras nuevas que desarrollen nuestro verdadero potencial. La PNL utiliza el lenguaje como herramienta para crear mapas mentales sobre la realidad que nos rodea, ayudando a comprendernos a nosotros mismos y al mundo circundante. A través del uso del lenguaje se cambian patrones de pensamiento y las conductas de los individuos se modifican, incidiendo en la mejora de las habilidades de las personas.

DESDE EL ANÁLISIS HASTA EL SIMBOLISMO

Ser conscientes de la existencia de creencias y conocer que estas pueden ser cambiadas para aumentar nuestro potencial es el primer paso que debemos dar. Sin conocimiento sobre esta materia, la identificación de nuestras creencias será más complicada. Actuaremos como exploradores de nuestra identidad, tomando el tiempo necesario. Nos enfrentamos a un viaje inescrutable para desvelar los secretos de nuestro inconsciente. ¿Nos acompañas?

La piedra Rosetta será el lenguaje, elemento transformador y clave fundamental para representar el mapa de creencias que hemos construido hasta el momento. Daremos forma a nuestros deseos, cambiándolos por objetivos concretos y realizables. Debemos abandonar la idea de convertirnos en estrellas de Hollywood si nunca hemos pisado un escenario, y enfocarnos en la realidad que nos rodea, el propósito real de nuestros esfuerzos. Nuestras metas serán aquellas que nos realicen como personas aportándonos valor. Solo con pensar en ellas nos hacen brillar, mostrando al mundo entero nuestra autenticidad y nuestra valía. Deseos que, al imaginarlos por un instante, nos dibujan una sonrisa. Poco a poco, nuestros sueños se concretan a través de las palabras, empleando metáforas como recursos y relatos como contextos temporales. Observamos como aparecen pensamientos que configuran nuestro mapa mental representando nuestra realidad; pensamientos incontrolados y espontáneos que nos conducen hacia los destinos escogidos.

En ocasiones, seguir la secuencia de estos pensamientos nos lleva a un callejón sin salida. Indefectiblemente, nos hemos perdido entre disertaciones y autosabotajes. Aunque no lo creamos, ¡es un gran momento! Hemos descubierto que a nuestro mapa inicial le faltan recursos y debemos enriquecerlo con medios que nos capaciten para alcanzar nuestro destino. Ya sea porque nuestro mapa mental no esté preparado para el logro o por desconocimiento del camino a seguir, acabamos de descubrir una falta de creencia o el desvelamiento de una que resulta infructuosa y que debemos sustituir. Así vamos modificando nuestro mapa mental, configurando una realidad más plena para nosotros.

Como en casi todo en la vida, la buena compañía será determinante para que el proceso del cambio llegue a buen término. Inspirarnos en quienes nos rodean y **nutrirnos de relaciones saludables y enriquecedoras allanará el camino hacia el cambio**. De nada sirve enfrentarnos al aprendizaje de un nuevo idioma si tenemos a alguien que nos está recordando constantemente que jamás lo conseguiremos.

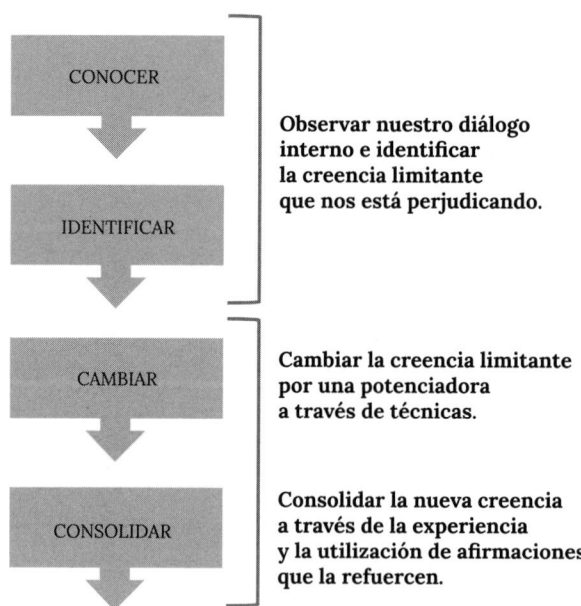

Dotar de simbolismo a aquellas creencias que nos obstaculizan en la consecución de nuestros objetivos es una técnica muy extendida y utilizada en ámbitos tan dispares como el deportivo, la dirección empresarial o la interpretación.

¿Hacemos la prueba? Cerramos los ojos e imaginamos que ese impedimento que nos está bloqueando está pegado a nuestra piel como las calcamonías que se estampan los chiquillos simulando tatuajes. Las visualizamos adheridas a nuestra piel. Intentamos desprendernos de ellas, estirando hasta apresarlas con la mano. Una vez en nuestro poder, las lanzaremos lo más lejos posible de nosotros. Las más fuertes proliferan, encontrándose pegadas en cualquier parte de nuestro cuerpo. Debemos exterminarlas y no debe quedar ninguna. La pequeña marca que dejan al desprenderlas de nosotros, la cubriremos con una nueva creencia más adaptativa y que nos aporte valor. Estas están revoloteando entre nosotros, como mariposas. Son difíciles de atrapar; nuestras manos se mueven azarosas en un intento por alcanzarlas. Con tenacidad, conseguimos enganchar una que repondremos sobre la señal que dejó la anterior. Atraparemos tantas como necesitemos; hasta que seamos capaces de alcanzar nuestras metas con determinación, olvidando que estas no deben explicar la realidad, sino activar nuestra motivación para lograrlo.

Tan importante es despojarnos de las creencias limitantes como el saber cómo esa creencia ha llegado a formar parte de nosotros. Tomar consciencia sobre nuestra manera de pensar y nuestros pensamientos nos hace adoptar mejores decisiones. Por lo tanto, no son las creencias lo verdaderamente importante, sino cuál es nuestro modo de pensar.

CONOCER NUESTROS ANCLAJES

Un anclaje es la asociación entre ideas, pensamientos y sensaciones con un estímulo concreto. El anclaje lo podemos descubrir en el experimento que realizó el filósofo ruso Iván Pávlov con los perros y una campana. Durante varias sesiones y en un entorno controlado, Pávlov hacía sonar una campanilla e inmediatamente después alimentaba a los perros. Este hecho, repetido y sostenido en el tiempo, demostró que, al final, con el solo hecho de hacer sonar la campanilla los perros empezaban a salivar. Pávlov llamó a esto **condicionamiento clásico**: una respuesta condicionada de un individuo ante el estímulo neutro del sonido de una campana.

A diferencia de un condicionamiento como explicaba Pávlov, **un anclaje no necesita de la repetición de un estímulo para que este se origine**. Al evocar un anclaje nos traslada *ipso facto* a un estado emocional asociado, ya sea positivo o negativo. Siguiendo con el ejemplo de los perros de Pávlov, estos se alegraban al escuchar el sonido de la campanilla porque había llegado la hora de la comida. De igual manera, si hemos asociado los estados nerviosos con mordernos las uñas, cuando aparezca un desencadenante que nos genere ansiedad llevaremos nuestras manos a la boca de modo automático y sin pensarlo.

Los anclajes se crean por azar y no somos siquiera conscientes de su formación. Estamos expuestos a tantos estímulos externos —como los medios de comunicación, internet, la televisión o la publicidad— que obviamos el proceso que nos lleva a sentir determinadas emociones. Así, cuando menos lo esperamos, ante la presencia de un desencadenante externo experimentamos una emoción que nos empodera o nos incomoda.

Aunque pueden ser utilizados como herramientas de manipulación colectiva, debemos tener en cuenta que da igual el origen de nuestros anclajes porque todos podemos cambiarlos siguiendo los pasos del condicionamiento clásico que definió Pávlov. Si la llamada del jefe nos provocaba tal ansiedad que no podíamos evitar modernos las uñas, incluso antes de conocer el motivo de esta, nos esforzaremos en cambiar el sentido de esta emoción desarrollando un nuevo condicionamiento.

Comenzaremos por traer a la mente una situación que nos provoque una emoción motivadora; al revivirla, juntamos nuestras manos haciendo tocar la punta de los dedos y ejerciendo un poco de presión. Repetimos esta secuencia tantas veces como sea necesario: evocamos una situación asociada con una emoción positiva mientras juntamos las manos y presionamos la punta de los dedos. Llegará el momento en que el solo hecho de ejercer esa presión en nuestros dedos nos conduce hacia el estado de ánimo que deseamos potenciar. Estamos preparados para, ante la llamada de nuestro jefe, sustituir la acción de mordernos las uñas por la pequeña presión en la punta de nuestros dedos que nos hará sentir la confianza que necesitamos para afrontar esa conversación.

EL DOBLE FILO DE LA MANIPULACIÓN

La manipulación a través del lenguaje es inevitable. Aunque no queramos, todos manipulamos al relacionarnos con los demás, e incluso a nosotros mismos. ¿O creernos que podemos alcanzar un propósito no es una manipulación *autoinfundida*? Por eso, manipular no es malo o bueno en sí mismo; más bien radica en la finalidad de manipular lo que define su polaridad.

- Al observar la biografía de la **madre Teresa de Calcuta**, encontramos **dos personajes antagónicos**: uno entregado a la causa de la pobreza y otro que manipuló a la sociedad a través del lenguaje con el propósito de erradicar la pobreza de los más desfavorecidos. Expandió la congregación de las Misioneras de la Caridad y financió proyectos en más de ciento treinta países de todo el mundo. Un mensaje que removió conciencias, impulsando una revolución de caridad, solidaridad y empatía que nos hizo crecer como sociedad. Sin embargo, su legado fue más allá de eso. Su reputación se zarandeó por las malas praxis en el cuidado de los enfermos terminales, donde se confiaba más en lo divino que en los analgésicos, en la finalidad dudosa de las sumas de dinero recaudadas o en la exaltación del sufrimiento de los moribundos que, según la santa, los acercaba a Jesús. En la actualidad, su figura límpida sigue representando la dedicación y el amor al prójimo.

- El 23 de febrero de 2014, el periodista Jordi Évole aprovechó el trigésimo tercer aniversario del golpe de Estado que vivió España, para estrenar un documental conmemorativo del suceso. Sin embargo, el objetivo, lejos de presentar un reportaje de investigación, infundió la duda sobre la veracidad del acontecimiento. El periodista, aprovechando las falsas declaraciones que personalidades públicas vinculadas al suceso realizaron para este programa y apoyándose en una supuesta desclasificación de documentos, demostró la facilidad con la que los medios de comunicación podían manipular a las masas. El documental empleó declaraciones ficticias, manipuló imágenes de archivo y realizó un montaje cinematográfico para crear una mentira. A medida que transcurría la película, el espectador iba descubriendo que, el verdadero engaño era el mismo documental. Jordi Évole hizo un llamamiento al cuestionamiento crítico y a la reflexión. Vivimos en una sociedad narcotizada por los medios de comunicación. Es tanta la información a la que estamos expuestos que forjamos mecanismos de autodefensa para evitar el malestar que produce una idea contraria a nuestros pensamientos (disonancia cognitiva) mermando nuestra capacidad de análisis y de reflexión. **Información no es conocimiento**. Este se nutre de la primera, pero necesita un procesamiento analítico para formar una opinión sensata.

El riesgo de desconocer el proceso de formación de un pensamiento es que otras personas puedan influirnos para hacernos pensar lo que esas personas desean. Es muy sencillo caer en la manipulación cuando nos dejamos llevar por modelos automáticos de pensamiento. Nos intentan manipular pero algunas maneras son más dañinas que otras. El objetivo de la manipulación es tomar el control para dominar nuestra mente y dirigir nuestras conductas.

Formamos comunidades cuando encontramos personas afines a nosotros; esta cohesión fortalece el grupo y lo protege de engaños. Sin embargo, si los vínculos que integran esa comunidad no son lo suficientemente sólidos, esta pierde valor y la descompone en seres individuales sin estructura que los sostenga. Hemos pasado de una comunidad organizada para enriquecer su modelo de vida a una masa que se relaciona mediante la fricción de sus componentes. **Las multitudes son altamente manipulables, puesto que no hay un elemento integrador que dé forma a sus convicciones**. Una pareja que decide formar una familia cohesionada y unida será más difícil que las opiniones de personas ajenas desestabilicen la armonía familiar.

Nuestra mariposa debe volar libre, despojada de ataduras que condicionan nuestros actos. La manipulación que ejercen sobre nosotros es un lastre que nos impide volar alto y alcanzar la libertad emocional. Nos reduce a lo que los demás quieren que seamos, olvidando lo que de verdad queremos ser. **El impacto del movimiento de las alas produce resultados contrarios a lo que realmente somos, contrarios a nuestra identidad real**. Debemos evitar dar por sentado relatos, teorías y conceptos. Nos convertiremos en los exploradores de nuestra consciencia, indagando y cuestionándonos más, hasta desvelar el proceso que nos lleva a formar nuevos pensamientos. Haciéndonos las preguntas adecuadas construiremos un modelo de pensamiento crítico, menos vulnerable a manipulaciones externas y dotado de herramientas y conocimiento suficiente para sustituir aquello que no nos sirve por otras creencias que nos capaciten para conseguir aquello que nos propongamos.

UN DIARIO EMOCIONAL

Observaremos cómo el efecto mariposa se manifiesta cuando utilizamos un diario para potenciar nuestro crecimiento personal.

Identificar creencias

Disponemos del conocimiento suficiente para identificar qué tipo de creencias conforman nuestro modelo de pensamiento.

Marcar objetivos

Definimos y marcamos objetivos sobre el papel, dándoles forma con las palabras, sembrando optimismo y determinación.

Analizar objetivos

Prestaremos atención para plantearnos las preguntas adecuadas para validar si realmente los objetivos definidos son los que necesitamos en nuestra vida o si son fruto de la presión del entorno.

Solucionar problemas

Cuestionaremos cualquier hecho pasado para mejorar el presente, alejándonos de las afirmaciones y buscando soluciones creativas ante un mismo problema.

Consolidar nuevas creencias

Apuntaremos la distorsión cognitiva más recurrente a la que tiende nuestro modelo de pensamiento; en qué automatismos caemos y buscaremos nuevas experiencias que nos sirvan como motor de cambio para consolidar las nuevas creencias adquiridas.

Analizar anclajes

A través de las emociones que atraviesan nuestro día, analizaremos nuestros anclajes y descifraremos qué y cómo hemos llegado a ellos.

Evitar pensamientos automáticos

Cuestionaremos nuestros pensamientos automáticos, evitando así que sean estos los que tomen las decisiones de modo automático.

Herramientas para alcanzar el objetivo

Escribiendo y leyendo nuestras propias conclusiones, enmarcándonos en un contexto temporal, las creencias limitantes se revelarán por sí solas, casi sin darnos cuenta. Ya disponemos de todas las herramientas para alcanzar cualquier objetivo que nos propongamos.

EL EFECTO MARIPOSA EN EL AMOR

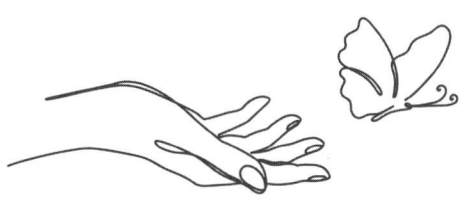

*El amor no es esencialmente una relación
con una persona específica; es una actitud,
una orientación del carácter que determina
el tipo de relación de una persona
con el mundo como totalidad,
no con un objeto amoroso.*

ERICH FROMM

El amor es uno de los grandes motores del universo. Dicen que mueve montañas, que no hay nada que se le resista. Escuchamos canciones de amor, el séptimo arte le dedica un género, obras artísticas de cualquier disciplina le hacen honores: *I feel it in my fingers, I feel it in my toes; the love is all around me, and so the feeling grows*, reza la canción de Wet, Wet, Wet[9]. Queremos ser amados, sentirnos queridos por otra persona, sin prestar atención a nuestra forma de amar y a la relación afectiva que queremos construir.

El amor es un sentimiento muy complejo; objeto de estudio desde la antigüedad hasta las civilizaciones más actuales, ha sido abordado y analizado desde diferentes dimensiones para intentar comprenderlo con claridad: desde la fisiológica, pasando por la emocional hasta llegar a la sociocultural, recogiendo así los aspectos más influyentes en el amor.

En su dimensión personal, **el amor** debe ser concebido como un acto voluntario y deliberado. Entendido como **un valor fundamental en el ser humano**, es el constructor de las relaciones personales, manifestándose mediante palabras, gestos e intenciones. Favorece la paz y la prosperidad; se adhiere a la ética y la moral, siendo uno de los mejores clarificadores entre el bien y el mal.

Este sentimiento, al igual que ocurre con el resto de las emociones, desencadena cambios fisiológicos en el organismo que repercuten sobre nuestras conductas, sobre la manera de entender la realidad y sobre nuestro estado anímico.

Sin embargo, aunque el amor es un concepto universal, encontramos tantas formas de amar que para los expertos en esta materia resulta muy complicado elaborar patrones amatorios. En la intimidad de las relaciones amorosas, el **efecto mariposa alcanza su mayor evidencia cuando apreciamos el impacto de cada acción en nuestra pareja**. Desplegaremos nuestras alas para emprender, en este capítulo, un nuevo viaje hacia el verdadero significado del amor.

---

[9] «Lo siento en mis dedos, lo siento en los dedos de los pies. El amor me rodea y así crece ese sentimiento». Banda sonora original de la película *Cuatro bodas y un funeral*.

153

¡AMOR! HAY MÁS DE UNO

«No hay hombre tan cobarde a quien el amor no haga valiente y transforme en héroe».

PLATÓN

Viajamos a la Antigua Grecia para buscar las primeras referencias sobre el concepto del amor. Los griegos utilizaban la mitología para intentar explicar el mundo que los rodeaba; aunque válida por un tiempo, no fue suficiente para calmar la sed de conocimiento. *Del mito al logos* es la alusión al nacimiento de la filosofía occidental que, en la actualidad, sigue reflexionando y teorizando sobre todos aquellos conceptos necesarios para entender la realidad del individuo. El amor, uno de los sentimientos más complejos que experimenta el ser humano, necesitó hasta cinco términos, alimentados por la mitología, para darle una explicación compacta y universal.

En la actualidad, aunque el amor posee muchas más derivadas, las bases de los antiguos filósofos siguen utilizando esta teoría como referencia principal para explicar los distintos tipos que componen el amor.

EL AMOR ROMÁNTICO: EROS

En la mitología griega, Eros era el dios de la fertilidad, la atracción sexual y el amor venerado. Siglos después, en la Antigua Roma, se dio a conocer como Cupido.

Eros y Psique protagonizan la historia de amor más hermosa de la mitología griega. El dios, enamorado de la belleza sobrenatural de Psique, decide rescatarla del espantoso futuro que le augura bajo las garras de una terrible fiera, casándose con ella bajo la condición de mantener oculto su rostro. La ruptura de ese acuerdo dejaría a Psique en manos de una Afrodita consumida por la envidia provocada por su belleza. Pero, la curiosidad de la dama se sobrepuso al compromiso con su marido y este, fiel a su palabra, huyó, abandonando a su amada y arrojándola al desamparo. Afrodita consiguió someterla a un profundo sueño del cual, solo Eros, impaciente por volverla a ver, fue capaz de despertarla utilizando una de sus flechas. Zeus, conmovido por esta historia de amor, hizo inmortal a Psique haciéndole comer ambrosía.

Eros representa un amor, erótico, intenso, carnal, voraz, pasional... Simboliza el amor romántico y tiende a idealizar a la otra persona. Con un determinante carácter efímero y seductor, es fácilmente confundible con el deseo, alimentando un sentimiento de dependencia hacia la persona amada. En la actualidad equivale al sentimiento que experimentamos en los inicios de una relación que, si sabemos canalizar debidamente, se transformará en un amor profundo y sincero. De lo contrario, este amor es sinónimo de dependencia emocional y relaciones tóxicas.

Eros es el amor romántico del que tanto hablan en las películas, la literatura o la publicidad. Es el amor convencional que nos vende la sociedad y que utiliza las creencias culturales para propagarse como un virus. Este amor nos aporta sensaciones maravillosas, pero debemos encauzar el torrente de tantas emociones para disfrutarlo con sabiduría.

Psique reanimada por el beso del amor. Escultura de Antonio Canova (1793). Museo de Louvre, París.

EL AMOR FRATERNAL: *PHILIA*

La palabra «filia» proviene del griego *philia* que significa 'amor' y 'sabiduría'. Este amor, asociado a la amistad y a las relaciones familiares, fue considerado por Aristóteles como el tipo de amor más valioso para el individuo. Representa la lealtad, la admiración y el cariño mutuo. En su forma más sublime, *philia* representa el impulso para potenciar nuestras capacidades y desarrollar nuevas habilidades que nos permitan crecer como individuos. A diferencia del eros, *philia* abandona la superficialidad y se enfoca en el beneficio común de la relación. Un amor respetuoso, solidario, empático, leal e incondicional. Establece lazos de unión con el prójimo a través de la admiración y la aceptación.

EL AMOR DIVINO: ÁGAPE

Calificado por los griegos como el más espiritual, este amor se centra en el altruismo, priorizando el bienestar del ser amado por encima de cualquier otro propósito. Ligado a la caridad, al sacrificio y a la compasión, roza lo divino, ya que se aleja de las relaciones convencionales. Un amor desinteresado e incondicional. Ágape, utilizado como fundamento en la religión cristiana, es sinónimo de amor a Dios, a la naturaleza, a la humanidad y al prójimo.

EL AMOR FAMILIAR: *STORGE*

Este arquetipo está vinculado a las relaciones parentales y familiares, y crece a fuego lento forjando un vínculo natural entre las personas. Es un amor protector, comprometido, maduro y leal. Se manifiesta en nuestra relación con los animales de compañía o en relaciones de amistad. Busca una permanencia a largo plazo utilizando la afinidad y la compatibilidad intelectual como pegamento de estas relaciones.

EL AMOR PROPIO: *PHILAUTIA*

Aunque en boga por el auge del *mindfulness*, el amor propio fue defendido por Aristóteles en el siglo IV a. C. como el sentimiento esencial para encontrar la virtud individual. Este amor nos impulsa hacia el autoconocimiento, el crecimiento personal y la espiritualidad. Algunas culturas y movimientos sociales han denostado este tipo de amor. En la mitología griega, encontramos a Narciso como su mejor representación. Sin embargo, es la base fundamental sobre la cual crecerá el resto de los arquetipos amatorios. ¿Podemos amar a los demás si no sabemos amarnos a nosotros mismos? Posiblemente. Sin embargo, corremos el riesgo de establecer relaciones tóxicas, con una fuerte tendencia a la dependencia emocional motivada por la carencia de amor hacia uno mismo.

EL AMOR EN LAS RELACIONES DE PAREJA

BUSCANDO EL EQUILIBRIO EN LA TEORÍA TRIANGULAR DEL AMOR

Robert Sternberg, reconocido psicólogo cognitivo de la Universidad de Yale (Estados Unidos), dedicó muchas de sus investigaciones a descubrir los entresijos del amor. Enunció la **teoría triangular del amor** para explicar este sentimiento basándose en los siguientes elementos: intimidad, pasión y compromiso. Las posibles combinaciones y la relación entre ellos darán lugar a una forma de amar diferente. Si conseguimos dominar el marco teórico, se desvelarán algunas de las incógnitas que ensombrecen nuestras relaciones amorosas.

1. **La intimidad** es el ámbito donde las dos personas establecen una relación de proximidad y conexión donde aparecen sentimientos como la amistad y el cariño. Un espacio donde nos damos a conocer y mostra-

mos voluntad desinteresada por el bienestar del otro. En la intimidad se engendra el vínculo afectivo imprescindible en las relaciones a largo plazo.

2. **El compromiso** es la decisión para mantener el vínculo en una relación amorosa. Existe una voluntad por ambas partes de fomentar el cariño y la responsabilidad adquirida. Las experiencias vividas y los lazos creados a través del paso del tiempo son las características más relevantes de este sentimiento.

3. **La pasión** es la energía de la relación. Una emoción de gran intensidad vinculada con la atracción física y las relaciones sexuales. La pasión ejerce sobre los amantes una pulsión por permanecer juntos.

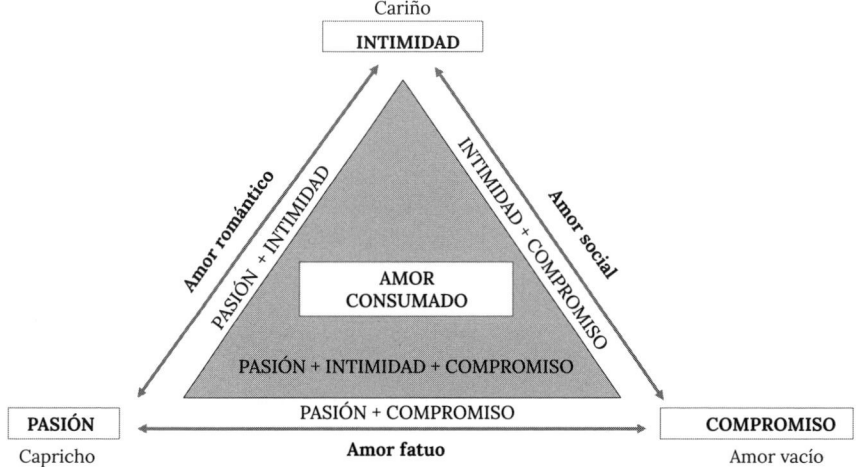

Este triángulo muestra la **teoría triangular de Sternberg**. Sitúa en la cúspide de la pirámide a la intimidad que, por sí sola, genera un sentimiento de cariño entre las personas implicadas. Es el amor de la amistad: complicidad, conexión y confianza exenta de compromiso y pasión.

En el vértice de la izquierda encontramos la pasión, que genera encaprichamiento cuando no interactúa con el resto de los elementos. Es el amor de las relaciones superficiales, de las aventuras amorosas donde la atracción sexual prevalece sobre cualquier otro sentimiento. En muchas ocasiones, es el inicio a relaciones más duraderas donde el compromiso y la intimidad van adquiriendo relevancia.

En el vértice opuesto aparece el compromiso que da lugar a un amor vacío cuando este no se enriquece de los otros elementos. La durabilidad de la relación y el interés de las personas por permanecer juntas determinan el carácter de este arquetipo.

TIPOS DE AMOR SEGÚN LA TEORÍA TRIANGULAR DE STERNBERG

La combinación de cada elemento anterior genera un tipo de amor diferente marcado por una tendencia hacia cada vértice según la intensidad con la que se presenten los factores en cada relación.

1. **El amor romántico.** Este sentimiento está caracterizado por la pasión y la intimidad. Representa al amor *Eros* en la filosofía griega. Asociado a las relaciones esporádicas, puede llegar a ser el inicio de vínculos sentimentales duraderos si la intensidad de esta emoción es debidamente encauzada hacia el compromiso. Si el compromiso no aparece con el paso del tiempo, el amor romántico se diluye ante la aparición de adversidades debido a la ausencia de estrategias para superarlas de forma conjunta.

2. **El amor fatuo**. Si analizamos la etimología del término, «fatuo» proviene del latín *fatuus* cuyo significado es 'necio'. Y así es. Este amor inmaduro elimina la intimidad en sus relaciones de pareja confiándose, exclusivamente, a la pasión y al compromiso. Sin intimidad, la pareja queda mutilada al amputarle la confianza y la complicidad, condiciones necesarias para crear conexiones auténticas. Sternberg afirma que estas relaciones no suelen durar más de dos años. En contraposición con los otros arquetipos donde el tiempo fortalece las uniones sentimentales, en el amor fatuo, el tiempo se convierte en el factor que más deterioro produce en la pareja.

   Si atendemos a las consecuencias fisiológicas del amor fatuo, observamos una constante liberación de dopamina, estrógenos y testosterona, hormonas responsables de la adicción y del sistema de recompensa que, inevitablemente, inferirán en la conducta de ambos individuos: apegos inseguros, rupturas y reconciliaciones recurrentes, celos, necesidad de control e inestabilidad emocional entre otros.

3. **El amor social**. Este amor se constituye en torno a la intimidad y al compromiso. Sin pasión ni deseo, es el arquetipo que custodia las parejas consolidadas por el paso de los años. Sin embargo, a pesar de la ausencia de atracción, puede llegar a convertirse en una experiencia satisfactoria para ambos miembros de la pareja.

4. **El amor consumado**. Amor sublime, el ideal que se trata de conseguir en las relaciones amorosas. Compuesto por los tres elementos del triángulo (intimidad, compromiso y pasión) es un arquetipo difícil de encontrar en las parejas, ya que su peculiaridad radica en mantenerlo activo en el tiempo. El amor consumado debe ser el objetivo al que debemos apuntar. El enfoque teórico sobre el amor de pareja nos muestra que este sentimiento está sometido a un constante cambio; es un proceso vivo que sufre transformaciones y en el que debemos implicarnos como parte activa para alcanzar su forma más elevada: el amor consumado.

Ayer te besé en los labios.
Te besé en los labios.
Densos,
rojos. Fue un beso tan corto,
que duró más que un
relámpago,
que un milagro, más.
El tiempo
después de dártelo
no lo quise para nada
ya, para nada
lo había querido antes.
Se empezó, se acabó en él.
Hoy estoy besando un beso;
estoy solo con mis labios.

Los pongo
no en tu boca, no, ya no...
—¿adónde se me ha
escapado?—.

Los pongo
en el beso que te di
ayer, en las bocas juntas
del beso que se besaron.
Y dura este beso más
que el silencio, que la luz.
Porque ya no es una carne
ni una boca lo que beso,
que se escapa, que me huye.
No.
Te estoy besando más lejos

PEDRO SALINAS

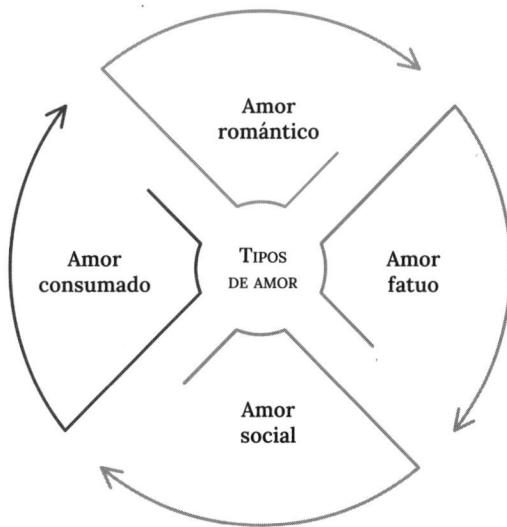

EL VIAJE HACIA EL AMOR CONSUMADO

ENAMORARSE VS AMOR

Estar enamorado es un estado emocional positivo provocado por la fuerte atracción física y sexual hacia la otra persona. Sentimos un deseo ferviente que nos nubla el entendimiento, reduce la capacidad de juicio y disminuye las habilidades cognitivas. Es uno de los estados emocionales más intensos que podemos experimentar y no lo podemos controlar: estar enamorado es un acto involuntario.

En el plano psicológico, **emociones como la excitación, la alegría y la euforia dan forma al enamoramiento**. Nuestro organismo responde con la liberación de neurotransmisores como la dopamina (hormonas de la motivación del sistema de recompensa) y la noradrenalina, responsable de cuestiones como la falta de apetito, el insomnio, la hiperactividad y las palpitaciones entre otros síntomas.

Desde el plano fisiológico, el enamoramiento se descubre como un proceso esencial en la evolución de la especie, aunque pueda confundirse con un sentimiento de amor verdadero. Estar enamorado solo nos indica que hemos encontrado a alguien con quien tener descendencia, aparearnos y así perpetuar nuestra especie. Se trata un proceso adaptativo más que de un sentimiento profundo.

Este sentimiento, al que se le suele llamar **amor romántico** o atracción sexual, es tan intenso que continúa confundiéndose con el amor auténtico, el que genera un apego. La cultura y la sociedad juegan un papel fundamental fomentando esta confusión en series y películas y es así como asistimos al nacimiento del afamado amor convencional.

Bajo la influencia de optimismo que nos ocasiona el enamoramiento, nuestra capacidad reflexiva pierde su efectividad. Debido a esta disfunción, debemos evitar pronunciarnos precipitadamente ante decisiones que puedan derivarnos a establecer relaciones tóxicas futuras. Reconoceremos que la impulsividad en las acciones pueda comprometer nuestro futuro tomando decisiones de gran impacto vital como tener hijos, contraer matrimonio o firmar préstamos para la compra conjunta de una casa.

Es cierto que estar enamorado, en ocasiones y con el paso del tiempo, puede transformarse en relaciones amorosas sólidas, considerándose así la primera fase del amor. Regresando al plano fisiológico, la evolución de la fase de enamoramiento hacia el vínculo consolidado provocará una disminución de los neurotransmisores iniciales y un aumento de la oxitocina y la vasopresina: hormonas responsables de mantener y fortalecer los vínculos amorosos. Este cambio fisiológico nos devuelve a la calma y al sosiego, dando un paso más hacia el amor real.

Cuando sometemos el efecto mariposa al dominio del enamoramiento, las consecuencias derivadas dibujarán un amor vacío; realidad provocada por la negación para reconocer las verdaderas necesidades de nuestro ser en detrimento del impulso de este fenómeno.

«Solamente aquel que construye el futuro tiene derecho a juzgar el pasado».

FRIEDRICH NIETZSCHE

Práctica. Reflexiones en nuestro cuaderno de vuelo

Traemos a nuestra memoria aquel instante en el que sentimos el enamoramiento. Cerramos los ojos e intentamos revivir cada una de aquellas emociones. Anótalas en las líneas inferiores. A continuación, recordamos a una pareja amada y estable; observamos las emociones que este recuerdo nos produce. ¿Son las mismas emociones que las primeras? Pensando en decisiones tomadas en momentos de fuerte enamoramiento y en sus consecuencias; si viajáramos al pasado, ¿repetirías?

DESCUBRIENDO EL ARTE DE AMAR EN LAS RELACIONES DE PAREJA

Sabiendo que estar enamorado nada tiene que ver con amar, llegamos a la siguiente parada de nuestro viaje: desaprender todo lo que sabemos sobre el amor para aprender de nuevo en qué consiste este sentimiento.

El humanista y psicólogo social Erich Fromm, en su obra *El arte de amar*, formuló que amar debe considerarse como un arte y como cualquier otro talento, debemos ser disciplinados, aprendiendo la teoría primero para, posteriormente, poner en práctica nuestros conocimientos.

Posiblemente el amor sea la emoción más popular y todos experimentamos amor en cualquiera de sus tipos; aunque esta generalidad devalúa el sentimiento. Cuando nos sentimos emocionalmente decaídos nos implicamos activamente para salir de ese estado. Sin embargo, esto no ocurre con el amor que ante el primer malestar emocional nos engaña para aferrarnos a relaciones insustanciales en vez de separarnos de ellas.

Hemos descubierto uno de nuestros grandes errores: considerar el amor con un estado estanco, como el final de un proceso, como algo que surge de forma espontánea: una mágica casualidad sobre la que no podemos influir.

Amar es un proceso vivo que debemos trabajar para seguir sintiendo (y hacer sentir a los demás) amor.

LA SOLEDAD COMO PILAR FUNDAMENTAL DEL AMOR

Sin duda, las sociedades actuales promueven la mala reputación de la soledad. Sin distinción, meten en un mismo saco la necesidad de estar a solas con uno mismo (*soledad*) con la ausencia de relaciones sociales (*solitud*). **La soledad y la solitud muestran dos escenarios muy diferentes**, que nada tienen que ver el uno con el otro. Somos seres sociales y al mismo tiempo, sin perder nuestros vínculos, necesitamos la soledad como elemento constructor de nuestra identidad.

La solitud es dolorosa, sentimos un pesado vacío y una necesidad imperiosa de encontrar relaciones sociales de calidad que nos acompañen en el camino de la vida. La soledad, sin embargo, es voluntaria y constructiva: deseamos estar solos y buscamos ese espacio para encontrarnos con nosotros mismos.

Debemos abrazar la soledad y aprender a estar solos con nosotros mismos. En una sociedad que te arrastra hacia el entretenimiento, aprender a estar a solas con nosotros mismos podemos considerarlo como uno de los aprendizajes más enriquecedores. Solos y sin hacer nada, aproximándonos a una vida contemplativa y disfrutando de la quietud que solo nos puede regalar la soledad. Parece fácil, porque en realidad no hay nada que hacer, ni ningún reto que superar, ni ninguna tarea que finalizar. Sin embargo, todo jugará en nuestra contra: la sobreestimulación y la productividad desmedida se alinean para evitar que pasemos cinco minutos con nosotros mismos y, mucho menos, sin hacer nada.

El aumento de trastornos psicológicos es la evidencia de una sociedad enferma y narcotizada por el entretenimiento y la productividad. Atreverse a no hacer nada requiere valentía y determinación. Solo quien lo ha intentado conoce la dificultad de lo que estamos planteando.

¿Qué ocurre si somos incapaces de abrazar la soledad y encontramos una pareja? Nuestros miedos unidos al rechazo social de la soltería nos conducen a formar lazos amorosos ficticios e interesados. La pareja se convierte así en el recurso para huir de nosotros mismos, dejando evidente nuestro vacío existencial. Y esta conveniencia nada tiene que ver con el amor. En *El arte de amar*, Fromm afirma que la capacidad de estar a solas con uno mismo será la condición indispensable para amar mejor. «La soledad también puede ser una llama» cierra así el poema *Canje* el célebre poeta uruguayo Mario Benedetti.

LA RESPONSABILIDAD AFECTIVA EN LAS RELACIONES AMOROSAS

El efecto mariposa tiene una representación muy gráfica cuando hablamos de responsabilidad afectiva, puesto que todo lo que se realice dentro una relación sentimental tendrá su efecto, positivo o negativo, y condicionará el *sistema final*, es decir, la pareja.

Algunos de los elementos que componen la responsabilidad afectiva son:

- **La empatía.**
- **La escucha activa.**
- **La sensibilidad emocional** para vigilar el bienestar de la pareja.

Una **responsabilidad afectiva** se construye con una comunicación asertiva, sincera, respetuosa y libre de juicios, donde abiertamente se expongan las necesidades y los deseos de cada individuo, estableciéndose así acuerdos consensuados. La falta de claridad en nuestras intenciones provoca situaciones confusas y dolorosas en la otra persona, hiriendo su sensibilidad y convirtiéndose en una fuente de conflictos.

Al prestar atención a nuestros actos, responsabilizarnos de los errores y asumir sus posibles consecuencias nos involucramos activamente en nuestra relación afectiva, fomentando así la capacidad para satisfacer las necesidades del amado. Este estado de alerta es fundamental para reconocer los cambios que experimentamos dentro de la pareja, donde aparecen nuevas necesidades y deseos que debemos atender cuidadosamente.

Todas las relaciones se enfrentarán, en algún momento, a situaciones delicadas. La responsabilidad afectiva no garantiza la ausencia de conflictos, pero nos proporciona estrategias para superarlos minimizando el daño ocasionado. La capacidad de perdonar al otro mejora cuando somos afectivamente responsables, ya que nos resulta más fácil ponernos en su lugar y entender las discrepancias desde su punto de vista.

La responsabilidad afectiva no solo abarca el cuidado y respeto de la otra parte, sino que también implica un compromiso con nosotros mismos. Al igual que ocurre en el sentido contrario, nos veremos afectados por el comportamiento de nuestra pareja. Responsabilizarnos por observar un adecuado autocuidado es fundamental para mantener el equilibrio y el bienestar común. Es otro aspecto más de la responsabilidad afectiva.

La ilusión con la que comenzamos una nueva relación, en ocasiones, nos nubla la memoria y nos olvidamos de nuestro pasado amoroso. No sacar una lectura de los errores cometidos anteriormente es otro aspecto que define la responsabilidad afectiva. Las experiencias afectivas vividas, no solo en las relaciones amorosas sino también en la infancia y en la adolescencia, nos marcarán unas reglas que predisponen las nuevas relaciones actuales. Tomar consciencia de nuestras heridas emocionales será fundamental para invertir el sentido de resultados anteriores.

UN CRECIMIENTO RECÍPROCO Y BIDIRECCIONAL

En la actualidad se habla de crecimiento personal y autoconocimiento presentados como aquel viaje introspectivo hacia una vida más satisfactoria. Del mismo modo que iniciamos este viaje de manera individual, la pareja forma un sólido núcleo, que fluye y se transforma con el movimiento de ambos individuos. La pareja es concebida como un elemento con entidad propia y necesitará del esfuerzo de ambas partes para que evolucione satisfactoriamente. Iniciamos así el viaje hacia el crecimiento de la relación de pareja.

Si nuestra pareja nos ayuda a esforzarnos por sentirnos bien, nos hace reír y nos ilusiona, aparecen los ingredientes esenciales que estimulan nuestro crecimiento individual. Es fundamental trabajar conjuntamente por un establecer un equilibrio entre el espacio individual y el espacio común, como vasos comunicantes que se nutre el uno del otro.

Muchas veces, la imagen asociada al compromiso en las relaciones amorosas está más cerca de la resignación que de la liberación. Si la relación de pareja frena tu expansión individual es un síntoma evidente de que algo no funciona debidamente y debemos implicarnos en su identificación y resolución. Una relación afectiva sana requiere tiempo, de cantidad y de calidad, para formar un vínculo sólido que repercuta en el bienestar común. Además, si nuestra pareja nos sirve de impulso para nuestro propio crecimiento, el beneficio de la inversión de nuestro tiempo crece exponencialmente.

LOS PILARES DEL AMOR CONSUMADO

«Y cuando vi su sonrisa, lo supe. Esa era la sonrisa que quería ver siempre al despertar durante el resto de mi vida».

MARIO BENEDETTI

1. La **intimidad** es el espacio donde la pareja edifica su vínculo. Nos rodearemos de las mejores estrategias para construir un amor pleno y saludable.

2. En cualquier ámbito de nuestra vida, una buena **comunicación** nos abre puertas y allana caminos. En las relaciones amorosas, donde invertimos mucho esfuerzo por hacer que funcione, la comunicación cobra un especial cariz y posee sus propias reglas: la empatía, el afecto, la asertividad y el respeto deben fluir para dar rienda suelta a la expresión de las emociones, de los deseos más profundos e intenciones. Cuando nos centramos en poseer la razón en lugar de entender a la otra persona estaremos debilitando una de las claves esenciales para el bienestar afectivo.

3. Esta comunicación solícita es el vehículo hacia la **confianza**, cimiento sobre el que descansan todos los elementos que conforman una sana intimidad. Confianza para desnudarse emocionalmente ante el otro, despojándonos de etiquetas y juicios de valor que nuestro pasado afectivo ha derramado sobre nosotros. La confianza genera un espacio seguro donde poder manifestar los anhelos más profundos y abordar temas tan delicados como el sexo, sin miedo ni vergüenza.

4. Cuando la intimidad y la buena comunicación se unen aparece la **complicidad**, un entendimiento profundo que va más allá de la comunicación oral: las miradas, los gestos y los abrazos crean una atmósfera de conexión que favorecen la unión y la sintonía. Edificar unos códigos

de comunicación que solo entiende la pareja que promuevan experiencias positivas y agradables, fundamentales para mantener viva la complicidad.

5. La **humildad**, como en otros ámbitos de nuestra vida, también es protagonista en el buen amor. Este valor nos impregna de objetividad, estimulando la reflexión y la empatía. La humildad nos muestra nuestras imperfecciones, y nos vacuna contra las conductas narcisistas que buscan inexorablemente el dominio sobre el otro. La humildad nos ayuda a analizar los conflictos con objetividad, equilibra la cuota de responsabilidad de cada miembro de la pareja promoviendo así el equilibrio, el respeto y el cuidado mutuo.

6. La **honestidad** es el antídoto ante la ambigüedad y ante las falsas expectativas sobre el amor romántico. La comunicación sincera para transmitir sin tapujos nuestras expectativas reales, nuestras necesidades y establecer límites es condición indispensable para cimentar una intimidad afectuosa. Debemos ser honestos con nosotros mismos y con la otra persona, sin miedo a los juicios o la desaprobación. De lo contrario, estaremos enviando un mensaje difuso que solo puede acabar en futuros conflictos.

7. La **implicación** y la entrega sin medida es el combustible que mantendrá vivo el amor auténtico. La implicación es un estado intenso que requiere energía para prestar atención a las necesidades del otro, a las de uno mismo y a sus interrelaciones. Cuando nos involucramos, dirigimos nuestra atención a ese punto y nos sensibilizamos con sus elementos. La pasividad y la apatía empañan la intimidad de nuestras relaciones y nos destierran a la detestable rutina.

Pilares del amor consumado.

165

LA FUERZA DE UN RITUAL EN LAS RELACIONES DE PAREJA

Los rituales constituyen el pegamento emocional en cualquier relación afectiva. Nos anclan a nuestras raíces y con cada repetición se fortalece la confianza y la complicidad, necesarias para dar sentido a nuestra relación de pareja. Así, los rituales aparecen en las confidencias después de las relaciones íntimas, en el desayuno de los fines de semana o en el disfrute de una tarde de teatro...; cualquier actividad que se realice en la intimidad fortalece el vínculo con nuestra pareja.

Los rituales se adhieren a las rutinas para darle color a nuestra vida amorosa. Pero no esa rutina donde impera el aburrimiento, la desidia y la falta de implicación, sino una mágica cotidianidad de pequeños gestos que crean el código íntimo de la pareja; un lenguaje secreto que despertará el sentimiento de pertenencia a la entidad de formada por los dos individuos.

Últimamente, los rituales entran en decadencia cuando son constatados por las redes sociales. El ritual se vive en la intimidad de la pareja, y no debe confundirse como un evento social, exponiéndonos a la valoración subjetiva de un público. Automáticamente, al publicar los rituales más íntimos, rebajamos la relación de pareja al nivel que cualquier seguidor de tu comunidad.

El amor es un proceso en constante cambio, nada es permanente. Goza de entidad propia, con sus propios ciclos de desarrollo y evolución. Necesitamos nutrirlo para que crezca y los responsables de alimentarla serán las personas que la compongan.

Los **detalles** son el combustible que mantienen la llama de la pasión. Lejos de gestas y grandes demostraciones, los pequeños detalles despiertan nuestro asombro, una emoción difícil de experimentar porque su aparición disminuye con la edad. Necesitamos **muestras de afecto**, espontáneas e imprevistas, y en cualquiera de sus representaciones, como ese *abrazo* furtivo mientras estamos cocinando, nuestro postre favorito en la nevera, los besos robados al coincidir en el pasillo o una nota de amor manuscrita en el frigorífico de la cocina. Los detalles nos incitan a seguir conectados al otro y, sobre todo, nos hacen felices. Detalles como antídoto a la monotonía de esa rutina que aniquila el amor de pareja.

Tan importante es usar la magia de los detalles para avivar la relación como prestar atención a los detalles que nos brindan. El agradecimiento, no solo muestra la satisfacción que el detalle nos ha hecho sentir, sino que manifiesta notoriamente que hemos captado la sutiliza del mensaje escondido tras el detalle.

«Te amo sin saber cómo, ni cuándo, ni de dónde. Te amo directamente sin problemas ni orgullo. Te amo así porque no sé hacerlo de otra manera. Tan cerca que tu mano sobre mi pecho es mi mano. Tan cerca que se cierran tus ojos con mi sueño».

PATCH ADAMS

Práctica. Reflexiones en nuestro cuaderno de vuelo

Reflexionaremos sobre nuestra forma de amar y la forma en la que afecta cómo nos aman. ¿Qué competencia del amor hace brillar nuestras relaciones amorosas? ¿Qué habilidades necesitaremos potenciar para que el efecto del vuelo de nuestra mariposa impacte positivamente en cada miembro de la pareja?

DESNUDANDO AL AMOR CONVENCIONAL

«Si nada nos va a salvar de la vida, al menos que el amor nos salve de la muerte».

Pablo Neruda

PRESERVAR LA DIGNIDAD EN EL AMOR

La Declaración Universal de los Derechos Humanos dice, en su artículo primero, que «Todos los seres humanos nacen libres e iguales en dignidad y derechos [...]». **La dignidad consiste en el derecho a ser nosotros mismos y a sentirnos realizados** y se opone a tratos humillantes y a la discriminación en cualquiera de sus facetas. Sin embargo, en las relaciones amorosas, negociamos con nuestra dignidad, e incluso llegamos a renunciar a ella. Y sin darnos cuenta.

El miedo a la solitud o al rechazo social que supone la soltería puede ocasionar una renuncia a ser nosotros mismos, vaciándonos hasta perder nuestra esencia. Dejamos de reconocernos como individuos y solo existimos bajo la mirada del otro, cediéndole el timón de nuestra vida.

La entrega y el sacrificio ha empañado el verdadero significado de este sentimiento. Aparece la losa del egoísmo cuando una persona reivindica su individualidad y reclama cubrir sus necesidades. Cuando en una relación de pareja abandonamos el autocuidado y nos apartamos de la autorrealización, estamos inevitablemente perdiendo la libertad como individuo. La entrega y el sacrificio hacia los demás debe reflejarse en nosotros mismos para que la unidad de la pareja se vea fortalecida. El sacrificio sin medida es un convencionalismo del amor romántico que solo sirve para generar falsas expectativas en el marco de las relaciones sentimentales. Actuar en detrimento de nuestro bienestar no es un amor firme. La entrega será recíproca y nos debe retroalimentar; sin daños colaterales que nos desfiguren, seguiremos amando apasionadamente, manteniendo la esencia de nuestro ser.

PERO ¿DE QUÉ NOS ESTAMOS ENAMORANDO EN REALIDAD?

La psicología evolutiva nos explica que sería difícil explicar la evolución de nuestra especie si no existiera el amor, en cualquier de sus manifestaciones; un sentimiento que une a las personas y forma núcleos consolidados con el objetivo de garantizar nuestra supervivencia a través del afecto. Aunque el amor sea un sentimiento universal y esté muy localizado en el cerebro humano, es muy complicado averiguar qué nos impulsa a enamorarnos de una persona determinada y no de otra.

La neurobióloga Helen Fisher lleva más de tres décadas investigando sobre las razones por las que nos sentimos atraídos por determinadas personas. Fisher determina que factores como el entorno socioeconómico, la inteligencia, el aspecto físico, la educación y las influencias culturales influyen a la hora de fijarnos en una persona en concreto. Pero ¿qué ocurre si entramos en una sala con personas que cumplen con un patrón afín a nuestras convicciones? Que, salvo que Cupido lanzara sus flechas, solo unas pocas llamarían nuestra atención y, desconocemos si podríamos llegar a enamorarnos de alguna de ellas.

Fisher se apoya en los marcadores biológicos para explicar estas tendencias. Las personas con alta dopamina se declaran **exploradoras**, mostrando una tendencia hacia lo novedoso, y buscarán personas afines a ellas; aquellas con alta serotonina son las llamadas **constructoras**, personas conservadoras que buscan a alguien con los mismos principios; y aquellas con alta testosterona/estrógenos, relacionados con la dirección y el **análisis**, que se inclinarán por individuos compresivos.

La afinidad es un factor relevante a la hora de centrar nuestra atención en otra persona. Sin embargo, la afinidad nos puede llevar a confusión si la extrapolamos a otros aspectos de la vida. Este es un sesgo cognitivo al que todos estamos expuestos, ya que la afinidad genera espacios de intimidad y confianza similares a lo que sentimos en el amor.

MARCADORES BIOLÓGICOS	PERSONAS	RELACIONES AMOROSAS
Alta dopamina	Exploradoras	Con personas afines
Alta serotonina	Constructoras	Con personas con los mismos principios
Alta testosterona Altos estrógenos	Analíticas	Con personas comprensivas

Práctica. Reflexiones en nuestro cuaderno de vuelo

Podrías identificar aquellos rasgos que se repiten en tus parejas. ¿Podrías sacar un patrón común? En caso afirmativo, ¿sabrías reconocer por qué te sientes atraído/a por este perfil?

LA ESCLAVITUD DE LAS SOCIEDADES OCCIDENTALES

Un escalofrío nos recorre el cuerpo al leer esta palabra, esclavitud; el sometimiento de una persona a los deseos de otra. En casi todas las culturas, la esclavitud suscita un rechazo moral cuando se tratan conceptos de derechos humanos universales. Sin embargo, esta aversión no goza de la misma intensidad cuando es el amor quien establece las reglas del juego. No existe esclavitud sin posesión. La posesividad es otra de las grandes mentiras que envilecen al amor, y nos hablan de cuidado y la atención desmedida hacia la otra persona cuando en realidad se esconde un sentimiento de posesión. Cuando creemos estar en posesión del otro, no cuidamos de este para garantizar su bienestar, sino que lo hacemos por nosotros, porque es nuestro y nos pertenece.

El comportamiento posesivo es el resultado de las inseguridades y la falta de cariño en la infancia. Y se utiliza a la pareja como moneda de cambio para saciar ese sentimiento de vacío emocional que acompaña al sujeto posesivo desde niño. Cuando poseemos nos creemos con derecho para decidir y transformar las preferencias de la otra persona: con quién se relaciona en el trabajo, los mensajes de WhatsApp, los seguidores de sus redes sociales...; cualquier espacio de interacción individual debe ser controlado. Si los mandatos de la figura posesiva no se cumplen con rectitud, aparecen los celos y el control extremo por la vida de la otra persona: queremos disponer de nuestra posesión cuando queramos y donde queramos, sin importar lo que pueda opinar la otra parte.

El efecto mariposa sobre la posesividad en un miembro de la pareja provoca un debilitamiento de las habilidades emocionales del otro. Adicionalmente, encontramos el mismo efecto con sentido contrario: la persona posesiva resulta reforzada cuando observa que la otra parte acepta, resignada, la limitación de sus libertades. En el individuo poseído, la autoestima se va reduciendo paulatinamente, perdiendo la capacidad para comunicar correctamente sus límites y su malestar emocional.

No hay posesividad sin exclusividad. La neurosis quiere controlar todos los elementos y las relaciones que se producen en su entorno. Pero son tantas las variables que debe controlar el posesivo que este control es imposible de materializar. Sin embargo, a través del aislamiento social, el neurótico consigue reducir las interacciones sociales de su posesión y solo permite aquellas que considera inofensivas. Las víctimas de la posesividad rompen así vínculos con familiares y amigos. Descubrimos la tercera derivada del efecto mariposa en lo que a posesividad se refiere.

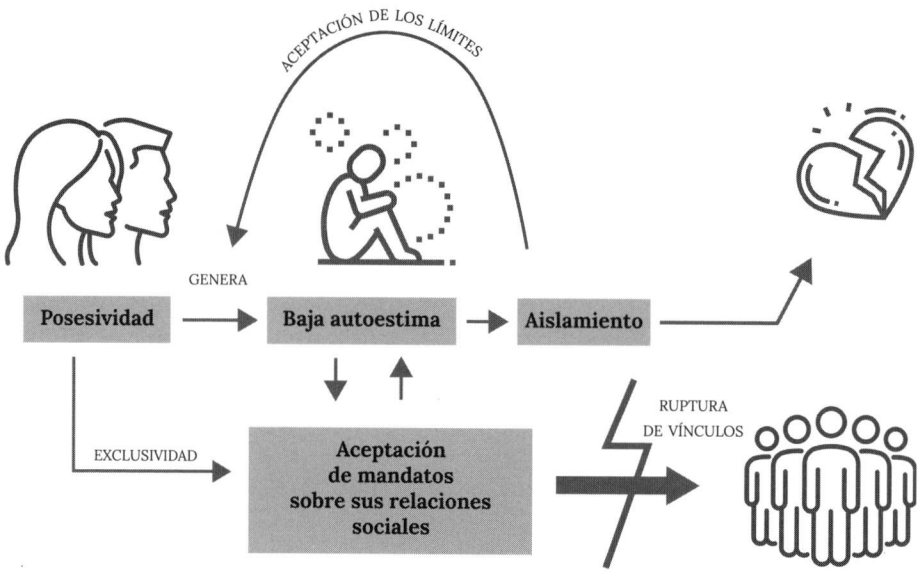

EL SUFRIMIENTO EN EL AMOR DE PAREJA

Asomaba a sus ojos una lágrima
y a mis labios una frase de perdón;
habló el orgullo y se enjugó su llanto,
y la frase en mis labios expiró.
Yo voy por un camino, ella por otro;
pero al pensar en nuestro mutuo amor,
yo digo aún: «¿Por qué callé aquel día?»
y ella dirá: «¿Por qué no lloré yo?».

Gustavo Adolfo Bécquer

La célebre psiquiatra española Marián Rojas Estapé afirma sin divagaciones que el amor es el antídoto para el sufrimiento. Bajo esta premisa, si hay sufrimiento en una relación de pareja no existe amor.

Según las consecuencias que el **efecto mariposa** identifica en el sufrimiento, podemos reconocer los siguientes componentes:

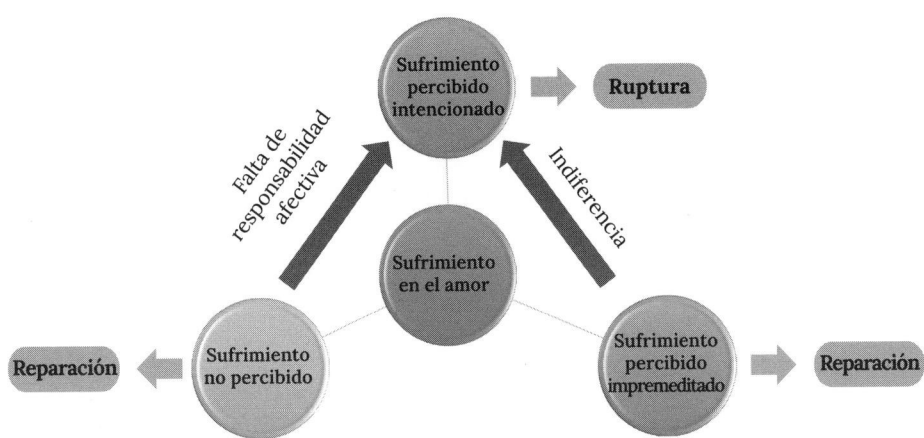

1. **Sufrimiento no percibido**. Aquel dolor generado por el descuido del individuo. Es una acción involuntaria que ha provocado una situación dolorosa para la pareja. Cuando se descubre el dolor, el sufrimiento es mutuo; el causante se responsabiliza y existe una correspondencia emocional.

2. **Sufrimiento percibido impremeditado**. Se trata de aquel dolor que es percibido por el causante de la acción, pero no ha sido provocado premeditadamente. La gestación del sufrimiento continúa siendo un suceso involuntario del cual, a diferencia del caso anterior, sí hemos sido conscientes del dolor causado.

3. **Sufrimiento percibido intencionado**. Este sufrimiento es una dinámica destructiva que debemos evitar en cualquier tipo de relación afectiva. Atentar contra nuestra integridad emocional es una línea roja inviolable. La violencia en cualquiera de sus representaciones, la humillación y el control son algunos de los aspectos que ocasionan sufrimiento. Este dolor sostenido en el tiempo termina por debilitar nuestro autoconcepto, corriendo el riesgo de entrar en un círculo vicioso al verse afectadas las herramientas necesarias para romper con este tipo de situaciones.

El **sufrimiento no percibido** puede evolucionar en dos sentidos:

- **Hacia la reparación**, donde el causante del daño utiliza todas las herramientas que están a su disposición para recomponer el bienestar emocional de la víctima.

- **Hacia la irresponsabilidad afectiva**, donde el artífice no se hace responsable del daño causado, dejando la situación en un estado de confusión permanente.

El **sufrimiento percibido impremeditado en el amor de pareja** puede tomar dos caminos:

- **El de la reparación** —misma estrategia que en el caso anterior—.

- **El del sufrimiento intencionado cuando** el autor del daño se muestra indiferente hacia el dolor de la víctima. La indiferencia provoca un sufrimiento adicional a la otra parte, ya que no se siente validada ni comprendida emocionalmente por su pareja. Un doble sufrimiento del que solo podemos salir rompiendo las dinámicas dolorosas a través de nuevos límites que reconstruyan la confianza afectada.

En cualquiera de los dos casos, si no existe reparación y se continúa en la relación, este tipo de situaciones serán nichos de conflicto en el futuro, contaminando la confianza de la pareja. Del mismo modo, la ausencia de reparación mueve ambos sufrimientos hacia el intencionado, límite inquebrantable de nuestro bienestar emocional.

LAS CONSECUENCIAS DEL EFECTO MARIPOSA CUANDO APARECE EL SUFRIMIENTO EN EL AMOR

El efecto mariposa sobre el sufrimiento en el amor tienen distinta intensidad según el caso con el que nos encontremos. Analizando los casos anteriores, solo en el primero, las consecuencias del efecto tendrían mucha más repercusión si decidimos emplear un lenguaje más asertivo, o mejorar las habilidades comunicativas para expresar adecuadamente emociones difíciles.

Necesitamos que la otra persona entienda la causa de nuestro sufrimiento, valide nuestra emoción, evite juicios y acusaciones y se responsabilice para frenar esta situación dolorosa. Debe practicar una escucha activa e implicarse en recuperar el bienestar deteriorado. Es decir, que se manifieste una responsabilidad afectiva para resolver el conflicto. Si estos momentos de sufrimiento son subsanados por la responsabilidad de ambas personas, el vínculo se verá fortalecido al superar situaciones difíciles.

La situación opuesta, aquella en la que encontramos pasividad e indiferencia por atender las necesidades emocionales del otro, es una **falta de respeto hacia el individuo**. Si aceptamos esta condición, nuestra dignidad se verá afectada.

No soportamos el sufrimiento físico. Es un hecho incontestable. Al primer signo de dolor, nos anestesiamos con medicamentos que frenen ese malestar. No obstante, el dolor en el amor lo tenemos tan arraigado en nuestra cultura que hemos llegado a considerar que sin sufrimiento el amor que sentimos no es profundo ni intenso. Y hemos llegado a crear una sociedad inmunizada al sufrimiento en las relaciones sentimentales.

Cuando uno o los dos componentes de la pareja sufren, no estamos bajo el paraguas de la felicidad. Buscamos relaciones afectivas para crear espacios de apoyo, comprensión, intimidad, confianza y felicidad, donde el sufrimiento continuado no debe tener cabida. Pero la necesidad de sentirnos acompañados nos impide romper con este tipo de relaciones y llegamos a aceptar el sufrimiento (en cualquiera de sus manifestaciones) como el peaje para vivir atados al amor convencional: acabamos de abandonar la aventura de encontrar el auténtico amor en nuestras vidas.

LA DEPENDENCIA EMOCIONAL EN LAS RELACIONES DE PAREJA

El origen del apego tóxico se encuentra en las consecuencias de experiencias vividas durante nuestro desarrollo emocional como individuos (sobre todo en la infancia), convirtiéndose en una baja autoestima, inseguridades, incapacidad para establecer límites, el vacío afectivo o el miedo a la soledad en la adultez. Todo este cóctel de sentimientos destructivos es el combustible que nos mantiene anclados a las dinámicas tóxicas dentro de una relación. La intimidad de la pareja es un espacio propicio para que nuestros miedos salgan a la luz, ya que es en este tipo de relaciones donde más tiempo pasamos y más vivencias compartimos.

Cuando nos encontramos dentro de una relación tóxica es difícil reconocer los rasgos, por este motivo, es fundamental el autoconocimiento; ser conscientes de las heridas que nos dejó nuestro pasado afectivo, nuestras limitaciones y nuestros miedos para afrontarlos con valentía, evitando así que el efecto mariposa de estas acciones nos lleve a relaciones donde prime la toxicidad.

Otro factor que fomenta el **apego tóxico** es la creencia de considerar a la pareja como un ente individual, resultado de la fusión de dos individuos. Ese «ser uno» anula a los individuos de la pareja; un pensamiento tan adherido a la idea de amor que, solo con el hecho de cuestionárnoslo, nos hace creer que somos incapaces de amar profundamente. **Esta indivisión autoimpuesta anula la independencia del individuo**, nos incapacita para tomar decisiones sin la aprobación externa y priorizamos los deseos del otro a los propios. Lo peor que nos ocurre en esta situación es que hemos normalizado esto como amor verdadero y romper con ello nos cuelga la etiqueta de egoístas o malos amantes. Las creencias que han dibujado el amor convencional enferman nuestra salud mental, nos crean un sentimiento de culpabilidad que bloquea cualquier iniciativa para romper la toxicidad de este apego. Si a esta presión social le añadimos una baja autoestima derivada de una relación tóxica, la situación es difícil de revertir.

Debemos creer en la potencia del efecto de los pequeños gestos de nuestro **efecto mariposa**. Cualquier acción dirigida a romper el círculo tendrá su impacto en la otra persona; y así, poco a poco, descubriremos el bienestar que nos regala la libertad emocional.

Por último, un dato muy curioso de las relaciones tóxicas es su repetición. ¿Cuántas veces nos ha llamado la atención la similitud que tienen las exparejas de nuestro amigo? ¿O cuántas veces nos hemos descubierto a nosotros mismos envueltos en los mismos conflictos con diferentes personas? Las personas inseguras, con un descuidado autoconcepto y con fuerte rechazo a la soledad tienden a fijarse en otras con discursos manipuladores, dominantes, posesivos, narcisistas. Estos rasgos conforman un tipo de persona protectora, firme y segura, aunque proyecten una imagen que nada tiene que ver con su identidad real y se muestra diferente fuera y dentro de la relación. Se convierten en la salvación del dependiente porque, si llegan a formar pareja, todos sus miedos serán atendidos por la figura dominante. Aunque en muchos casos, estos rasgos de alta autoestima no sean más que otro mecanismo de autodefensa para no salir herido en el amor.

El análisis anterior es extremadamente complejo; posee tantos matices (social, psicológico, filosófico, cultural, fisiológico) que resulta difícil exponer las claves para no caer en las redes del amor convencional. Si aceptamos una relación marcada por el sufrimiento como moneda de cambio para mantener un estatus social, estamos provocando un fuerte cambio de rumbo sobre nuestro objetivo inicial. El efecto mariposa de esta aceptación desembocará en un malestar emocional y un amor vacío sostenido exclusivamente por el compromiso de un marco social.

LIMERENCIA: LA ENFERMEDAD DEL AMOR

La psicóloga Dorothy Tennov habló por primera vez de la **limerencia** en su libro *Love and Limerance*, como un trastorno obsesivo en las relaciones afectivas. Una de las partes experimenta este sentimiento y lo confunde con amor. La otra persona se ve superada por la intensidad de las emociones y cae en la trampa del chantaje emocional, recurso del limerente para mantener unida la pareja.

La limerencia es un sentimiento definido por la **obsesión de querer ser deseado**. Aparecen las mismas emociones y sentimientos que en el enamoramiento, sin embargo, la intensidad de su expresión solo es experimentada por una de las partes. El limerente se niega a admitir que vive en una ilusión romántica donde solo este experimenta este supuesto amor. En este momento, dirige todos sus esfuerzos a conseguir que la otra parte se enamore. El amor se convierte en tortura: pensamientos obsesivos, ansiedad, inseguridades... Este malestar emocional no solo es vivido por el limerente; también es sufrido por la persona deseada.

La ruptura soluciona una parte del conflicto. Pero el limerente se queda anclado en la ansiedad y extrema preocupación hacia el otro. Suelen aparecer síntomas físicos asociados con este estado que nos muestran un indicio de trastornos obsesivo-compulsivo. Debemos recurrir a la ayuda externa cuando se nos presente este problema para seguir avanzando hacia una libertad sin ataduras emocionales, que impiden mostrar nuestra mejor versión.

DE LA NEUROSIS AL AMOR CONSUMADO

Si decidimos desacatar lo establecido y no creernos los convencionalismos que han definido culturalmente el amor, si hemos hecho todo lo que estaba en nuestra mano para salvar una relación que merecía la pena y hemos fracasado, solo entonces abordaremos la ruptura como solución. Libres de culpas, con la conciencia tranquila de haber dado nuestra mejor versión, es el momento de aceptar la ruptura como una ventana hacia el crecimiento personal.

LA VALENTÍA DE ROMPER

Sería absurdo negarlo: todas las rupturas amorosas causan dolor. Aunque nuestra forma de amar sea prosaica y simple, tanto si tomamos la decisión como si somos la víctima de la decisión tomada, romper con un vínculo afectivo nos entristece por muy debilitado que se encontrara.

Las rupturas nos expulsan de nuestra zona de confort y nos invitan a explorar lo desconocido. Y esto no le gusta nada a nuestro cerebro reptiliano —lugar donde anida el subconsciente—, ya que lo considera una amenaza. El subconsciente, como respuesta a este peligro, comienza a lanzar mensajes a nuestro raciocinio para intentar justificar la existencia de la relación, haciéndonos creer que no va tan mal como pensamos.

Como tendencia general, alargamos las relaciones amorosas más de lo necesario. Aun sabiendo que nada más podemos hacer por darle la vuelta a la situación, seguimos manteniéndonos firmes, luchando por una relación que nos está provocando dolor. Volvemos a olvidar que aquello que nos hace sufrir no es amor, sino otra falacia de su faceta convencional. Aun así, lo seguimos reforzando con orgullo: una herida de guerra que enseñamos como prueba irrefutable de nuestro amor hacia el otro.

Invertir tiempo en relaciones en coma amoroso es un signo del desprecio hacia el bien más preciado que tenemos: nuestro tiempo. Tiempo que debemos dedicar en construir una vida plena que nos llene de momentos felices; tiempo para alcanzar nuestros propósitos y deseos. **No debemos permitir negociar con nuestro tiempo**: es otra línea roja infranqueable en la relación con los demás y con nosotros mismos.

Cuando hemos sido nosotros los abandonados o cuando la ruptura nos ha pillado por sorpresa, la pérdida adquiere un tinte especial. Si cuando decidimos romper teníamos que ser valientes para acabar con una relación que no nos satisfacía, cuando somos los abandonados debemos ser, además de valientes para afrontar la nueva situación, fuertes —emocionalmente hablando— para analizar la situación objetivamente, buscar las estrategias adecuadas y así poder superarla con éxito. El precursor de la ruptura en la relación adquiere una ventaja sobre el otro, debido a que parte del duelo emocional ya lo ha visualizado durante el proceso de la toma de decisión.

La ruptura genera un sentimiento semejante a la muerte; nos exponemos a un duelo donde existe una alta intensidad emocional, sensaciones físicas, cambios fisiológicos y como consecuencia, cambios conductuales. El dolor nos invade y se nutre de pensamientos destructivos y rumiantes. Empezamos a vivir dentro de un círculo vicioso en el que, si no aprendemos a gestionar adecuadamente las emociones que experimentamos, quedaremos atrapados más tiempo del conveniente, dejando unas secuelas más difíciles de curar.

Cuando el respeto por la libertad individual es uno de nuestros grandes valores en las relaciones sentimentales, la comprensión sobre la ruptura adquiere un matiz diferente; el amor es un acto libre de imposiciones: en el amor auténtico, si uno de los dos decide acabar con el acuerdo, este debe ser respetado por la otra persona para respetar la libertad del individuo.

Durante el proceso de ruptura es difícil admitir que podemos transformarlo en una oportunidad de crecimiento personal. Pero, si conseguimos adquirir un aprendizaje de todo este dolor, será un pasaporte de bienestar para las futuras relaciones amorosas.

Si logramos exprimir todo el conocimiento a una ruptura, observaremos que esta nos enseña aquello que no queremos en nuestra vida, siendo uno de los indicadores más eficientes al que podemos recurrir para fortalecer los límites en próximas relaciones. Otra consecuencia no menos importante que podemos adquirir después de una ruptura es recuperar tiempo para nosotros mismos: volver a apostar por nuestros sueños y buscar nuevos proyectos, porque una persona con una vida interior plena tiene mucho más que aportar en nuevas relaciones que aquellas con una vida personal empobrecida.

Aunque nos resulte extraño, **las rupturas nos ayudan a mejorar nuestra forma de amar**. Se trata de un proceso de calidad del amor, que atravesamos con dolor. Si la suerte nos ha acompañado, podemos haber conocido el amor de nuestra vida a la primera esquivando el duelo de la ruptura; pero en la mayoría de las ocasiones, esto no sucede así. Pasamos por varias parejas a lo largo de nuestra vida y serán las rupturas, los fracasos sentimentales, las decepciones y el malestar emocional de todas estas experiencias los que nos indiquen en qué tenemos que mejorar en el amor.

Posiblemente, **el efecto mariposa en la ruptura** sea el más sorprendente de todos. La cantidad de posibilidades que se nos abren cuando dejamos atrás una relación que no nos producía satisfacción, son innumerables:

- Una puerta hacia el autoconocimiento.
- Aprendemos a gestionar situaciones con alta exigencia emocional.
- Aprendemos sobre el amor.
- Aprendemos sobre lo que no queremos que sea amor.
- Un espacio para reencontrarnos con nosotros mismos, redescubriendo nuestros sueños.

Práctica. Reflexiones en nuestro cuaderno de vuelo

Si has vivido alguna vez una ruptura, ¿aprendiste de este proceso? Apunta en tu diario todo aquello que te viene a la cabeza sobre las rupturas pasadas.

EL AMOR SÍ DA LA FELICIDAD

«Amarse a sí mismo es el comienzo de una aventura que dura toda la vida».

Óscar Wilde

«Buscamos amor porque queremos ser felices». Completamente cierto. Pero se trata de amor propio; *philautia*, como apuntaban los filósofos griegos y no el amor en pareja. Si pensamos que para ser felices debemos tener una pareja estamos responsabilizando, inconscientemente, a la otra persona de nuestra felicidad.

Esta creencia es otra falacia más del amor convencional. Nos hacen creer que estamos incompletos si no tenemos pareja, y generan estados de ansiedad y de frustración sobre todo cuando, con el paso del tiempo, no damos con la persona adecuada.

Esta incansable búsqueda provoca que nos conformemos con cualquier tipo de relación sentimental y caigamos en la trampa de negociar, de nuevo, con nuestra libertad emocional. El resultado serán otras relaciones con las mismas dinámicas dependientes y nocivas.

El amor no está exento de razón. Es más, cuanto mejor sepamos lo que queremos en nuestras relaciones afectivas, más felices seremos en el plano amoroso. Por eso, no debemos bajar la guardia y dejarnos llevar por la presión social y las mentiras acerca del amor.

La razón nos lleva al conocimiento. Y el primer foco estará en **conocernos a nosotros mismos y cultivar nuestro amor propio**. Este tipo de amor, lastrado por connotaciones negativas inferidas por la sociedad, está enfrentado al altruismo y a otros tantos valores que definen a las buenas personas. En la ausencia o en un deteriorado amor propio se observan las consecuencias que los pequeños gestos experimentados en nuestra infancia nos han causado. Otra expresión del efecto mariposa que sale a la luz con el paso del tiempo.

- **Amor propio es cuidar de nuestras propias necesidades** sin tener que sacrificar nuestro bienestar por complacer a los demás.

- **Amor propio es perseguir nuestros sueños** sintiendo un merecimiento profundo y no conformarnos con menos.

- **Amor propio es tolerar nuestros errores**, reducir ese perfeccionismo agotador que nos asfixia, es aceptar nuestras limitaciones y, sobre todo, es saber perdonarnos.

- **Amor propio es el cimiento sobre el que se asientan el resto de los amores**. Como sinónimo de salud mental y de buena autoestima, determinará la forma en la que nos relacionaremos con los demás, no solo en nuestras relaciones sentimentales, sino en cualquier ámbito de nuestra vida.

| Cuidar nuestras necesidades | Perseguir nuestros sueños | Tolerar nuestros errores | Cimiento y base del resto de los amores |

Al igual que cuidamos de nuestra pareja, hijos y amigos, los pequeños gestos que realizamos sobre nosotros mismos tendrán un gran impacto, como bien nos ha enseñado el efecto mariposa. Entrenar nuestro amor propio nos empodera, estableciendo y expresando con claridad unos límites firmes, y no solo hacia los demás, sino además hacia nosotros mismos.

En muchas ocasiones hemos querido bajar de peso por motivos de salud o por imagen o por cualquier otro motivo. Si ese es un deseo profundo debemos respetarlo y alinear todas las acciones para conseguirlo. Si creemos que lo merecemos, rechazaremos con firmeza cualquier petición que se aleje de este objetivo. Es el verdadero respeto hacia nosotros mismos: hemos creado un objetivo, nos empleamos en conseguirlo y establecemos límites que nos ayuden a su consecución. ¿Por qué si alguien de nuestra familia, amigos o pareja quiere bajar de peso lo animamos, le cocinamos un menú saludable, lo acompañamos al médico y estamos pendientes de sus triunfos o fracasos, y si somos nosotros los que nos hemos propuesto este objetivo no actuamos con igual determinación?

La respuesta está en la desatención hacia nuestro amor propio, que lo convierte en un amor deficiente y frágil, perturbable ante cualquier cambio del entorno.

A medida que conocemos a alguien, lo vamos queriendo. A medida que nos esforzamos por autoconocernos, el amor propio fluirá y llenará de luz todas aquellas sombras de nuestro ser. Aprenderemos a expresarnos con positividad y con respeto hacia nosotros mismos, utilizando la misma vara de medir que empleamos con los demás. Aprender a saber qué queremos nos alejará de aquellas personas tóxicas, ladronas de energía que nos consumen y no nos permiten mostrar nuestra mejor versión. Atreverse a conocerse es un acto de valentía, porque durante ese proceso descubriremos heridas, levantaremos ampollas y sufriremos. Pero la consecuencia de este pequeño gesto de nuestra mariposa solo desencadenará amor y libertad espiritual.

Los niveles de autoexigencia se verán reducidos y la consecución de objetivos no estará asociada con nuestra valía. Somos valiosos por el mero hecho de existir y no necesitamos hacer grandes gestas ni de las validaciones externas para sentirnos dignos de merecimiento. La seguridad en nosotros mismos que nos ofrece el amor propio nos libera de juicios, nos llena de libertad y confianza para aventurarnos en el camino de la felicidad. Un amor que sí nos da la felicidad. Con nosotros mismos y con todo aquello con lo que nos relacionemos.

El conocimiento que nos aporta el marco teórico sobre el amor, unido con el autoconocimiento que nos ilumina nuestras habilidades y desentierra las limitaciones, son las condiciones indispensables para alcanzar nuestros objetivos en las relaciones amorosas.

Amar es un acto de valentía. Debemos entregarnos sin garantías, sin miedo al fracaso, aceptando que el dolor y la decepción pueden irrumpir en cualquier momento. Amar a medias tintas es un acto mediocre abocado al fracaso o a la aceptación de un tipo de amor que no nos satisface. ¿Estamos dispuestos a realizar este sacrificio?

Con nuestros pequeños gestos, llenos de sinceridad y autenticidad, el efecto que las alas de nuestra mariposa provocan nos iluminará el camino hacia la libertad amorosa. Conoceremos lugares maravillosos y volveremos a vivir en el asombro. Si nos mantenemos fuertes en el empeño y nuestras acciones siguen alineadas con nuestros pensamientos, tarde o temprano, la teoría del caos se pondrá a nuestro favor colocándonos en **el lugar en el que deseamos estar y con quien queremos estar**.

Las alas de nuestra mariposa dejarán de volar algún día; el tiempo se agota y no habrá espacio para que el efecto se manifieste de nuevo a través de nuestros pequeños gestos de amor. El tiempo es lo único que realmente poseemos. Y no sabemos hasta cuándo dispondremos de él. Le debemos honrar como se debe, puesto que todo lo que nos rodea tiene un carácter fútil e intrascendente. Dediquemos nuestro tiempo a lo que realmente importa: a nosotros mismos y a las personas que amamos con autenticidad. Es el único legado que puede mantener el vuelo de otra mariposa, propagando así su efecto hasta el infinito.

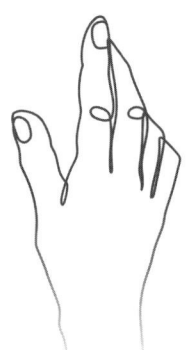

EL EFECTO MARIPOSA
EN LAS RELACIONES PERSONALES

«No vemos a los demás como son,
sino como somos nosotros».

EMMANUEL KANT

Nuestra especie no hubiera evolucionado de la misma manera sin nuestro marcado carácter social. Necesitamos relacionarnos con otros seres humanos para formar nuestra valoración personal y autoestima; los demás se convierten en un espejo vital, necesitando de su reflejo para desarrollarnos adecuadamente como individuos.

Dentro de un marco social encontramos muchos tipos de relaciones: familiares, amorosas, amistades, laborales y casuales, entre otras. En todas ellas, el efecto mariposa nos mostrará el impacto que causan nuestras interacciones sociales y cómo se produce; además, en estos casos en particular, aparece un doble efecto que impacta sobre nosotros.

Diariamente, mantenemos relaciones con muchas personas: desde el repartidor que nos entrega un paquete hasta la llamada telefónica a un ser querido. Cada interacción social está determinada por un vínculo, el pegamento emocional que nos une a esa persona. Implicarnos en el conocimiento sobre cómo nos relacionamos es un aprendizaje trascendental que nos ayudará a entender cómo son nuestras relaciones, como somos nosotros mismos y cómo se desarrolla este intercambio social. ¿Nos acompañas?

LAS HABILIDADES SOCIALES

Las habilidades sociales son herramientas que nos permiten relacionarnos con el entorno y comunicarnos adecuadamente en diferentes situaciones mediante el uso de reglas sociales. Estas competencias son dinámicas y en constante desarrollo; van evolucionando a medida que aumenta la exposición a diferentes interacciones sociales con otros individuos.

Como animales sociales que somos, necesitamos relacionarnos con más seres humanos para desarrollarnos adecuadamente; este impulso hacia los demás nos coloca en el mejor escenario posible para potenciar nuestra inteligencia emocional. Conocer diversos puntos de vista a través de la comprensión de la realidad del otro, compartir afinidades, sentir un apoyo incondicional o experimentar la magia de una conexión profunda nos hace brillar como individuos; y así es como la flexibilidad, la empatía y la tolerancia resplandecen por sí solas.

Adquiridas en la infancia e influenciadas significativamente por las dinámicas familiares y las figuras de apego, las habilidades sociales son meras estrategias adaptativas, que nos facilitan la integración en el entorno que nos rodea. Por este motivo, favorecer estas destrezas es garantía de bienestar emocional, siendo una buena medida de prevención para los posibles trastornos psicopatológicos asociados con las relaciones.

No podemos esperar que todas nuestras interacciones sociales sean positivas; es más, necesitamos alimentarnos de las experiencias desagradables y sacarlas el máximo provecho, aprender de ellas y elaborar estrategias que nos aproximen al **bienestar emocional**.

TIPOS DE HABILIDADES SOCIALES

Distinguimos dos tipos de habilidades sociales: las simples y las complejas.

- Las **habilidades sociales simples o básicas** son aquellas habilidades que nos permiten **escuchar** cuando nos están hablando; **dar las gracias** cuando recibimos ayuda o como símbolo de cortesía; **formular una pregunta** en una conversación o presentarse ante un desconocido.

- Las **habilidades sociales complejas** nos exigen más esfuerzo, ya que su naturaleza es más heterogénea, dependiendo de muy diversos factores: la **asertividad**, aquella capacidad para comunicarnos con sinceridad teniendo en cuenta las emociones del otro; la **negociación**, aquella comunicación dirigida a obtener un beneficio para todas las partes; **la escucha empática**, como esa capacidad para escuchar atendiendo a las emociones del hablante; **pedir ayuda** o **disculparse** ante nuestros errores.

La satisfacción o el desagrado de los encuentros que tenemos a diario dependerán de la habilidad para manejar estas destrezas sociales. Estas competencias, como casi todo en el área del desarrollo personal, podemos potenciarlas para manejar fluidamente las dificultades y la frustración derivadas de las interacciones sociales infructuosas. Se convierte en un aprendizaje social que nos ayuda a desenvolvernos adecuadamente en nuestras relaciones sociales, desplegando un abanico de comportamientos que provocarán un refuerzo positivo que nos motive a seguir interactuando con el entorno.

Los primeros pasos en el desarrollo de estas habilidades se dan en la infancia. La **teoría de la personalidad** del psicólogo Alfred Adler defiende que la incapacidad de establecer relaciones humanas eficaces está determinada por los modelos socioeducativos que emplea cada familia. Adler resalta la desatención y la desprotección como los factores más influyentes en el desarrollo de estas futuras habilidades sociales.

El efecto mariposa nos habla de las consecuencias de todas aquellas acciones que han definido nuestra infancia y que pueden conducirnos hacia circunstancias inesperadas con el paso de los años. Sin embargo, no debemos olvidar que somos los responsables de las decisiones que vamos tomando diariamente para adoptar aquel estilo de vida que nos ofrece bienestar físico y emocional.

Práctica. Reflexiones en nuestro cuaderno de vuelo

¿Qué decisión podríamos tomar hoy para mejorar nuestras habilidades sociales? ¿Qué aspectos y gestos deberiamos trabajar para potenciar unas relaciones sanas?

IDENTIFICAR CÓMO NOS RELACIONAMOS

Conocer quiénes somos y cómo nos relacionamos nos ofrece una información muy valiosa sobre qué habilidades debemos potenciar. Aunque nos parezca extraño, muchas personas en la edad adulta sufren por la incapacidad para establecer relaciones sociales adecuadas. Desenvolvernos convenientemente en situaciones normales o enfrentarnos a aquellas que presenten dificultades nos evita un sufrimiento innecesario, como la ansiedad o depresión. Mejorar estas competencias sociales e invertir nuestro esfuerzo en el autoconocimiento, nos acercarán a la felicidad, a la estabilidad y al equilibrio.

Si observamos que, con cierta tendencia, cedemos a los requerimientos de los demás, probablemente estaremos estableciendo **relaciones de dominio y subordinación** de forma inconsciente. Denota una falta de asertividad en nuestras estrategias comunicativas y una autoestima lastimada: no otorgamos la importancia que nuestros deseos e intenciones merecen y los ocultamos, cediendo a las imposiciones de los demás.

La **agresividad** es otra consecuencia que nos imposibilita socializar de forma satisfactoria. Expresar nuestras necesidades y emociones de forma hostil nos impide llegar a acuerdos consensuados. La agresividad se condensa en una incómoda atmósfera que impulsa la necesidad de imponernos a los demás, despreciando sus argumentos y emociones. Gritos, interrupciones desafortunadas o las faltas de respeto son algunos de los aspectos que definen la agresividad en las relaciones.

La **inseguridad** a la hora de entablar una relación con otro individuo es otra señal que nos indica que debemos mejorar nuestras destrezas sociales. Manifestamos falta de seguridad cuando nos inhibimos a la hora de expresar nuestras emociones, jugando un rol pasivo en las conversaciones que nos produce insatisfacción y nos reduce el impulso a mantener otras experiencias sociales. Evitar el contacto visual cuando mantenemos una conversación con otra persona nos revela una personalidad insegura, que huye del malestar derivado de la confrontación.

Los **conflictos** son un tipo de interacción social que forma parte de nuestras vidas cotidianas y debemos integrarlos con normalidad como cualquier otro tipo de interacción social. Sin embargo, su naturaleza problemática desencadena **conductas de evitación** que imposibilitan su resolución, alejándose del origen del embrollo. Un conflicto, por muy pequeño que sea, puede llegar a inhabilitarnos, generando situaciones de estrés y ansiedad al sentir la incapacidad de tomar medidas para abordar el problema. La negación del conflicto no implica que este no exista; esta creencia falsa, muy vinculada con personas inmaduras emocionalmente, dificulta la búsqueda de soluciones adecuadas porque ante cada propuesta resolutiva nos encontramos con la negación del problema.

LAS RELACIONES INTERPERSONALES

Las relaciones interpersonales son variables, sufren constantes cambios provocados principalmente por dos factores:

- **La dimensión intrapersonal** (con uno mismo)
- **La dimensión interpersonal** (con los demás)

Estos **elementos actúan como** vasos comunicantes fluyendo en ambos sentidos.

La **dimensión intrapersonal** alude a las habilidades sociales, esa mochila de herramientas que, mejor o peor, utilizamos para relacionarnos con los demás. La segunda dimensión nos habla de la **interacción recíproca** entre dos o más personas determinadas por un proceso de comunicación y unas reglas sociales.

Aunque nos enfrentamos a muchos y variados tipos de **relaciones interpersonales,** podemos agruparlas en:

- Relaciones afectivas.
- Familiares.
- Superficiales.
- Circunstanciales.
- De rivalidad.
- De conveniencia.

1. Las **relaciones afectivas** se constituyen a través del cariño, la confianza y la intimidad entre las personas que la forman. Las **relaciones de amistad y de pareja** son los ejemplos más significativos de las relaciones afectivas. Buscamos un sentimiento de pertenencia y una necesidad de protección al relacionarnos afectivamente.

2. Los lazos de sangre conforman las **relaciones familiares**. Son relaciones impuestas y no siempre determinadas por el afecto. En los perio-

dos evolutivos más sensibles de los seres humanos, estas relaciones se convierten en las más influyentes en el desarrollo del individuo. A diferencia de las relaciones afectivas, en las que buscamos activamente el sentimiento de pertenencia, en las relaciones familiares, siempre y cuando estén constituidas dentro de un entorno saludable, ya formamos parte activa de un sistema que se coordina para dotarnos de protección y seguridad. El efecto mariposa se manifiesta en la causalidad circular de las interacciones familiares. Es decir, lo que es causa puede ser efecto o viceversa. Cuando un miembro de la familia fallece, las reuniones familiares se ven modificadas. Si el resto de los componentes no se adapta al cambio, esta resistencia influirá en los demás, y los efectos de estos determinarán el estado final de ese acontecimiento.

3. Encontramos un tipo de relaciones determinadas por la ausencia de implicación emocional, son las **relaciones superficiales** y están definidas por su corta duración en el tiempo y por su carencia de intimidad. Establecemos este tipo de interacción social con los desconocidos que nos encontramos diariamente, como el conductor de autobuses o la camarera de un restaurante. La causalidad del efecto de nuestra mariposa en las relaciones superficiales puede provocar unas consecuencias ignotas. Así, por ejemplo, podemos optar por dos acciones diferentes en el momento de saludar al conductor de la línea de autobús que tomamos cada mañana para dirigirnos al trabajo. La primera es hacerlo como siempre.

Y la segunda es explorar los límites que un pequeño y diferente gesto provoca en nuestra rutina. Subimos decididos las escaleras del autobús que nos lleva hasta el conductor; hoy, le regalamos una amplia sonrisa y un amable «Buenos días» que, inmediatamente, lo expulsa de su rutina. Las neuronas espejo juegan a nuestro favor, reflejando una sonrisa en su rostro a modo de respuesta. Automáticamente, sus niveles de cortisol se reducen gracias a la secreción de las hormonas de la felicidad que la sonrisa ha desencadenado en nuestro organismo. Las respuestas fisiológicas provocan un cambio en el estado de ánimo del conductor, aumentando las posibilidades de recibir al siguiente viajero con una sonrisa similar o enfrentándose con una actitud diferente a la intransigencia del tráfico de la ciudad.

4. Un tipo de relación un poco más duradera que la anterior, con la que compartimos tiempo sin establecer un apego profundo, son las llamadas **relaciones circunstanciales**. Ejemplo de estas son nuestros compañeros de trabajo o las personas con las que compartimos una actividad deportiva en el gimnasio. Aunque marcadas por el contexto temporal y social de cada individuo, las relaciones circunstanciales establecidas en el marco laboral influyen significativamente en nuestro bienestar físico y psicoemocional, debido al elevado número de

horas (y su intensidad, en ocasiones) que pasamos en el trabajo. Cuidar de las relaciones laborales es una medida de prevención en la salud mental; nos fijaremos en qué estrategias sociales y comunicativas necesitamos potenciar para llegar a buen puerto ante cualquier tipo de situación y estableceremos una distancia emocional precisa para salvaguardar nuestro bienestar.

Construir relaciones laborales sólidas es beneficioso tanto para la organización como para los trabajadores, puesto que esta conexión se convierte en motivación, creatividad y potencia el trabajo en equipo. Sentirse valorado en el entorno laboral y fomentar la pertenencia a un grupo funcional mejora la resolución de conflictos y aumenta la satisfacción de los trabajadores, aunque las tareas desempeñadas no estén al alcance de lo que esperábamos.

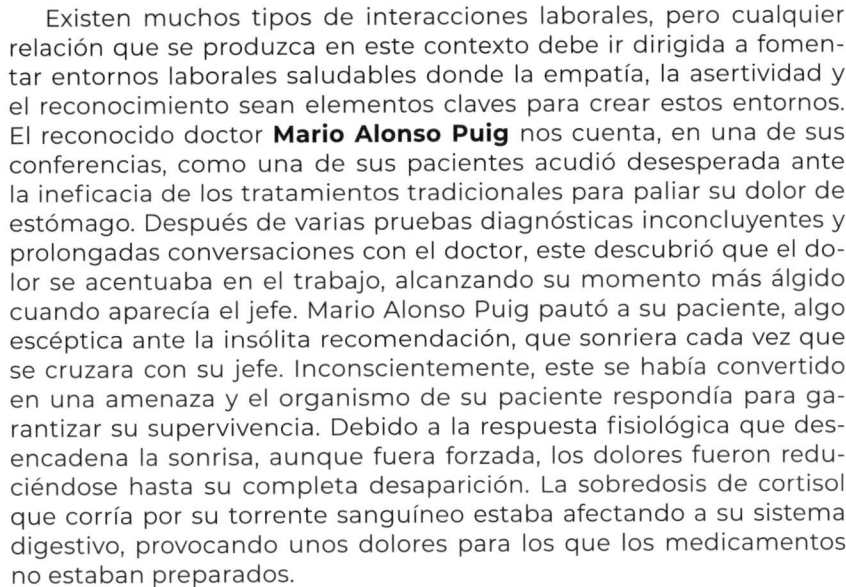

Existen muchos tipos de interacciones laborales, pero cualquier relación que se produzca en este contexto debe ir dirigida a fomentar entornos laborales saludables donde la empatía, la asertividad y el reconocimiento sean elementos claves para crear estos entornos. El reconocido doctor **Mario Alonso Puig** nos cuenta, en una de sus conferencias, como una de sus pacientes acudió desesperada ante la ineficacia de los tratamientos tradicionales para paliar su dolor de estómago. Después de varias pruebas diagnósticas inconcluyentes y prolongadas conversaciones con el doctor, este descubrió que el dolor se acentuaba en el trabajo, alcanzando su momento más álgido cuando aparecía el jefe. Mario Alonso Puig pautó a su paciente, algo escéptica ante la insólita recomendación, que sonriera cada vez que se cruzara con su jefe. Inconscientemente, este se había convertido en una amenaza y el organismo de su paciente respondía para garantizar su supervivencia. Debido a la respuesta fisiológica que desencadena la sonrisa, aunque fuera forzada, los dolores fueron reduciéndose hasta su completa desaparición. La sobredosis de cortisol que corría por su torrente sanguíneo estaba afectando a su sistema digestivo, provocando unos dolores para los que los medicamentos no estaban preparados.

5. Si las anteriores relaciones estaban marcadas por el carácter afectivo o la ausencia de este, las **relaciones de rivalidad** se forjan por el sentimiento antagónico: el rencor y, a veces, el odio. Aunque una fuerza interna nos impulse a alejarnos de este tipo de relaciones, debemos prestar la atención a estos sentimientos irritantes, porque las emociones deben sentirse en su plenitud y cuanto más tratemos de reprimirlas más difícil será que desaparezcan. Debemos ahondar en el origen del rechazo hacia esa persona, desmenuzarlo, para así llegar a com-

prenderlo en su totalidad. **«Conocer es aliviar»**, dice nuestra célebre psiquiatra Marián Rojas.

6. Las **relaciones personales de conveniencia** son aquellas definidas por el interés, ya sea de manera unilateral o recíproca. El estatus social, económico o simplemente la búsqueda del placer individual suelen ser unos factores determinantes para que se produzcan este tipo de interacciones. Claro está que el objetivo que nos planteamos cuando decidimos establecer esta clase de relaciones es sobreponer el interés individual al interés conjunto de cada uno de los componentes de la relación.

Benching es el término que se emplea para denominar aquellas relaciones donde la conveniencia es unilateral; es decir, una de las personas finge vínculos emocionales inexistentes para obtener el beneficio deseado. Dentro de un contexto social donde el individualismo adquiere un notable protagonismo y utilizando la manipulación como herramienta, este tipo de relaciones se originan tanto en aplicaciones de redes sociales usadas para ligar como en el cara a cara que enfrenta a ambos individuos. Una de las personas se verá afectada por las consecuencias de esta interacción, pudiendo provocar confusión, desequilibrio emocional y sufrimiento en el caso de haber creído en la posibilidad de establecer un vínculo afectivo real, cuando en realidad solo uno de los dos estaba interesado.

Sin embargo, las situaciones se tornan de otro color cuando el interés entre las personas que forman esa relación es recíproco. Basado en la **teoría de intercambio social**, los individuos perciben las relaciones como un balance entre beneficios y costes; cuando el coste supera al beneficio, será el momento de abandonar la relación.

Ambos individuos buscan rentabilizar al máximo la relación; no solo con los beneficios que se obtiene de la relación en sí, sino estableciendo nuevos contactos que solo la relación primogénita puede ofrecer. Mantener un determinado estatus social, obtener réditos económicos o proyectar una determinada imagen a los demás pueden ser objetivos que nos impulsen a establecer relaciones de conveniencia con interés recíproco.

Estas relaciones las hemos visto representadas en los matrimonios del siglo pasado en las sociedades occidentales, donde el hombre trabajaba fuera de casa, convirtiéndose así en la única fuente de ingresos y, como contraprestación, la mujer cocinaba y realizaba las tareas del hogar; así, el hombre tenía las comodidades de un servicio doméstico (con ciertas licencias sexuales en el peor de los casos) y ella mantenía un estatus social que solo podía tener bajo la dependencia de económica de su marido.

Práctica. Reflexiones en nuestro cuaderno de vuelo

¿Qué ocurriría si, en nuestras relaciones superficiales actuamos con más amabilidad? ¿Seríamos capaces de identificar el crecimiento y la sabiduría que hemos obtenido de las diferentes relaciones sociales complejas a las que nos hemos enfrentado en nuestra experiencia vital?

LOS ABUELOS: EL EFECTO MARIPOSA QUE PROVOCA LA TERNURA

En el contexto social actual, los abuelos son esenciales en las estructuras familiares. La longevidad y la calidad de vida refuerzan esta figura, que ha adquirido una significativa relevancia social. Sin despreciar el apoyo en la organización familiar que desempeñan, los abuelos son sinónimo de amor incondicional e incluso, sin haber disfrutado de esta experiencia en la niñez, inconscientemente, los asociamos con la ternura y el cariño.

Un destello de luz ilumina nuestros recuerdos cuando observamos cómo los niños escuchan esas historias tan increíbles que se les quedarán grabadas para siempre. Fuente incombustible de delicadeza y afecto, los abuelos nos protegen emocionalmente, nos ofrecen soluciones originales y nos reconfortan con calidez y paciencia.

Sacrifican su tiempo y nos lo brindan con una calidad exquisita: cantidad y calidad unidas en una sola figura que reúne pasado y presente, tradición y adaptación, sabiduría y experiencia. Un vínculo que, a pesar del salto generacional, no entiende de jerarquías ni imposiciones. Abrazos y besos que curan cualquier aflicción, libres de juicios y sin reparar en las circunstancias.

Rigurosos, pero flexibles ante los nuevos tiempos que, inevitablemente, tienen que aceptar para seguir llenando de calor nuestras vidas. A través de las historias que nos hablan del pasado de la familia, forman el pegamento emocional que une a las familias del siglo XXI y alimentan nuestro sentimiento de pertenencia a la unidad familiar.

Los abuelos lo saben todo. Y si no lo saben, se lo inventan. Son valientes y protectores porque se hallan en ese momento en el que ya no importa su opinión, sino hacer valer sus sentimientos y actuar en consecuencia. Con sabiduría nos acercan a su realidad, presentándonos un pasado desconocido para nosotros, más próximo a la ciencia ficción que a la realidad actual. Ese mismo mundo será el que transmitiremos a nuestros nietos y así, pasará de generación en generación, inmortalizando su huella en la familia.

No solo nos cuentan historias de la familia o anécdotas del pasado, son también, los auténticos transmisores de valores y principios. Marcados por el devenir de la experiencia, nos enseñan a elegir en qué merece la pena luchar porque, aunque lo veamos lejos, nos recuerdan que no gozamos de energía ni tiempo suficiente para desgastarnos ante cualquier nimiedad.

Son amor, son ternura y son importantes. Y ahora, la sociedad les ha adjudicado la relevancia que se merecen. La edad ha dejado de ser un lastre y una condición suficiente para la exclusión social, y se ha convertido en una doble virtud: la virtud de la sabiduría y de la experiencia.

Inevitablemente, llegará el momento en que ellos ya no estén para regalarnos su dulzura. Pero seguirán vivos en nuestro recuerdo y el efecto de estos pequeños gestos de ternura que entibiaron nuestra niñez se desencadenarán en otros sentimientos en el corazón de nuestros nietos. Las alas de la mariposa siguen moviéndose con la fuerza del recuerdo, perdurando más allá de nuestra propia existencia.

LAS CLAVES DEL ÉXITO EN LAS RELACIONES PERSONALES

Las relaciones humanas son fundamentales para el bienestar psicológico, físico y emocional de las personas: una fuente de afecto necesaria para hacer brotar espacios de complicidad donde compartir nuestras afinidades artísticas, intelectuales o de cualquier otra índole. En realidad, en su sentido más profundo, las relaciones interpersonales simplemente son mecanismos adaptativos que favorecen la supervivencia. De modo inconsciente, existe un instinto social que nos mueve hacia las relaciones sociales con el principal objetivo de alcanzar la plenitud individual.

Estas interacciones están contextualizadas dentro de un marco sociocultural, dinámico y sometido a constantes cambios, que influye significativamente en la manera de relacionarnos. Nos relacionamos para acercarnos a otras realidades, para compartir experiencias y sentimientos; y así, llegamos a sentir que formamos parte de un grupo, dándole un protagonismo especial a nuestro yo colectivo. En cada relación interpersonal descubrimos talentos y cualidades que dormían en los rincones de nuestro espíritu. Ante relaciones personales positivas y plenas, aparece nuestra mejor versión. Estas nos enriquecen y refuerzan el impulso para continuar relacionándonos.

RESONANCIA EMOCIONAL: MÁS ALLÁ DE LA EMPATÍA

En la empatía diferenciamos distintos tipos:

- La **emocional**: experimentan tu emoción, pero no la comprenden.
- La **cognitiva**: comprenden y experimentan la emoción.
- La **instrumental**: comprenden tus emociones para utilizarlas a su favor.

La resonancia nos eleva a un estadio superior de reconocimiento emocional, puesto que será condición necesaria la reciprocidad de ambos individuos para originar esa conexión auténtica. Se inicia así un proceso de **retroalimentación emocional** entre ambas personas, sintiéndose ambas apoyadas, comprendidas y validadas emocionalmente por el otro.

Al igual que el eco que reproduce sonidos gracias al contacto de sus ondas con otros objetos, una y otra vez el mismo sonido gracias al choque de sus ondas sonoras frente a un obstáculo, la resonancia emocional nos hace vibrar con las emociones de la otra persona. Los psicólogos, admirados por este intrigante fenómeno, investigan sobre este tipo de conexión tan especial. Un vínculo profundo y auténtico que va más allá de la empatía. ¿Por qué ciertas personas generan una conexión más intensa que otras?

A diferencia de la empatía, la resonancia emocional nos recuerda el importante papel que desempeñan las emociones con la relación a los demás. Aunque utilicemos el lenguaje como vehículo de la comunicación, estas establecen su propio código llegando a sincronizarse con las del otro, creando así conexiones más auténticas y profundas.

Otra diferencia significativa con respecto a la empatía es que la resonancia no implica que estemos de acuerdo con la emoción del otro. Simplemente, la aceptamos tal y como es, comprendemos su origen y facilitamos su expresión. Nos encontramos ante una manifestación sublime de compasión que fortalece el vínculo entre ambos.

Experimentar la capacidad de resonar emocionalmente con otra persona nos abre el camino de la comprensión y el conocimiento de nuestras propias emociones. Esta consciencia emocional nos invita a la autocompasión y al autocuidado; se convierte así en una valiosa herramienta para identificar nuestras fortalezas y debilidades.

Cultivar la resonancia emocional en nuestras relaciones intrapersonales impactará positivamente en nuestras vidas, transformando nuestros encuentros personales en experiencias maravillosas que merecen la pena ser vividas.

LA AMABILIDAD Y LA GRATITUD

La **amabilidad** es una actitud positiva hacia los demás. Junto con la educación, forman un tándem perfecto para establecer cualquier tipo de interacción social: educación y amabilidad son las competencias sociales que primero percibimos en la otra persona.

La amabilidad se manifiesta en pequeños gestos, pero con gran impacto, como ceder el paso a otra persona, sonreír o recoger del suelo las monedas desperdigadas y entregárselas a su dueño. La muestra de cordialidad y generosidad, con independencia de los orígenes culturales, muestran una actitud amable. Y la respuesta en nuestro interlocutor es inmediata. Las consecuencias del efecto de un gesto amable se extienden con mayor facilidad, provocando tanto cambios positivos en nuestra vida como en las relaciones con los demás, ayudando a crear un clima de confianza y seguridad entre los individuos.

La amabilidad es una opción que decidimos adoptar; requiere de una dosis de valentía adicional porque, en ocasiones, ante gestos amables, como ofrecerte a realizar un encargo o ceder el asiento en el autobús, responden con desprecio e indiferencia. Las personas amables aceptan el riesgo y optan por mantener esta actitud en su siguiente interacción social, puesto que los beneficios que aporta son incalculables.

La amabilidad es una actitud incondicional y verdadera, que aparece en todos los tipos de relaciones interpersonales, desde las superficiales hasta las afectivas. Una virtud que, si no hemos adquirido de forma innata, merece la pena aprender.

Las alas de nuestra mariposa se agitan enérgicamente ante los efectos que las pequeñas muestras de amabilidad provocan. Las probabilidades de obtener una respuesta cordial ante un gesto amable aumentan de modo considerable. Es la llave que nos abre la puerta a otros mundos repletos de nuevas relaciones humanas que nos harán florecer como individuos.

La **gratitud** llena de plenitud y satisfacción la vida de las personas porque el privilegio los embriaga cuando reconocen la abundancia que los rodea. Muestran una natural tendencia a valorar y a apreciar cuidadosamente las relaciones de su entorno, fortaleciendo conexiones y mejorando la calidad de la vida social.

Al prestar atención a las pequeñas cosas cotidianas que nos aportan las relaciones humanas, reconociendo su valor y expresando el sentimiento que ha despertado en nosotros, es una manera de labrar el terreno para mantener la calidad de estas interacciones.

LA CONFIANZA, LA COMPLICIDAD Y LA INTIMIDAD: PILARES DE LAS RELACIONES INTERPERSONALES PROFUNDAS

Si la amabilidad es la actitud que nos ilumina nuevos caminos por los que transitar, el *respeto* es el vehículo hacia la **confianza**, donde los individuos pueden expresarse libremente. Afianzar relaciones de confianza es una tarea lenta que se fortalece con la práctica.

La confianza y el respeto se unen y, poco a poco, se van transformando en un compromiso recíproco asumido con responsabilidad por ambas personas. El compromiso nos impulsa hacia un estadio superior: la **complicidad**.

La **complicidad** va más allá que las palabras que intercambiamos. Posee su propio código de comunicación alimentado por recuerdos, anécdotas, experiencias y situaciones de afecto que genera la cercanía que propulsan un entendimiento profundo entre las personas que gozan de esta situación. Una atmósfera mágica impregnada de implicación y de afecto que deriva en una deliciosa satisfacción: la **intimidad**.

Los seres humanos somos individuos complejos con intensos deseos y necesidades; sin embargo, cuando aparece la intimidad en nuestras relaciones intrapersonales, experimentamos una profunda satisfacción: nos encontramos con nosotros mismos cuando disfrutamos de la compañía de estas personas singulares.

La intimidad nos permite expresar los pensamientos y sentimientos más íntimos y, aunque vinculada a las relaciones de pareja, puede manifestarse en cualquier tipo de relación. Necesita de los mismos nutrientes que la complicidad, añadiendo la afinidad y la conexión como elementos cohesionadores. Analizando este fenómeno, identificamos distintas intimidades, cada una de ellas caracterizada por la situación y sus actores. La intimidad recreativa, la sexual, la estética, la comunicativa, la espiritual o la intelectual son las intimidades más representativas Estas intimidades abarcan áreas muy amplias del individuo y será muy complicado reunirlas todas en una misma persona.

1. La **intimidad recreativa** es aquel espacio que destinamos para el disfrute, utilizando la risa como eje central; en ella surgen conversaciones intrascendentes e hilarantes de forma improvisada, siendo esta intimidad un bálsamo para el estrés de la vida cotidiana.

2. La **intimidad sexual** se basa en una comunicación sana y una confianza sincera. Atender las necesidades que requiere esta intimidad es fundamental en las relaciones de pareja: construiremos un espacio donde exponer los deseos, nuestras fantasías y los placeres corporales.

3. En la **intimidad estética** compartimos el disfrute común de toda expresión artística: escuchar una *playlist* cuidadosamente escogida para la ocasión, ir al estreno de la última película del director favorito o planear una visita a un museo son actividades que nutren esta intimidad, resultando gratificantes y placenteras para ambos, ya que nuestros gustos son comprendidos y vividos por el otro y con la misma intensidad.

4. La **intimidad comunicativa** se forma a través de la comunicación fluida, sincera y libre de prejuicios. Saber que tenemos a alguien que nos escucha activamente y atiende emocionalmente las necesidades expresadas nos protegen del desánimo.

5. La **intimidad espiritual**, muy ligada a aspectos religiosos; esta intimidad nos acerca a personas que comparten nuestro significado de la vida y entienden nuestras creencias existenciales.

6. Por último, encontramos la **intimidad intelectual**, que, por su especial relevancia, hemos dejado para el final. Es, posiblemente, la intimidad que más satisfacción produce a las personas debido al amplio espectro que la compone: compartir reflexiones profundas sin preocupaciones de las implicaciones en la otra persona, la consideración de nuestros puntos de vista, las críticas constructivas que nos enseñan otros puntos de vista o el beneficio de conocer otras realidades sin tener que renunciar a nuestros pensamientos. Ni el enfado ni las posturas defensivas tienen cabida aquí; porque el objetivo dista del dominio dialéctico y se enfoca en el enriquecimiento mutuo a través de la reflexión.

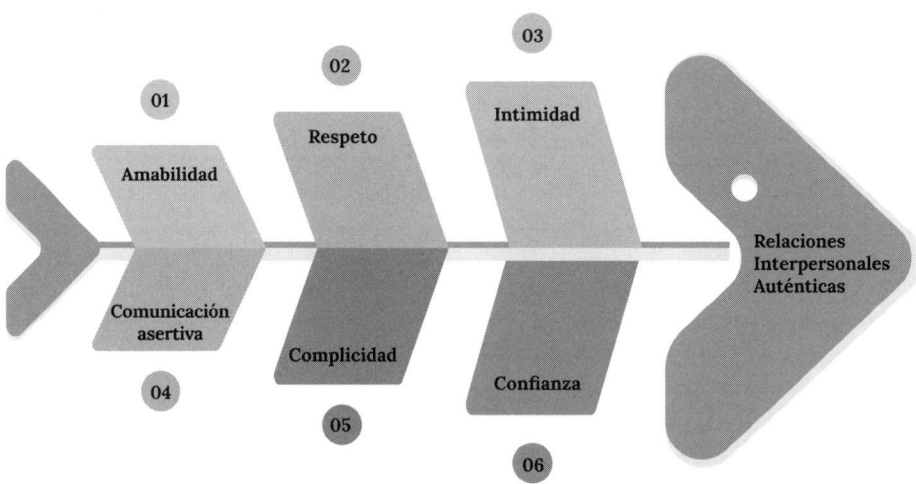

Práctica. Reflexiones en nuestro cuaderno de vuelo

Haciendo un análisis de nuestras relaciones intrapersonales, ¿reconoces todas estas intimidades? ¿Hay alguna más especial que otra? ¿Echas de menos alguna intimidad en tu vida? Si es así, ¿a qué se debe: al factor interpersonal o al intrapersonal?

LA OTRA CARA DEL CONFLICTO

El conflicto es una característica peculiar de las interacciones sociales. La facilidad de resolución de estas dificultades está asociado tanto con la calidad de nuestras habilidades sociales como con la calidad del vínculo. En toda relación interpersonal asistimos a las dos realidades de cada individuo. Visiones diferentes de un mismo mundo que no siempre son entendidas y aceptadas por el otro.

La actitud que adoptemos frente al conflicto será determinante para el desenlace: una postura abierta al diálogo y flexible o una postura esclavizada por nuestras creencias. Las actitudes se desarrollan, principalmente, en la infancia y evolucionan a medida que nos relacionamos con los demás.

Las personalidades inseguras o con baja autoestima pueden sentirse bloqueadas ante las situaciones conflictivas. Utilizar una estrategia comunicativa con seguridad, manejar correctamente el lenguaje emocional para exponer nuestras necesidades requiere de determinación y confianza en nuestras decisiones.

En cada relación interpersonal jugamos un rol diferente que debemos conocer e identificar. Y, por lo tanto, las estrategias de comunicación serán diferentes según la función que desempeñemos en la relación. Un mismo conflicto, pero contextualizado en relaciones interpersonales diferentes será atendido con habilidades sociales distintas para cada interacción. Un ejemplo muy representativo es abordar un enfrentamiento con tu compañero de trabajo igual que lo haríamos con uno de nuestros amigos. Indudablemente, no hemos sido capaces de clarificar el rol que desempeñamos en esa relación.

La forma en la que nos comunicamos marcará la diferencia a la hora de afrontar dificultades en nuestras relaciones. Apostaremos por una comunicación directa y asertiva, sin rodeos ni ambages, prestando tanta atención a nuestros gestos, miradas y movimientos, como a nuestras palabras. Nuestra comunicación no verbal es mucho más explícita en situaciones incómodas que ante las triviales. El silencio, tan terapéutico en otras situaciones de nuestra vida, se vuelve disfuncional cuando lo utilizamos para evadir situaciones incómodas. Además del malestar que produce a la persona que lo practica, induce indiferencia, desprecio y desinterés a la que está exponiendo su realidad.

> «La muerte no es un enemigo, señores. Si vamos a luchar contra alguna enfermedad, hagámoslo contra la peor de todas: la indiferencia».
>
> PATCH ADAMS

La mejor táctica para enfrentarnos a los conflictos, independientemente de su naturaleza o del origen de la relación donde se haya originado, es la **negociación**, un fenómeno tan complicado que ha vertido ríos de tinta, ha llenado auditorios y desbordan las escuelas de negocios del mundo entero. El objetivo es sencillo: alcanzar un acuerdo en el que ambas partes salgan beneficiadas en una medida justa y equilibrada. Sin embargo, si no gestionamos adecuadamente las respuestas de la otra persona y nos topamos con dificultades para manejar nuestras habilidades sociales, nos exponemos a la manipulación o tropezar con la trampa de la complacencia.

Muchos de nosotros, ante la incapacidad de hacer valer nuestros argumentos o necesidades, caemos en la **agresividad** para imponer nuestro criterio mediante palabras inadecuadas, gestos exacerbados o gritos. Existe una agresividad sutil, una violencia encubierta que no deja secuelas físicas, pero tan dolorosa que perturba el equilibrio de la persona, intimidándola y culpabilizándola. Este tipo de maltrato hace uso de la **indiferencia, la ironía, el sarcasmo o el silencio**; humilla e invalida a la otra persona, incapacitándola para tomar sus propias decisiones o llegar a algún acuerdo que la beneficie.

Para la resolución de conflictos, **la madurez emocional de los individuos es esencial para avanzar hacia la negociación**. El control de nuestras reacciones, reflexionar antes de hablar y modelar tus habilidades sociales nos convierte en individuos **responsivos**, frente a los que deciden dejarse llevar por el inconsciente, reaccionando de la misma manera que lo harían frente a una amenaza, elaborando así un mecanismo de autodefensa como patrón de conducta **(reactivos)**.

Si somos capaces de gestionar adecuadamente las dificultades en cualquier relación interpersonal, el conflicto se convierte en un elemento necesario y fundamental para construir relaciones sinceras y sólidas. De esta forma, saldremos fortalecidos de cada conflicto por doble partida: desde la óptica del individuo, ofreciendo una oportunidad para mejorar y potenciar nuestras capacidades sociales y alimentando nuestro ser social para seguir relacionándonos. Y desde la óptica de la interacción social, que nos permite disfrutar de relaciones personales profundas, sinceras y enriquecedoras.

El coraje para enfrentarse a los obstáculos con ecuanimidad y equilibrio, junto con la humildad para adoptar una actitud flexible ante los diferentes puntos de vista prenderán la antorcha que alumbrará la otra cara del conflicto.

Práctica. Reflexiones en nuestro cuaderno de vuelo

¿Cómo reaccionamos ante el conflicto?, ¿somos evitativos, agresivos, complacientes o negociadores? ¿En qué relaciones el conflicto ha fortalecido el vínculo?

EL EFECTO MARIPOSA QUE LA SOCIEDAD OCASIONA EN LAS RELACIONES INTERPERSONALES

Todas las relaciones personales están determinadas por el contexto social y cultural. En la actualidad, estamos asistiendo a un cambio de paradigma en los procesos de comunicación y en la forma de relacionarnos que está deteriorando las relaciones auténticas. La sociedad ha impuesto nuevas reglas y códigos de comunicación: **la velocidad social, la productividad y las nuevas tecnologías**, que, aunque reducen los tiempos de espera y aumentan la eficacia, paradójicamente aceleran nuestro ritmo vital.

LA SOCIEDAD DEL VÉRTIGO

La velocidad se manifiesta en todas las dimensiones del contexto social. Los avances tecnológicos han transformado los medios de transporte, reduciendo los tiempos en los desplazamientos e incrementando la movilidad de las personas. Si antes necesitábamos semanas para cruzar el océano Atlántico, ahora solo es cuestión de unas cuantas horas en avión. Al igual ocurre con las mercancías; la optimización y la velocidad en los transportes nos permite que, a golpe de clic, dispongamos del producto deseado, aunque tenga que viajar desde el otro lado del planeta. La velocidad se ha aliado con la eficiencia y como resultado de esta unión ha llegado el progreso. Inevitablemente el axioma *cuanto más rápido mejor* se ha quedado grabado en nuestro ADN social: la velocidad se ha convertido así en un nuevo valor en la sociedad actual.

La velocidad también marca las pautas y deja su huella en las nuevas tecnologías de la comunicación. **El efecto mariposa** que provoca este ritmo imperante está transfigurando la manera de comunicarnos, alterando el sentido de nuestras relaciones personales. La sociedad de la inmediatez nos está imponiendo unos ritmos antinaturales y nuestra tolerancia a los acontecimientos imprevistos se está reduciendo, desvirtuando los valores de la sociedad. Esta anomalía en el modo de relacionarnos repercute tanto en nuestro estado anímico como en desajustes fisiológicos: ansiedad, depresión, neurosis y otros desequilibrios mentales. El aumento de estas patologías configuran una sociedad enfermiza, y es así como, la velocidad se convierte en la nueva epidemia del siglo XXI.

«No es signo de buena salud el estar bien adaptado a una sociedad profundamente enferma».

JIDDU KRISHNAMURTI

NUEVOS CÓDIGOS DE COMUNICACIÓN

Con las nuevas tecnologías han aparecido nuevas formas para comunicarnos entre nosotros. Sin embargo, en vez de ampliar nuestro espectro comunicativo, estamos asistiendo a un cambio en estos patrones, generando nuevas reglas y alterando los tiempos naturales de respuesta.

La comunicación a través de redes sociales ha disociado la presencia del individuo con el proceso de socialización: ya no resulta necesario estar presentes para relacionarnos. Pero, aunque no se requiera la presencia del otro, sentimos un profundo malestar cuando, ante nuestro mensaje, no recibimos contestación por su parte. ¿Podemos llegar a exigir una respuesta cuando no existe presencia?

En esta **comunicación en diferido**, la comunicación no verbal —tan importante en nuestras interacciones sociales— desaparece, perdiéndose todos esos detalles que solo captamos cuando estamos frente a otra persona. Aparte de esta fuga de información primordial para cualquier relación interpersonal, nuestras habilidades sociales responsables de la interpretación del lenguaje no verbal van deteriorándose a medida que priorizamos el uso de estas redes sobre el estilo natural de comunicación.

Nos enfocamos en compartir experiencias en nuestras redes colgando nuestra mejor pose en detrimento de pasar tiempo de calidad con nuestros seres queridos, disfrutando de los pequeños momentos de complicidad que nos brindan las amistades verdaderas.

Pasamos ante monumentos y ante los paisajes más exuberantes sin reparar en la maravilla que nos rodea, con la única idea de publicarlo en internet para que sea valorado por nuestros seguidores. La vida se convierte en una lista de cosas por hacer, lugares que visitar y comidas que probar. Nos limitamos a tachar las tareas que vamos realizando, convirtiendo nuestras experiencias en mercancía para nuestros seguidores que valorarán, en cuestión de minutos, su contenido estético con un «Me gusta». Se estimula así el sistema de recompensa cerebral, una señal más sobre nuestra adicción a la inmediatez.

Nos exponemos ante nuestros seguidores sin pudor. Seguidores a los que llamamos «amigos» aunque jamás los hayamos visto, aunque no los podamos abrazar o con los que nunca compartiremos una confidencia. Y, sin embargo, nos debemos a ellos cuando publicamos la última foto de nuestro cumpleaños o el último vídeo en Tik Tok. Amigos con un algoritmo como única carta de presentación toman protagonismo en nuestras vidas, llevándose toda nuestra atención y energía.

Otro código de comunicación que aparece ante el uso de las nuevas tecnologías es el enfoque del mensaje: no necesitamos estar presentes ni que la comunicación sea síncrona, porque el objetivo del mensaje que publicamos se centra en el individuo en vez de fortalecer un vínculo afectivo. Así, la comunicación se convierte en una escenografía donde nos empleamos a fondo para que solo vean lo que queremos enseñar. Los mensajes se leen, se corrigen y se vuelven a escribir; las imágenes se retocan y los vídeos se editan para borrar las imperfecciones. Sin espacio para la reflexión ni la complicidad, el mensaje del otro queda en segundo plano. De esta forma, y sin darnos cuenta, estamos despreciando la base fundamental de las relaciones: la reciprocidad.

Como conclusión, las nuevas relaciones interpersonales se fundamentan en la inmediatez, en la ausencia, en la asincronía, en el individualismo y en la representación de una parte de nuestra realidad. La velocidad de la sociedad nos tiene ocupados realizando un sinfín de tareas; nos quedamos sin tiempo para el disfrute pausado de las pequeñas cosas, para tomar un café con nuestro mejor amigo o pasear por el parque con nuestra pareja. La intimidad, en cualquiera de sus dimensiones, se dispersa dando lugar a relaciones frugales e inmaduras. Nuestra vida social se empobrece, dejando un profundo vacío en nuestra alma de animal social. La pregunta es, ¿estas nuevas relaciones edificadas bajo los estándares de las nuevas tecnologías nos generan satisfacción, nos enriquecen y nos hacen evolucionar como individuos?

 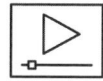 

«Los amigos de las redes sociales cumplen la función de aumentar el sentimiento narcisista al dirigir la atención a un yo, convirtiéndolo en mercancía para sus consumidores».

BYUNG-CHUL HAN

UN INDIVIDUO FRAGMENTADO

Somos espectadores de nuestra propia vida cuando la vemos representada en las redes sociales. El «yo real» queda oculto en esta escenificación por miedo al rechazo de sus seguidores. Debemos mostrar una vida perfecta y exitosa, sin hueco para el desánimo, la incertidumbre o el desamparo. Así es como llegamos a la fragmentación del individuo; una dualidad entre el «yo real» (auténtico) y el «yo digital».

El no saber diferenciar en qué modalidad del individuo nos encontramos puede abocarnos a trastornos de ansiedad provocados por una insatisfacción constante, ya que el sentimiento de pertenencia a un grupo está en función de la aceptación de los contenidos que subimos a las redes. La diferencia de opiniones no existe: «Me gusta» o no me pronuncio, manifestando así su indiferencia.

Al establecer la ausencia como nuevo elemento de las relaciones interpersonales, la resonancia afectiva inducida a través del contacto personal desaparece. Necesitamos del reflejo de los demás para construir nuestra verdadera identidad. Un reflejo tenue y vaporoso que nada tiene que decir de nosotros mismos, porque ya no hay otro en quien reflejarnos.

Según Sigmund Freud, reflejarnos en otros como un espejo es «un mecanismo de defensa mediante el cual atribuimos a los demás aquellos rasgos de nuestra personalidad que no queremos ver ni reconocer en nosotros por resultarnos dolorosos e inaceptables». Es la famosa **ley del espejo**, esa técnica que utilizamos para conocernos a nosotros mismos y fortalecer nuestros vínculos afectivos mediante el conocimiento que el reflejo de nosotros mismos se produce en los demás.

Debemos inundar nuestras vidas de autenticidad. Apartándonos de las apariencias y recuperando relaciones personales de calidad, dejaremos hueco para el autoconocimiento, fuente de sabiduría para reconocer aquello que nos enriquece y que deseamos incorporar en nuestras vidas.

UN EXIGENTE RITMO VITAL

La consecuencia de esta trepidante sociedad deja su impronta en nuestro elevado ritmo de vida. Vivimos acelerados porque la sociedad nos arrastra como unas aguas torrenciales hacia una incesante realización de tareas diarias difíciles de asumir y una inalcanzable consecución de objetivos. Y, aunque los avances tecnológicos han desarrollado procesos más eficientes, reduciendo costes y tiempos, este modelo ha empeorado nuestra calidad de vida al contagiarnos de su exigencia y productividad. El ahorro de tiempo que hemos ganado gracias a la comodidad que han proporcionado los avances tecnológicos, los hemos rellenado con más objetivos que cumplir y tareas que realizar, sintiéndonos así funcionales y útiles: un vivo reflejo de los nuevos valores de las sociedades occidentales.

A través del estrés, la ansiedad y la depresión nuestro organismo protesta. Nos está pidiendo encarecidamente que nos detengamos, que bajemos el ritmo y que reflexionemos sobre si «querer llegar a todo» nos acerca o nos aleja de la felicidad. Se deshumanizan las relaciones interpersonales porque las sometemos a estos mismos criterios; dejan de ser satisfactorias en el momento en el que una comida con unos amigos se convierte en una tarea más que realizar para mantener estas amistades.

Esta tendencia a vivir acelerados ha originado fenómenos tan sorprendentes como el **SpeedWatching**, la visión acelerada de la información que recibimos o compartimos. Los usuarios, con el objetivo de reducir el tiempo de visualización, multiplican los parámetros de reproducción aumentando su velocidad. Así se obtiene más tiempo para seguir consumiendo contenidos.

Otra consecuencia muy común es el **síndrome de la vida ocupada**, individuos que deben ser productivos todo el tiempo, rellenando su tiempo con quehaceres para alejarse de su peor enemigo: el aburrimiento. El aburrimiento y el fracaso se han unido en matrimonio en esta sociedad, causando estragos a nivel cognitivo y emocional.

La desaceleración es necesaria para recuperar nuestro equilibrio emocional. Desaprender estos nuevos valores sociales y adoptar unos nuevos que nos aporten calma y serenidad. Recuperaremos la intimidad de nuestras relaciones personales y aprenderemos a dejar pasar el tiempo como medida preventiva frente a la inmediatez. No somos máquinas y no debemos caer en la trampa de la funcionalidad y la eficiencia. Dejemos de ser un engranaje más de esta sociedad, narcotizada por la velocidad, para transformarnos en la mariposa que alza sus alas trazando su camino hacia la libertad.

LA AVENTURA HACIA LO DESCONOCIDO

El efecto mariposa en las relaciones personales nos demuestra que las pequeñas acciones independientes y aisladas acontecidas en el pasado provocan consecuencias desconocidas con el paso del tiempo. Las **heridas emocionales** son un claro ejemplo del efecto; al igual que sufrimos cortes cuando un cuchillo rasga nuestra piel, las experiencias traumáticas junto con la interpretación inadecuada y subjetiva de la realidad nos dejan secuelas imperceptibles.

«Lo esencial es invisible a los ojos», escribía Antoine de Saint-Exupéry en *El principito*. Las heridas emocionales no se pueden observar con la vista, pero eso no significa que no existan o no sigan provocando dolor. La invisibilidad juega una partida doble: dificultan su identificación, escondiéndose en nuestro subconsciente e impidiendo atenderlas con el cuidado que se merecen, y se ocultan ante los ojos de los demás.

Ante un corte en nuestra piel, los vasos sanguíneos se desgarran y la sangre mana incesantemente. Lavamos, taponamos, aplicamos bálsamos y pomadas para, posteriormente, vendarla hasta que esa herida deje de sangrar. Con el paso del tiempo, al observar la cicatriz con los mismos ojos que nos impide ver lo esencial, recordaremos el doloroso episodio. Sin embargo, las heridas emocionales buscan un refugio seguro en los recovecos del subconsciente. Su dolor se manifiesta cuando interactuamos con los demás, al utilizar **el reflejo del otro como herramienta de exploración**. La invisibilidad de nuestras heridas emocionales muestra una cierta tendencia hacia el enmascaramiento, y así es como olvidamos mimar y sanarlas. Con el paso de los años, las heridas mal curadas se expanden e invaden otros rincones del subconsciente, entremezclándose unas con otras y dificultando el análisis del proceso real que las desencadenó.

Vivimos desorientados, cansados de tanto malestar y sufrimiento, debatiéndonos entre tareas y compromisos que nos infligen una insatisfacción permanente. Valientes, damos un paso al frente y nos aventuramos hacia un nuevo mundo, desconocido y excitante, que nos guiará hacia el conocimiento de nosotros mismos. Un viaje donde forjaremos nuevas relaciones personales, sin importarnos el desenlace, porque será una magnífica oportunidad para conocernos a nosotros mismos. Relaciones sinceras y espontáneas que, al reflejarnos en ellas, posibilitan que sanemos nuestras heridas emocionales más recónditas.

Aceptamos correr el riesgo de enfrentarnos a cualquier decepción o engaño que una relación interpersonal nos pueda provocar antes que convivir con el dolor de las heridas mal curadas. Llenamos el equipaje de amor y valentía, bálsamos contra el miedo y la solitud, y nos lanzaremos a explorar nuevas relaciones donde nos implicaremos sin más límite que nuestro autocuidado.

Durante el viaje hacia lo desconocido, observaremos cómo cada experiencia amplía nuestro conocimiento. Si canalizamos nuestra energía hacia un auténtico bienestar emocional, nos despojaremos de las relaciones infructuosas y reenfocando nuestros esfuerzos en aquello que merece la pena. Utilizando la autocompasión como propulsor, nos lanzaremos ahacia la aventura de explorar lo desconocido.

EL VUELO HACIA LA LIBERTAD EMOCIONAL

«El conocimiento de nosotros mismos es el primer paso hacia la sabiduría».

KRISHNAMURTI

Las alas de nuestra mariposa se están terminando de formar dentro de su hermética crisálida, permaneciendo silenciosamente ocultas al mundo exterior. Sus brillantes colores y sus asombrosas formas van apareciendo en la última fase de su desarrollo. Enemiga de la premura, la crisálida se toma su tiempo para eclosionar. El cuerpo encogido del insecto se va fortaleciendo poco a poco, preparándose para su expansión en el mundo exterior; las alas empujan con fuerza hasta romper las paredes que las envuelven. La metamorfosis es un proceso traumático y doloroso, pero con un resultado maravillosamente bello.

A lo largo de este capítulo veremos que nuestra mariposa, perfectamente formada tras las fases de desarrollo previas, necesita de ese último esfuerzo para llenarse de valor y romper las paredes de su celda. Todos intuimos que será doloroso y en ocasiones el miedo nos paralizará para que no sigamos adelante. Con coraje, nos aventuramos en la última fase de nuestra crisálida que nos llevará hacia la libertad emocional, indispensable para que nuestra mariposa alcance la felicidad.

El vuelo hacia la **libertad emocional** es un camino de aprendizaje continuo, una expedición introspectiva que nos desvelará las claves para la felicidad, definiendo la **felicidad como la ausencia de sufrimiento**.

El concepto de **libertad** evoca momentos épicos de nuestra Historia: comunidades unidas y entregadas a una causa, líderes que mueven masas para cambiar la sociedad, movilizaciones, manifestaciones, reivindicación de nuevos derechos y luchas por un mundo más justo, huelgas de hambre, etc. En todos ellos, subyace la idea de libertad o, por el contrario, la ausencia de esta y el deseo más íntimo por conseguirla.

En el plano individual, restamos importancia a nuestra **libertad intrapersonal**; es decir, **aquella libertad connatural a nuestra condición de individuo**. Apropiarnos de nuestras emociones, ejercer un control y responsabilidad sobre ellas e impedir que otros influyan sobre nuestro estado emocional es un derecho fundamental que poseemos todos los seres humanos. Sin embargo, esto no suele suceder así. Atravesamos por un sinfín de situaciones que terminan controlando nuestros estados emocionales, perdiendo la libertad y la capacidad de decisión.

Como hemos mencionado anteriormente, una situación muy frecuente en nuestras vidas actuales es la ausencia de respuesta en una conversación por Whatsapp. Las hipótesis empiezan a proliferar en nuestra mente, desencadenando una carga emocional negativa de la que es difícil desprendernos. **Acabamos de perder nuestra libertad emocional** al ceder a esta situación la capacidad de influirnos negativamente sobre nuestro estado de ánimo.

Debemos edificar esta libertad sobre una estructura sólida basada en el autoconocimiento y en la liberación de nuestros anclajes para experimentar esta transformación vital hacia la libertad del ser.

Práctica. Reflexiones en nuestro cuaderno de vuelo

¿Por qué no luchamos de igual manera cuando nos arrebatan nuestra libertad emocional? ¿Qué nos detiene? ¿Cuál es el origen de esta inmovilidad?

REINVENTARSE DESAPRENDIENDO LO APRENDIDO

El escritor **Álex Rovira** utiliza una magnífica metáfora matemática para entender por qué debemos librarnos de aquello que nos limita. Probablemente, cuando aprendimos a multiplicar con números enteros, nos aprendimos de memoria las reglas de signos:

$$+ \times + = +$$
$$+ \times - = -$$
$$- \times - = +$$

Si reparamos en la última regla, menos multiplicado por menos da un resultado positivo; por tanto, si eliminamos de nuestra vida aquello que nos limita, creceremos, y dejaremos espacio para incorporar elementos positivos que nos enriquezcan.

En muchas ocasiones el viaje hacia la libertad emocional se inicia con el sufrimiento y la adversidad. El dolor actúa como catalizador de la fortaleza interior buscando la huida hacia el equilibrio y el sosiego, haciendo necesarias las crisis de identidad para la transformación vital.

EL APRENDIZAJE NO ADAPTATIVO

En el capítulo dedicado a los primeros años del ser humano viajamos por la infancia para indagar cómo se desarrollan los procesos de aprendizaje. El más representativo es a través de la observación y la imitación. Con este rol de espectador es como empezamos nuestro camino por la vida y vamos formando nuestra identidad a través de la interrelación con los demás. Estos aprendizajes que hemos adquirido mediante las dinámicas familiares y nuestra exposición a relaciones sociales no siempre son adaptativos y, en muchas ocasiones, estas estrategias nos producen un inmenso dolor.

Desaprender lo que hemos ido aprendiendo durante años requiere de valentía, porque nos va a enfrentar a nuestras falsas creencias y tendremos la última palabra para aceptar el reto de cuestionárnosla o asumirlas como axiomas, fortaleciendo así las paredes de la jaula.

En el momento que empezamos a debatir la veracidad de nuestras creencias, inevitablemente aparecerá una resistencia al cambio, motivada por el miedo, ya que estamos derrumbando los cimientos de nuestra identidad. Debemos acompañar este coraje con honestidad y humildad para aceptar que debemos dar el paso hacia la transformación, deshaciéndonos de aquello que nos limita.

La ley del espejo del capítulo anterior se manifiesta en este desaprendizaje emocional cuando el reflejo de nuestro cambio se convierte en críticas de nuestro entorno social: nuestra valentía incomoda a los demás al empujarlos hacia una reflexión autoimpuesta que no están dispuestos a asumir.

«La normalidad es un camino pavimentado: es cómodo para caminar, pero no crecen flores».

VICENT VAN GOGH

LAS CREENCIAS LIMITANTES

Sabemos que las creencias que tienen sobre nosotros pueden tener un efecto positivo, ayudándonos a creer que somos capaces de conseguir lo que nos proponemos, pero también tiene su versión más devastadora cuando nos discapacitan. Existe un lado más desolador aún: cuando nosotros mismos creemos que no somos merecedores de lograr los objetivos.

Como vimos con anterioridad, deshacernos de una creencia y reemplazarla por una más valiosa es un proceso complicado que requiere paciencia, esfuerzo y dedicación. Procederemos del siguiente modo:

- En primer lugar, empezaremos por identificar los procesos reflexivos que nos han llevado a la adquisición de creencias.

- En segundo lugar, las contextualizaremos en un marco temporal y las relacionaremos con los objetivos que nos hemos marcado. Este proceso nos servirá para evaluar cuáles de ellas nos lastran y así las sustituiremos por otras más adaptativas, transformando nuestra existencia de una manera asombrosa.

LIBRARNOS DE LOS JUICIOS DE VALOR

Emitir juicios de valor es un mecanismo de control del cerebro humano para entender la realidad. La mente se debate en una dualidad emocional entre el bien y el mal, polarizando nuestras opiniones de acuerdo con las sensaciones que nos provocan los demás. Cuando juzgamos, exponemos nuestro sistema de valores de referencia, nuestros rasgos de nuestra personalidad y la calidad de nuestros pensamientos; inconscientemente, los asociamos con nuestra identidad. Los juicios de valor, tanto si los emitimos como si los recibimos, coartan nuestra libertad de actuación y nos esclavizan a esas expectativas formadas por las creencias. De forma mecánica, los juicios aparecen para categorizar personas y acontecimientos, sin tiempo para la reflexión. Actuamos y tomamos decisiones inmediatamente y, en ocasiones, estos prejuicios producen situaciones dolorosas porque nuestra identidad se siente cuestionada.

Librarnos de los juicios de valor nos empodera al observar la realidad desde distintos ángulos, abandonando la visión simplista y rígida del mundo que nos rodea. Nos apartaremos de la categorización automática que emite nuestro cerebro sobre cada suceso, abriendo un espacio para la reflexión.

Controlar nuestras expectativas nos puede ayudar a librarnos de estos juicios; reconocer que, al emplear las experiencias previas como predicción de un suceso futuro, nos impide observar la realidad tal y como es.

Cuando nuestra mente nos sorprende con un nuevo juicio de valor, dirigiremos el foco hacia nuestro interior para preguntarnos sobre el origen y la veracidad de ese pensamiento, siendo un poco más críticos con nosotros mismos a la hora de interpretar la realidad: **las mentes flexibles solo residen en las personas felices.**

«Pensar es difícil, por eso la mayoría de la gente prefiere juzgar».

CARL GUSTAV JUNG

LIBRARNOS DE LOS JUICIOS SOCIALES

La sociedad y la cultura tienen sus propios valores articulados a través de normas por las que nos regimos para mantener la cohesión de los individuos. Estos valores no buscan el beneficio del individuo, sino mantener un orden social. Por eso, encontramos muchas normas sociales que van en contra de los intereses del individuo, hiriendo su dignidad.

Por ejemplo, en la actualidad siguen existiendo sociedades regidas por normas homófobas. Los homosexuales ven limitada su libertad de expresión y mancillan su dignidad por el rechazo social que esta norma provoca en el resto de individuos. Con una dignidad herida, se dificulta el proceso de realización del individuo.

Las normas sociales entran en conflicto con los intereses legítimos del individuo generando un conflicto interno y sienten que están viviendo una vida que no está en sintonía con sus valores y beneficios. Esta incoherencia es un nicho de dolor que puede llegar a desencadenar problemas psicológicos y físicos derivados de la somatización del estrés.

Como medida preventiva nos alejaremos de los **aniquiladores emocionales**; esas personas que inhiben nuestra expresión emocional, nos juzgan sin compasión y, por evitar el desagravio, cedemos ante sus presiones adecuando nuestras conductas, intensificando la incoherencia vital y el malestar emocional.

El célebre filósofo indio Jiddu Krishnamurti apostaba por la liberación de las estructuras mentales que deja la sociedad, ya que limitan el desarrollo de una vida plena y genuina. Al deshacernos de este condicionamiento social, podremos aspirar a mostrar con libertad nuestro verdadero ser.

LIBRARNOS DE LA FALSA FELICIDAD DEL APEGO

> «Nadie puede bañarse dos veces en el mismo río».
>
> HERÁCLITO

Entendemos el apego como aquello que necesitamos para ser felices. Estamos programados biológicamente para vivir apegados. Sin embargo, debemos saber gestionar adecuadamente, porque, indivisiblemente, el apego está vinculado con la dependencia, y esta, a su vez, con el sufrimiento. Y como hemos visto en capítulos anteriores, toda dependencia emocional afecta a nuestra autoestima y limita nuestros grados de libertad.

Todos los elementos de este mundo están sometidos a un cambio permanente: los bienes materiales, las relaciones personales y nuestros deseos son cambiantes, incluso nosotros mismos somos cambiantes. Aferrarnos a algo tan variable provocará sufrimiento y frustración. Nuestra atención se enfoca de manera obsesiva sobre estos elementos, generando estados de ansiedad y estrés, además de una permanente preocupación. Esta tensión acumulada durante años puede provocar daños en nuestro organismo como consecuencia de la descompensación hormonal.

El filósofo Heráclito lo expresa maravillosamente en el siguiente aforismo: «Nadie puede bañarse dos veces en el mismo río»; porque ni es el mismo río ni es la misma persona. Nos apegamos a una instantánea de un momento determinado en el tiempo. Al segundo siguiente, la situación es distinta. Es la primera enseñanza del efecto mariposa: **todo está en un constante cambio y todos fluimos con él**.

Lo primero a lo que nos apegamos es a nuestra identidad, y así nace el ego. A través de nuestro viaje por el autoconocimiento, hemos descubierto que esta figura nada tiene que ver con nosotros. El ego es la representación de nuestro sistema de creencias, de nuestros valores culturales y de nuestro aprendizaje como individuos. Cultivando la capacidad de soltar, iniciaremos el camino hacia la paz interior liberándonos de todas nuestras ligaduras.

Sin embargo, existe algo permanente, libre de transformaciones: **el momento presente**. El presente es como es y no lo podemos cambiar. Aprenderemos a vivir cada experiencia con plenitud; emplearemos todas nuestras energías en disfrutar cada momento sin juzgarlo, aceptándolo tal y como se nos presenta. Esta toma de consciencia del instante presente nos señala el camino de la libertad emocional.

El desapego no significa renunciar a lo que tenemos, sino aprender a relacionarnos con nuestro entorno de una forma diferente y auténtica. Reconociendo la impermanencia de las cosas, agradeceremos nuestras posesiones materiales y valoraremos nuestras relaciones personales sin apegarnos a ellas, independizándolas así de nuestra felicidad.

ROMPIENDO LAS PAREDES DE LA CRISÁLIDA

LA EDUCACIÓN EMOCIONAL:
UN RECURSO PARA NUESTRO AUTOCONOCIMIENTO

La educación emocional nos dará las herramientas necesarias para alcanzar el equilibrio y la libertad emocional. Prueba de ello es que, en las últimas décadas, este concepto ha ido cogiendo peso en nuestra sociedad, y encontramos más escuelas que integran las emociones como complemento de las capacidades intelectuales.

La sociedad, a través de sus normas inmorales, como hemos señalado en el apartado anterior, nos ha condicionado sobre la expresión emocional, asociándose a un estado de debilidad. Como consecuencia, llegamos a una represión emocional que confundimos con un fingido autocontrol.

La **educación emocional** legitima las emociones y nos enseña a expresarlas adecuadamente, evitando perder el control. La vulnerabilidad ante los agentes externos se debilita al dotarnos de competencias y habilidades para afrontar aquellos problemas cotidianos que pueden afectar nuestro equilibrio emocional.

Con la teoría aprendida, la pondremos en práctica en cada situación y así construiremos nuevas estrategias que nos protegerán contra los comportamientos autodestructivos derivados de la falta de conocimiento emocional.

Surgirá una nueva actitud ante la vida, mucho más positiva, sin abandonar el contexto en el que nos hallemos. Una actitud más auténtica que nos enseña a mirar la realidad de otra forma, y así es como nuestra realidad cambia.

Al igual que el esfuerzo que realiza el ser que ocupa la crisálida para romper las paredes que lo encierran, iniciarse en la educación emocional debe nacer en el individuo. **Es la versión más intimista del efecto mariposa:** un proceso que nace y se desarrolla en nuestro interior para presentarnos fortalecidos ante el mundo que nos espera.

Esta educación no solo abarca el marco teórico de las emociones; también nos acompaña en un viaje introspectivo que nos lleva hacia el autoconocimiento. Una y otra vez solemos caer en la trampa del autoengaño para cumplir los preceptos que impone la sociedad. Este autoengaño genera un malestar emocional que, inevitablemente, influirá en nuestras acciones, provocando efectos indeseados en nuestro entorno.

La buena educación emocional nos habla de **valentía** para aceptar cualquier emoción, validarla y limpiarla de cualquier juicio moral.

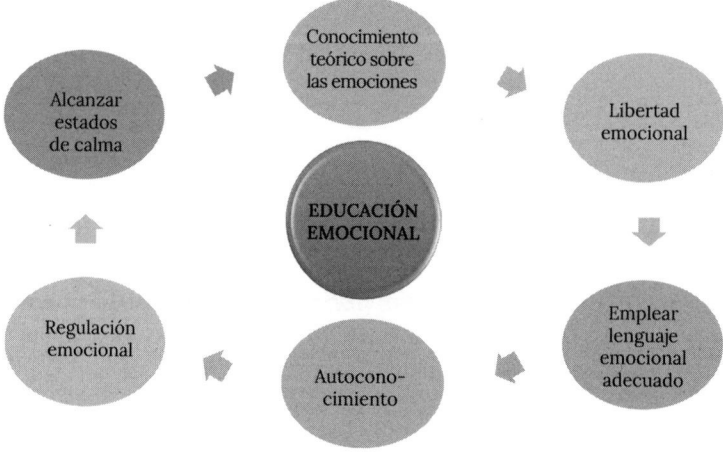

RESPONSABILIDAD AFECTIVA DEL INDIVIDUO

Acudir a talleres, leer libros de autoayuda o acudir a terapia pueden ser buenos recursos para emprender el camino. Sin embargo, para mantener vivo en el tiempo este proceso educativo no solo debemos atender a la formación teórica en emociones, sino asumir nuevos conceptos y ponerlos en práctica. La responsabilidad afectiva es uno de ellos.

La **responsabilidad afectiva** es aceptar lo que sentimos, expresarlo adecuadamente y exponer nuestras necesidades considerando la repercusión que se refleja en los demás. Es una representación muy evidente del efecto mariposa en lo que a gestión emocional se refiere. Después de la educación y del conocimiento, es el siguiente paso para alcanzar la libertad emocional.

Si responsabilizamos a los demás de nuestro estado emocional, estamos perdiendo libertad y control sobre nuestro bienestar. Nos enfocaremos en identificar la necesidad real que hay detrás de nuestras emociones y reacciones, y así poder sustituir aquello que nos genera sufrimiento por una estrategia más adaptativa.

En ocasiones, observamos que somos incapaces de expresar honestamente nuestras necesidades. En la **desconexión emocional,** maquillamos las situaciones dolorosas para dejar de sufrir. Esta estrategia, basada en un mecanismo de autodefensa, nos impide comunicarnos de modo efectivo con los demás; potencia los conflictos en nuestras relaciones personales o favorece aquellas basadas en el engaño o la superficialidad.

En el otro extremo de la desconexión emocional encontramos la **empatía excesiva**. Cuando hablamos de empatía, automáticamente pensamos en las cualidades de este sentimiento: el pegamento que une las relaciones sociales y nos hace sentir que formamos parte de un todo. Pero su exceso o una empatía mal canalizada nos empuja a responsabilizarnos por el estado emocional de los demás, sintiendo una culpabilidad excesiva cargada de sufrimiento y sacrificios infundados. Tanto la tendencia exagerada a sentir las emociones ajenas como la atención desmedida hacia los demás no son más que desequilibrios emocionales derivados de la necesidad de ser aceptados por los otros o por déficits de atención que proyectamos en los demás; son lastres que lisian la libertad emocional.

EL AUTOCONOCIMIENTO: EL ENFOQUE MÁS INTIMISTA

Para amar a alguien en profundidad previamente lo hemos tenido que conocer. Esta implicación en conocer a los demás, el entorno o la cultura debemos extenderla hacia nosotros mismos. **No podemos amar aquello que no conocemos**. De manera que el autoconocimiento nos llevará inexorablemente hacia el amor propio, condición esencial para alcanzar la felicidad y la plenitud. Aprenderemos a amarnos, a aceptarnos tal y como somos, con nuestras sombras y luces, con nuestros defectos y virtudes, libres de prejuicios y con profundo respeto. Este amor incondicional hacia nosotros mismos es la luz que hará brillar nuestra transformación vital.

Hace algunos años el amor propio era sinónimo de egoísmo, un valor asociado a narcisistas, y con falta de empatía. El egoísmo significa que uno solo se quiere a sí mismo y no tiene la capacidad para amar y considerar los sentimientos de los demás. En el amor propio, sin embargo, disponemos de estrategias eficientes para querer a los demás.

El autoconocimiento también nos enseña a reconocer cuáles son nuestras necesidades y deseos. El profundo respeto que aparece como resultado del amor hacia nosotros mismos nos ayudará a establecer los límites.

Este estudio sobre nosotros mismos es un proceso que nos ocupará toda la vida debido a la naturaleza cambiante de nuestra realidad. Aparecerán nuevas situaciones o relaciones desafiantes que nos desequilibren. Pero, al responsabilizarnos con este aprendizaje, tendremos la habilidad de responder en coherencia con nuestras necesidades y objetivos.

La ausencia de conocimiento genera **un vacío existencial**, una insatisfacción permanente, que deriva en un malestar emocional. Para paliar este dolor tenderemos a llenar ese vacío con lo primero que encontremos: relaciones tóxicas o disfuncionales, exceso de trabajo, obsesiones, consumo de sustancias tóxicas, desajustes alimentarios y un largo etcétera que no son más que señales de que algo va mal dentro de nosotros mismos.

LA PULSIÓN PARA ALCANZAR LA LIBERTAD EMOCIONAL

El corazón de nuestra mariposa bombea con fuerza para llevar la sangre a todos los rincones de su anatomía, vigorizando sus alas y preparándola para el mundo exterior. Estos elementos serán el combustible necesario para el vuelo hacia la libertad emocional.

1. Empoderamiento emocional

Apoyándonos en el conocimiento que nos ha ofrecido **la educación emocional y respaldado por la responsabilidad afectiva**, en nuestro refugio conocemos nuestras emociones. Es más, disponemos de herramientas efectivas para ejercer el control sobre ellas y poder expresar a los demás nuestras necesidades.

2. Miedos prohibidos

Dejamos atrás esa **dependencia emocional**, inculcada a través de valores sociales inmorales, que nos impulsa a anteponer a los demás a nosotros mismos y provocan un incesante **conflicto interno**.

De forma automática, buscamos desesperadamente sentir que pertenecemos y pagamos un elevado precio por ello. El miedo a la soledad, a sentir que no somos funcionales dentro la estructura social nos arroja a un mundo de oscuridad del que solo podremos salir con la llave del autoconocimiento.

3. Soledad y quietud

Abrazamos **la soledad para crear momentos de quietud**. El autoconocimiento fluirá por sí mismo penetrando en todos los recovecos de nuestro ser.

4. Disculpen, yo primero

Desde hace unos años, enarbolamos **la empatía como la actitud por excelencia**. Se habla de empatía como el remedio al mal endémico de nuestra sociedad y le confiere unas cualidades milagrosas. Este enaltecimiento de la empatía ha dirigido nuestros esfuerzos hacia los demás, para así, entender al prójimo sintiendo lo mismo que está sintiendo. Sin embargo, ha provocado unos efectos secundarios significativos:

- Hemos perdido el protagonismo de nuestra vida y se lo hemos cedido a los demás. Ahora, priorizamos el estado emocional de los demás antes que el nuestro.

- Esta moda emocional ha etiquetado al amor propio y al autocuidado como «egoísmo». Aunque, en los últimos años, esta situación se está revirtiendo y el enfoque personal empieza a tener su sitio.

- Establecimiento de límites a los demás para reivindicarnos frente a ellos. Tarea difícil y marcada por un montón de condicionantes sociales que se volverán en nuestra contra. Aceptaremos con responsabilidad la incomprensión y los juicios de valor que esta decisión desencadenará.

- El estrés que provoca la disponibilidad continua hacia los demás e incluso cuando no estamos bien.

- Aparece un sentimiento de culpabilidad cuando observamos que no hemos atendido a una persona como se merece.

5. Límites que dan alas

Establecer los límites emocionales basándonos en el autoconocimiento de nuestros deseos y objetivos es otro elemento fundamental para alcanzar la libertad emocional.

Tomar conciencia sobre los apegos adheridos, ya sean materiales o emocionales, e independizarlos de nuestra identidad. Debido a esto, deshacernos de ellos se convierte en uno de los procesos más doloroso de nuestro viaje hacia la libertad de sentir.

6. Autocompasión y perdón

Practicar **la compasión con nosotros mismos** debilitará el peso que los juicios ejercen sobre nosotros. Si somos capaces de ser amables con los demás, ¿por qué nos cuesta tanto serlo con nosotros mismos? ¿Qué creencia limitante nos lo impide? ¿Por qué si nuestro amigo comete un error podemos perdonarlo y consolarlo y si lo cometemos nosotros nos castigamos sin compasión?

Acompañarnos en nuestros errores, y librarnos de juicios de valor, es uno de los procesos emocionales más liberadores de los que disponemos. ¿Cómo cambiaría nuestra forma de actuar si perdiéramos el miedo a equivocarnos?

Posiblemente, la respuesta más plausible sea que el sentimiento de libertad se apodere de nosotros. Lejos de la indulgencia, **la autocompasión** ni nos victimiza ni nos incapacita, sino que **nos empodera** porque nos ayuda a comprender que, en ocasiones, las cosas no salen como esperábamos.

7. ¡Sonríe!

En un mundo donde impera la productividad y la eficiencia, nuestros días están regidos por la consecución continua de tareas. Esto provoca que nos tomemos la vida muy en serio, con cierta tendencia a dramatizar cada situación.

Cuando observamos las circunstancias con perspectiva nos damos cuenta de que, tal vez, aquella situación engorrosa no era para tanto y que el problema no merecía de tanto desgaste individual.

El sentido del humor nos aporta esa distancia emocional tan necesaria ante los problemas, con la sutileza de evitar la minusvaloración o la utilización de sarcasmos e ironía como recurso. Esta perspectiva singular del problema nos proporciona soluciones creativas. Y ya lo decía Einstein: «Todo es relativo».

Reírnos hasta de nosotros mismos, de nuestros defectos y fallos es el gesto de aceptación más profundo que podemos dedicarnos. No necesitamos saberlo todo ni correr a Google para dar una respuesta lo antes posible. **Aceptamos que no lo sabemos** y nos reímos de ello. Los beneficios que el sentido del humor produce en nuestro organismo son innumerables. En los últimos estudios descubrieron que la risa inyecta una descarga de oxitocina en el torrente sanguíneo que es la vía más rápida y eficaz de liberarnos del estrés crónico.

Sin embargo, debemos emplearnos adecuadamente para utilizar el sentido del humor correctamente; requiere de habilidades emocionales que debemos entrenar. Necesitaremos relaciones sociales para poner esta estrategia en práctica y una empatía (tanto cognitiva como emocional) para fluir entre la validación emocional y la relativización de los problemas.

Cuando utilizamos el sentido del humor para distanciarnos emocionalmente de un problema, los niveles de autoexigencia se reducen y humaniza nuestra visión sobre nosotros mismos.

La autocompasión y el amor propio serán buenos compañeros para llenar de humor nuestros días, puesto que nos permitirán reírnos hasta de lo más insólito.

El lápiz de la felicidad

El psicólogo social **Fritz Strack** concluyó, en un estudio realizado en 1988, un asombroso protagonismo del bienestar emocional al sostener un lápiz con la boca simulando una sonrisa. Los movimientos faciales de este gesto engañan al cerebro, que inyectan una dosis de hormonas de la felicidad al torrente sanguíneo sin ningún motivo real. De esta forma, estamos dándole la vuelta a nuestro estado emocional cuando nos sentimos bloqueados o no encontramos la salida a una situación complicada.

Hemos accionado el interruptor de la bioquímica para que juegue a nuestro favor; si ejercitamos el hábito de llevarnos el lápiz a la boca buscando una sonrisa, las endorfinas nos mueven hacia el optimismo, a mejorar la calidad de nuestros pensamientos, reducir la tensión arterial y dotar de una dosis extra de coraje para enfrentarnos a aquello que tanto nos cuesta.

La sonrisa es la habilidad social más cohesionadora de la que disponemos. El efecto mariposa que la sonrisa puede desencadenar es fascinante: observamos un impacto tanto a nivel intrapersonal, con la activación fisiológica y emocional, como a nivel interpersonal, facilitando las relaciones sociales.

La sonrisa de Duchenne

Hemos aprendido a engañar a nuestro cerebro a través de los músculos de nuestra cara para simular una sonrisa y beneficiarnos de todo su potencial. Así, evidenciamos que hay muchas sonrisas y no todas transmiten alegría.

De los diecinueve tipos de sonrisas, solo seis transmiten satisfacción y felicidad, según un estudio de la Universidad de San Francisco en Estados Unidos. Con la sonrisa, podemos expresar incredulidad, enfado, dolor, vergüenza, desprecio y hasta tristeza; todas estas emociones las enmascaramos con esta expresión en nuestro rostro, mostrando un gesto amable hacia los demás —función cohesionadora de la risa— y alejándonos de lo que realmente estamos sintiendo.

El neurólogo francés **Duchenne de Boulogne** —coetáneo de Charles Darwin, con el que compartía la pasión por la fotografía— estaba maravillado por este acto reflejo y por sus mecanismos. Llegó a descubrir sesenta expresiones e identificó la sonrisa de la felicidad auténtica en la que se implican los músculos de los ojos, las pequeñas contracciones que marcan arrugas y elevan las mejillas y el alzamiento de la comisura de los labios, sin olvidarnos del brillo de los ojos, factor que acompaña a estos grupos musculares. En su honor, se la conoce como la **sonrisa de Duchenne** o sonrisa sentida.

Esta sonrisa no puede provocarse ni forzarse, está ligada a la zona más emocional del cerebro. Resultado de la expresión sincera y espontánea de emociones como la felicidad y la alegría, es la sonrisa que debemos cultivar en nuestro interior.

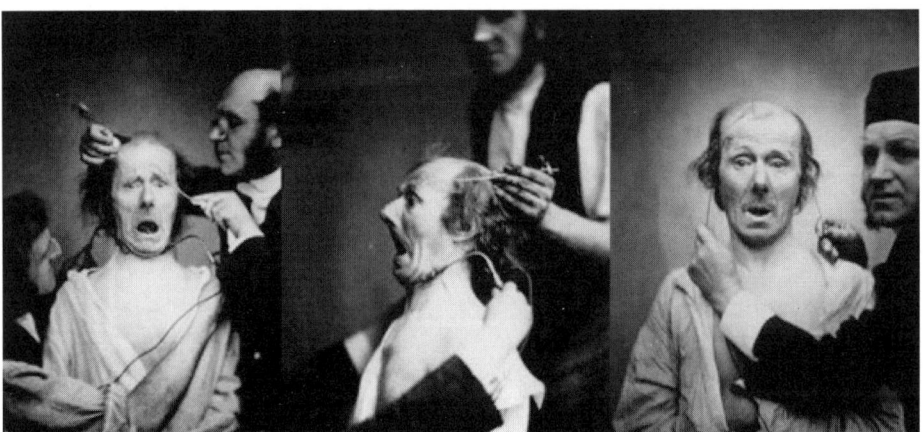

Fotografías extraídas del libro De l'électrisation localisée et de son application à la pathologie et à la thérapeutique. Duchenne, 1855.

LA BRÚJULA EMOCIONAL

El arte de vivir con un propósito nos lleva a la autorrealización —desenterrar sueños que nos motiven, objetivos individuales que van más allá de nuestro ámbito laboral—. Buscamos propósitos en la vida personal y nos implicamos en conocer cómo alcanzarlos.

La intención germina en un propósito de vida que le da sentido a nuestros días. Cuando nos sentimos perdidos, nuestro propósito nos sirve de brújula y nos devuelve al camino que habíamos abandonado. Tener objetivos y sueños por cumplir nos arrastra al momento presente y a la consciencia, porque para conseguirlos debemos arrinconar los automatismos y apostar por el autoconocimiento.

Es fácil confundir un propósito de vida con un objetivo laboral. Estos están determinados por un marco temporal para su consecución y la satisfacción es volátil y caduca. Por el contrario, en **un propósito de vida** nos centramos en nosotros mismos sin la presión de la competencia o la necesidad de demostrar. En paz, los días van recuperando su sentido propio y repercute en nosotros mismos y en los demás. Porque cuando vivimos con un propósito, nuestra energía se enfoca en generar pensamientos y acciones dirigidos a lograr la transformación de esta intención en realidad. Una metamorfosis donde un brillo especial surge al apreciar que nuestra vida tiene sentido. **El efecto mariposa tiene doble impacto**: el pequeño gesto de vivir con un propósito personal determinará nuestras intenciones y estas, nuestra voluntad. El engranaje perfecto que hará funcionar la maquinaria para hacer realidad nuestros deseos.

Sin propósito, nuestras vidas se vacían y surgen así las crisis existenciales. Aparece una insatisfacción crónica que nos impide seguir hacia delante. Debemos recurrir al autoconocimiento para saber quiénes somos, qué queremos y cómo queremos que nos recuerden cuando hayamos muerto. Si obtenemos las respuestas adecuadas, buscaremos inspiración en nuestras relaciones personales significativas, avanzaremos hasta nuestro sueño, aunque el miedo nos bloquee, sin abandonar el arduo aprendizaje de convertirnos en «expertos de nosotros mismos». Al igual que vivir con un propósito nos sirve de astrolabio, el malestar que nos genera la incoherencia emocional nos señala que debemos reorientarnos para recuperar la senda del equilibrio.

La **coherencia emocional** implica sentir, pensar y actuar en la misma dirección. Una premisa sencilla pero trampeada por nuestro cerebro. La disonancia cognitiva que tratamos en el capítulo anterior, el disimulo o la resignación aparecen diariamente en numerosas situaciones. Si las utilizamos para justificar aquellas acciones que no deseamos realizar, estamos fomentando una vida llena de incoherencia que solo desencadenará malestar y sufrimiento. Cuando hacemos algo que no deseamos hacer estamos inhibiendo nuestra expresión emocional. Los mandatos sociales o familiares son la herencia que recibimos por nuestra condición de ser social. Nuestra brújula emocional nos orientará hacia una vida equilibrada y llena de sentido.

«La honestidad es más que no mentir. Es decir la verdad, hablar la verdad, vivir la verdad y amar la verdad».

JAMES E. FAUST

LA LEY DE LA ATRACCIÓN

Nuestros pensamientos, emociones y energía tienen el poder de influir significativamente en nuestro entorno. A través de una comprensión profunda de nosotros mismos, podemos poner en funcionamiento otros mecanismos para relacionarnos con el entorno.

La ley de la atracción es un principio metafísico que manifiesta que lo semejante atrae a lo semejante: los pensamientos y sentimientos positivos, atraen experiencias y resultados positivos. Y al revés. Esta ley le confiere una especial importancia a la energía y a las vibraciones de nuestros procesos neuronales y de cómo se relacionan con las energías que nos rodean. Sin embargo, necesitamos vivir en coherencia para magnificar los resultados.

Cada emoción está asociada a una vibración, con frecuencias e intensidades diferentes. Las emociones positivas resuenan en personas que experimentan la misma actitud; esta resonancia vibracional es la consecuencia de la atracción. Al igual ocurre con nuestras relaciones personales: atraeremos aquello que proyectamos.

La ley de la atracción también se manifiesta en cómo interpretamos la realidad. Así, si esperamos que el resultado de las acciones sea exitoso, actuaremos en consecuencia, aumentando la probabilidad de que este suceso se produzca.

La ley de la atracción define una de las principales dimensiones del **efecto mariposa**: la interconexión del Universo, donde la vibración de un elemento desencadena la vibración del otro, desencadenando consecuencias en cada uno de ellos, en la relación que los une y en el contexto donde se produce. Desde la importancia de mantener una **resonancia emocional positiva** hasta la práctica de la gratitud y el desapego, nuestras emociones serán la clave para sintonizar nuestra frecuencia vibratoria con lo que deseamos atraer.

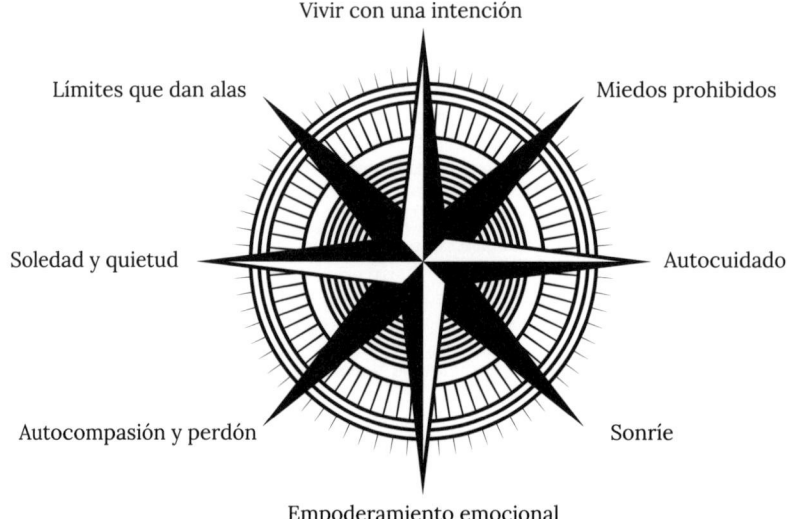

LA BELLEZA DE LA MARIPOSA

La metamorfosis LLEGA A SU FIN, Y DE LA CRISÁLIDA EMERGE UN SER TOTALMENTE DIFERENTE AL QUE INICIÓ EL PROCESO. BELLA, ELEGANTE Y AÉREA, LA MARIPOSA HA PASADO DE SER UNA ORUGA MÁS A CONVERTIRSE EN UNA OBRA DE ARTE. CON SU NUEVA MORFOLOGÍA, PODRÁ BATIR SUS ALAS, CREAR PEQUEÑOS REMOLINOS A SU ALREDEDOR Y LLEGAR A PARAJES DONDE ANTES NUNCA SE HABRÍA IMAGINADO, DESCUBRIENDO NUEVOS ESPACIOS PARA EXPLORAR Y DESARROLLARSE.

Desde el aire puede ver los lugares por lo que se arrastró lentamente como una oruga. Puede contemplar la crisálida, ahora inerte, que le dio cobijo y protección durante las semanas que necesitó en su transformación.

En los últimos capítulos, se pretende ofrecer al lector ejemplos nítidos del efecto mariposa y de su atractivo. Para ello, no existe mejor escenario que el mundo de las artes, en el que la humanidad ha buscado siempre alcanzar las más altas cotas de belleza. El arte y la creatividad han gozado siempre de un puesto privilegiado desde el que activar los resortes emocionales del individuo, tanto manifestando la visión más íntima del artista, como iluminando los rincones más profundos del alma de los espectadores.

Todas las disciplinas artísticas han integrado, de una manera u otra, al efecto mariposa en sus obras, tratándolo con una delicadeza y exquisitez excepcionales. Sin desmerecer a ninguna, en esta parte final del libro se ha optado por las que se consideran que ofrecen una mayor visibilidad de la intervención de la mariposa: la literatura y el cine.

Vaya por delante que las obras incluidas no son las únicas en las que está presente el efecto mariposa. A poco que se mantenga atento el avezado observador, podrá encontrar bastantes libros en los que el pequeño insecto estará escondido a la vuelta de una página o escena. Pero se han escogido estas desde el convencimiento de que servirán para despertar la curiosidad del lector y para animarlo a seguir el rastro de la mariposa.

A lo largo de este camino, el lector ha pasado por senderos anchos, jalonados por explicaciones extensas sobre términos científicos, y ha enfrentado ascensiones difíciles hacia conceptos nuevos. También se ha adentrado en senderos recónditos y estrechos donde ha podido apreciar la belleza de pequeños espacios aislados, iluminados por los rayos de una luz esquiva que se ha colado entre las ramas de un bosque frondoso.

Ahora ha llegado la hora de disfrutar de lo conseguido, de contemplar el vuelo de la mariposa y de deleitarse con una panorámica exclusiva y completa del camino recorrido.

EL TOQUE LITERARIO DEL EFECTO MARIPOSA

De los diversos instrumentos inventados por el hombre,
el más asombroso es, sin duda, el libro;
Todos los demás son extensiones de su cuerpo.
Pero el libro es otra cosa: el libro es una extensión
de la memoria y de la imaginación.

JORGE LUIS BORGES

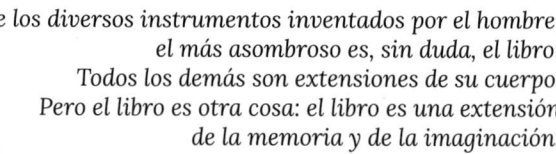

Aunque el enunciado formal del efecto mariposa fuera presentado por Lorenz a mediados del siglo pasado, la esencia del mismo siempre estuvo presente en el ideario de cientos de escritores anteriormente. Diseñar presentes alternativos y elucubrar futuros posibles está profundamente arraigado en la invención humana. **Cada decisión que tomamos se extiende más allá de sus consecuencias observables**, impregnando las áreas del cerebro encargadas de la imaginación y de la memoria.

Esa atmósfera etérea de posibilidades que crea la literatura es el hábitat ideal para la mariposa del efecto, por lo que siempre ha encontrado la manera de esconderse entre las páginas de los libros, fueran del género que fueran, y esperar la ocasión propicia para batir sus alas. Porque con su aletear no solo mueve el aire a su alrededor, también agita la imaginación, rompiendo las barreras entre la realidad y el sueño, dándole valor a lo despreciable, o convirtiendo lo importante en insignificante. Ese es su mayor poder.

Como si de un ser vivo se tratara, la mariposa del efecto siente la necesidad de perpetuarse, de expandir ese poder tan lejos como pueda. Y qué mejor medio de transmisión que la literatura. A diferencia de otros medios de propagación más efímeros, la literatura le proporcionará el tiempo necesario para aclimatarse y asentarse cómodamente en las fantasías de los individuos y desplegar todo su potencial. Porque la escritura, al igual que la lectura, son actos íntimos y profundos.

Cuando un escritor empieza una obra tiene que acometer la difícil tarea de dar coherencia a sus pensamientos para hacerlos comprensibles, hilvanar historias que conmuevan, dar textura a los personajes para que transmitan y diseñar escenas que atrapen al lector. Y para todo eso, solo cuenta con su creatividad. No dispone de artificios de cámara para convalidar esas mil palabras por una imagen, ni de música para predisponer las emociones del lector. A la hora de volcar sus ideas, solo tiene a su alcance el monótono contraste del negro sobre el blanco. En ese aislamiento interior la mariposa puede revolotear sin ataduras, liberando su efecto como si de una musa se tratase.

Al otro lado del libro, **la lectura pausada y paciente también permite a la mariposa introducirse** delicadamente en la imaginación del lector y desplegar sus alas, creando en su mente mundos alternativos, únicos y originales. Un libro permite al lector perderse por la ciudad, explorar rincones que no sabía que estaban ahí o disfrutar de la contemplación de un sentimiento durante horas. Y no solo eso. Aunque las palabras del escritor dibujen unos personajes nítidos, envestidos de un rol característico dentro de la trama, será el propio el lector el que les dará entidad en su mente, pudiendo aproximarse o alejarse de la visión del autor tanto como desee. Porque el escritor jamás podrá introducir la imagen que él tiene en el imaginario del lector. En esa apropiación personal de la historia y de los personajes reside la belleza de la literatura.

Porque un libro establece una relación entre autor y lector que escapa a la mera transmisión de ideas o emociones. Al leer un libro nos enfrentamos a la misma uniformidad de negro sobre blanco que tuvo que superar el autor. Pero en nuestro caso, tendremos que desandar el camino. Mientras que el creador de la obra se enfrenta a una página en blanco tras otra, vistiéndolas con las palabras que mejor expresen sus pensamientos, el lector desnuda las páginas adueñándose de esas palabras. Después las introduce en su yo más íntimo, las mezcla con sus propias experiencias, y termina elaborando universos adaptados a sus circunstancias y emociones personales.

Esa es la razón de que al releer un libro años después casi parece que estamos ante otro texto, **aunque contenga las mismas palabras que la primera vez que lo leímos, nosotros no somos los mismos**. Durante el tiempo pasado entre una lectura y otra, hemos acumulado nuevas experiencias que nos proporcionan una sensibilidad diferente.

LA MARIPOSA EN LA NARRATIVA

Hay escritores que focalizan su obra en exponer qué sucede, en describir momentos y personajes que iluminen una situación concreta. Esos instantes reseñados tienen como finalidad trasladarnos a un lugar y a un periodo concreto en el tiempo para hacernos partícipes del contexto en el que los personajes actúan. Se circunscriben a un marco temporal limitado, donde las causas y las consecuencias están tan próximas que es difícil perder el hilo entre unas y otras. La riqueza que el autor sea capaz de poner en los detalles marcarán la viveza con la que el lector podrá introducirse en la historia y comprender las acciones que llevan a cabo los protagonistas.

La mayor simbiosis entre autor y lector se produce cuando este último llega a sentirse identificado con alguna de las situaciones contadas. Al mimetizarse con esa atmósfera, quien sostiene el libro puede sentir como propias las emociones que transmiten los personajes y emitir un juicio sobre cada uno de ellos: Pero su opinión estará sesgada al encontrarse delimitada en el tiempo y en el espacio por el autor. Al no plantearse una causa más allá de las barreras establecidas, la mariposa difícilmente halla espacio para desplegar sus alas.

En cambio, cuando el relato es más abierto, el lector tiene que conectar los inicios con las repercusiones de los mismos, y contribuye a que el efecto mariposa intervenga de forma directa. En este tipo de obras, el autor no cierra la narración a un periodo específico. Abre tanto el abanico como resulte necesario hasta alcanzar el porqué primigenio de las decisiones o los actos de los personajes. Antes que colocar al lector en una posición privilegiada desde la que emitir un veredicto, lo sitúa en la incómoda tesitura de tener que justificar, a posteriori, algunas decisiones que inicialmente nunca hubiera considerado como válidas.

Para ello, **puede dejar en manos de la capacidad de observación del lector dar con las conclusiones finales**. O puede alentar a la mariposa del efecto para que, con el aire levantado por sus alas, oculte inicialmente algunos caminos, para despejarlos posteriormente. Así, empleando un juego continuo de avances y retrocesos, el autor arrastrará al lector a un laberinto con varias entradas y salidas conectadas entre sí, induciéndolo a confundir causas con efectos. En definitiva, lo que desea el narrador, lo que le exige a quienes lo escuchan, es una implicación personal, más profunda y meditada, a la hora de exponer las conclusiones finales de la historia.

LEVIATÁN, DE PAUL AUSTER

TODO SUCESO TIENE UN ORIGEN

En la primera escena de la novela, Auster nos relata un accidente traumático y extraño, en el que un hombre desconocido pierde la vida al manipular un artefacto explosivo al lado de su vehículo. Tomando como narrador principal a Peter Aaron, amigo de la víctima, salta al pasado para hilvanar los sucesos que conducirán a esta primera escena.

Como si del Watson de Holmes se tratara, Aaron se afana en contar la historia de Benjamin Sachs, el difunto al lado del vehículo. Primero nos presenta al personaje, dando como primer dato que su ocupación es la de escritor, al igual que el propio Aaron. A continuación, realiza un recorrido por las virtudes y características más destacables de su amigo. Una peculiaridad que cuenta sobre Sachs es su interés por retroceder al origen de las cosas, jugando con la cadena de causa y efecto. Le gustaba exponer la causa primigenia de un hecho, saltándose todos los pasos de la cadena, dejando a la otra persona con cara de incomprensión. Después se divertía aportando retazos de información, que iba conectando poco a poco, mientras las caras de sus oyentes se iluminaban por la sorpresa.

Un ejemplo recurrente era cuando Sachs hacía referencia a sus orígenes. Nunca mencionaba directamente la procedencia irlandesa de su madre o la judía de su padre. Así, manifestaba que el responsable de que su madre hubiera emigrado desde Irlanda a Estados Unidos era el poeta sir Walter Raleigh. Una vez sorprendido su interlocutor y captada su atención, jugaba a deshacer el enigma:

- Sir Walter Raleigh introdujo la patata en Irlanda, procedente de los nuevos territorios americanos.

- Con el paso del tiempo, el tubérculo se convirtió en el sustento básico y en la fuente principal de ingresos de los irlandeses.

- Cuando una plaga destruyó las cosechas de patatas durante cuatro años, la gran hambruna, forzó a miles de irlandeses a emigrar a Estados Unidos. Entre ellos, la madre de Sachs.

También afirmaba que la presencia de su padre en el país se debió a la muerte de Dios. Cuando la cara de los presentes se teñía de asombro, iniciaba la cascada de eventos:

1. Huida de los judíos de Rusia por los pogromos.

2. Muerte del zar a manos de los nihilistas.

3. Doctrina nihilista que afirmaba que Dios había muerto.

Después de esbozar en trazo grueso la personalidad de Sachs, el interés de Aaron se centra en exponer las circunstancias que condujeron a un amable, extrovertido e inteligente escritor a semejante final. Para ello, presenta al resto de personajes significativos en la vida de su amigo y les otorga una posición en la cadena de eventos.

> AARON: Una cosa lleva a la otra y, me guste o no, yo soy parte de lo sucedido [...]. De no haber roto mi matrimonio con Delia Bond, nunca habría conocido a María Turner, y si no hubiese conocido a María Turner, nunca me habría enterado de la existencia de Lillian Stern, y si no me hubiese enterado de la existencia de Lillian Stern, no estaría aquí sentado escribiendo este libro.
>
> AARON:... una vez eliminado ese primer paso, no habría sucedido ninguna de las cosas que se siguieron del mismo.
>
> AARON: La relación entre el pasado y el presente es ineludible.

EL AZAR FRENTE AL DETERMINISMO LÓGICO

Avanzada la novela, es el propio Sachs el que toma las riendas del relato para rellenar las lagunas que tiene su amigo. Con urgencia, pero sin ahorrarse detalles, le cuenta las vicisitudes por las que tuvo que pasar hasta ese momento y le adelanta sus planes de futuro.

Con la introducción de un segundo narrador, Auster se vale de las dos voces para ofrecer al lector **las dos visiones generales sobre el destino**. En las partes en las que Aaron se adueña de la narración, imprime en los sucesos la **causalidad propia del determinismo**: la consecuencia lógica de tal suceso es la causa del siguiente, provocando una cascada inexorable. En cambio, Sachs le concede un papel protagonista de su historia **a la casualidad y al azar**. Algunos de los giros que da su vida los justifica como fruto de la intervención de un elemento dislocado, ajeno a cualquier causa identificable.

> SACHS:... en aquel camino de Vermont. Intuí una especie de atracción cósmica, el tirón de una fuerza inexorable.
>
> SACHS:... casualmente estaba en la sección de narrativa norteamericana. Era una coincidencia asombrosa, algo que me impresionó tanto que pensé que tenía que ser un presagio.

EL PUNTO DONDE COMIENZA TODO

Aunque la trama principal del libro gira en torno al personaje de Benjamin Sachs, bien narrado en primera persona o en voz de su amigo Aaron, contiene otras historias que, moviéndose inicialmente en los márgenes, terminan agrupándose según un orden para dar coherencia al relato completo.

> AARON: Todo está relacionado con todo, cada historia se solapa con las demás. Tanto como el propio Sachs, yo soy el punto donde comienza todo.

Auster también aprovecha la figura de Aaron y su sentimiento de culpabilidad para realizar una crítica sobre la falta de atención en la que está cayendo la sociedad de forma acuciante. Mirando en retrospectiva el desenlace final, Aaron admite que estuvo tan metido en sus propios problemas, secuestrado por los continuos compromisos que le exigían, primero su propia autocomplacencia y después su nueva familia, que no prestó el debido interés a los indicadores de alerta que hubieran podido cambiar el curso de los acontecimientos.

Si dejáramos que nos contase esta historia la mariposa del efecto, nos la podría resumir diciendo que Sachs acabó tirado en la cuneta de una carretera secundaria por culpa de una tormenta de nieve (este fue el motivo por el que entablaron amistad los dos escritores). Pero, ¿fue esa realmente la causa?

En la novela, Aaron decide que ese es el punto inicial, pero a su vez nos cuenta que él no fue la primera opción para ese encuentro literario el día de la nevada. Lo avisaron a última hora porque al titular le surgió otra contingencia. ¿Podríamos atribuirle a este otro escritor la causa?

Si algo nos regala el efecto mariposa es que **la causa puede esconderse en cualquier parte**, y que, **tanto si la buscamos como si queremos alejarnos de ella**, las consecuencias seguirán siendo un misterio.

> SACHS: Me fascinaba pensar que yo había estado en la cárcel a causa de esa misma guerra (en su caso por rechazar el alistamiento) y que participar en ella le había llevado a él (sobre otro personaje del libro), más o menos, a mí misma posición.

EL EFECTO DEL ALETEO DE UNA MARIPOSA EN JAPÓN, DE RUTH OZEKI

MUNDOS ENLAZADOS

Narrada a dos voces, la novela de Ozeki entrelaza la vida de dos mujeres —Naoko y Ruth—, fundiendo el espacio y en el tiempo hasta conjugar dos lugares y dos culturas diferentes en un espacio vital compartido. Para que las dos historias liguen entre sí, la autora emplea ingredientes tan distantes como el poder de los sueños, la física cuántica y la filosofía budista.

En esa amalgama heterogénea **cristalizan conceptos más específicos como la casualidad y el azar, el determinismo, la teoría del caos o la incertidumbre**. Espacios en los que el efecto mariposa tiene bastante que aportar.

Además, en la combustión de todos los ingredientes, se aprecian pequeños destellos en forma de **crítica social y cultural**. Especialmente en las intervenciones de Naoko que, con la visión de una joven de dieciséis años, percibe más bruscamente el impacto entre dos culturas tan distintas como la japonesa y la estadounidense.

Uno de los puntos sobre el que la existencia de Naoko en California pivota 180 grados al llegar a Japón, es el instituto y las consecuencias que tiene una formación temprana adecuada en el resto de la vida de los japoneses. Para destacar el **determinismo acusado al que se ven sometidos los adolescentes**, expone una cadena causa-efecto partiendo del examen final de los estudios de grado medio:

CAUSA	ACCIÓN	EFECTO
El tipo de instituto al que accedas para cursar el último año...	DECIDE	...la universidad.
Según en qué universidad estudies...	PODRÁS	...acceder a unas empresas u otras.
La calidad de la empresa en la que trabajes...	DEFINIRÁ	...el dinero que ganarás.
El poder adquisitivo...	DECIDIRÁ	...con quién te casarás y los hijos que tendrás.
Si tu familia tiene recursos económicos...	PODRÁ	...pagarte un funeral de categoría y llegar a la Tierra Pura.

Pero esta cadena se rompe si se suspenden los exámenes de ingreso y no se accede a un buen instituto. La rigidez de la nueva sociedad en la que se ve introducida a la fuerza descoloca a Nao que, sintiéndose más estadounidense que japonesa, afirma: «Tengo libre albedrío y puedo trazar mi propio destino».

Con esta forma de ver el mundo y al considerarse una extranjera, el momento vital por el que pasa Nao está definido por acoso el escolar. Situación que se ve agravada por la caída en desgracia de la familia y las tendencias suicidas de su padre.

La joven encuentra refugio en su pasado familiar, al que accede a través de su bisabuela Jiko, una monje budista centenaria. Por medio de esta conoce las vivencias de su tío abuelo Haruki I, un joven estudiante de filosofía que fue reclutado en los últimos momentos de la Segunda Guerra Mundial como piloto kamikaze. Al conocer su historia, Naoko encuentra un catalizador entre el pasado y el presente que la ayudará a superar sus problemas.

A través de las vivencias de Haruki I desde que fue reclutado hasta llegar al momento decisivo de su ataque contra la flota americana, **la autora introduce explícitamente el efecto mariposa en la novela**. Cuando el joven piloto se ve sobrevolando la flota estadounidense, momentos antes de lanzar un ataque, sus reflexiones son un claro ejemplo de los cambios que pueden producir pequeños gestos:

HARUKI I—: Triste por los momentos malgastados que se han ido amontonando el uno encima del otro y nos han llevado a esta guerra.

[...] Y, en esa misma fracción de tiempo, el minúsculo movimiento de mi mano a través del espacio determinará los destinos de los soldados y ciudadanos japoneses que esos mismos estadounidenses (enemigos cuyas vidas salvo) tal vez vivan para matar. Y así una y otra vez, hasta que se pueda incluso decir **que el mismísimo resultado de esta guerra lo decidirán un momento y un milímetro que representan la manifestación externa de mi voluntad**. Pero ¿cómo voy a saberlo?

Aprovechando ese *impasse*, Ozeki también introduce la concepción budista sobre la elección y el destino, siendo llamativa la cercanía entre esta filosofía milenaria y el efecto mariposa. Con la nube de pensamientos que invaden la mente de Haruki I en ese episodio tan crucial de su vida, este busca refugio en los conocimientos budistas obtenidos del maestro Dögen:

En una fracción de segundo tenemos la oportunidad de elegir y cambiar el curso de nuestros actos tanto para llegar a la verdad como para separarnos de ella. Cada instante es absolutamente fundamental para el mundo.

Lo anterior es solo un ejemplo más de la relación constante que mantiene la autora con el efecto mariposa a lo largo de todo el libro. Podemos encontrarnos de nuevo con la mariposa en la forma en que relaciona la vida de Ruth con la de Nao. Para ello, se apoya en un hecho real, el terremoto y el tsunami posterior que asoló las costas de Japón en marzo de 2011. Arrastrada por la ola gigante, una bolsa con la pertenecías más valiosas de Nao —entre ellas, su diario— queda a la deriva en el océano. Años después, el movimiento incesante de las aguas la deposita en las costas de Canadá, donde Ruth la encuentra dando un paseo por la playa. Pero no se cierra ahí la cadena. Los giros que irá dando la historia enlazarán esos extremos con otros hechos que la extenderán en el tiempo: ¿por qué estaba Nao en la zona donde golpeó el tsunami con más violencia si vivía a kilómetros de ese punto?, ¿por qué paseaba Ruth por una playa de Canadá cuando siempre había vivido en Nueva York?

Para sincronizar esos dos eventos fundamentales, la autora se aleja de exposiciones directas y opta por dejar que sea el lector el que vaya descubriéndolo a lo largo de la novela. Al intercalar los pasajes del diario de Nao con las emociones que despierta en Ruth su lectura, teje la trama de hechos y consecuencias que terminarán por situar a cada una en ese lugar y ese momento.

SE HA DADO ALCANCE A SÍ MISMA

Con los continuos cambios de narrador, Ozeki no solo busca darles voz a ambas protagonistas. También nos somete a un continuo cambio de posición dentro de la historia. Ese recurso literario le da el escenario perfecto para finalizar la novela abordando el más complejo de los campos de la física, **la mecánica cuántica**. Este ámbito de la física está íntimamente relacionado con la teoría del caos —basada en el efecto mariposa— y la teoría de la relatividad, formando una especie de trinidad en la física teórica.

Por supuesto no es sencillo tratar un tema de semejante calibre en una novela, pero Ozeki consigue exponer conceptos como el **gato de Schrödinger**[10] o la **interpretación de los muchos mundos, de Everett**, de una forma directa y clara. Con pasos de bailarina, consigue moverse por un escenario tan farragoso como ese, sin quedar atrapada en explicaciones excesivamente complejas.

Merece especial atención la forma en que emplea la teoría de Schrödinger para describir la extraña relación entre ambas mujeres. Desde la primera página de su diario, Nao le da entidad al posible lector, tratándolo como a un amigo. Se dirige a él directamente, procediendo como si tuviera la certeza de que está ahí, al otro lado de las páginas. Pero realmente no sabe si alguien terminará leyéndolo o no. En clara alusión al físico austriaco, Ozeki se vale de la pluma de Nao para añadir una última frase que coloca a Ruth en la posición del gato y al diario como el dispositivo radioactivo del experimento:

> NAO: Es una locura, lo sé, ya que ni siquiera existes todavía. Y, a menos que encuentres este libro y empieces a leerlo, tal vez nunca existirás.

Los últimos giros de la novela desubican al lector tanto como a una de sus protagonistas, Ruth. La autora deja entrever dos **posibles escenarios finales**, uno anterior y otro posterior a la intervención de la propia Ruth. Para dar validez a la existencia de ambos, encaja en el texto la teoría de Everett, solapándola con el gato de Schrödinger:

> Si hay un mundo donde el gato está muerto y un mundo donde está vivo, esto tiene también implicaciones para el observador (...). De modo que ahora hay un tú que está observando al gato muerto y otro tú que está observando al gato vivo. El gato era uno, y ahora son varios. Tú eras uno, y ahora eres varios.

---

[10] Schrödinger planteó un experimento mental para explicar la superposición cuántica. Consistía en introducir a un gato en una caja, con un dispositivo radioactivo asociado a un matraz con veneno. Si el dispositivo se activaba por la presencia de un átomo radiactivo, libraría el veneno y el gato moriría. En caso contrario, permanecería vivo. Solo al abrir la caja podría saberse si el gato estaba vivo o muerto, por lo que, hasta que un observador no lo viera, se encontraba en ambos estados.

LA CIENCIA FICCIÓN Y EL EFECTO MARIPOSA

Fantasear sobre nuestro presente o nuestro futuro si determinados hechos hubieran, o no, tenido lugar se ha filtrado en las tramas de millones de libros, especialmente en el género de la ciencia ficción. Si Lorenz planteaba una metáfora esclarecedora sobre las consecuencias inimaginables de pequeñas acciones, los ejemplos que aporta este género literario exceden con mucho las proporciones del vínculo entre la mariposa y el huracán. **La ciencia ficción da alas a las más increíbles y fabulosas historias**. **Libera al autor de cualquier restricción personal**, **social o histórica**, incluso de la tiranía del tiempo, para dar la dirección absoluta de la trama a la imaginación. Dentro de la ciencia ficción, los subgéneros que tienen una relación más profunda con el efecto mariposa son la utopía, la distopía y la ucronía:

1. **En una utopía se construye un universo idealizado**, perfecto a los ojos de su creador. Los libros basados en utopías suelen contener una crítica, directa o velada, a las condiciones presentes en el momento, al objeto de identificar los males que son necesarios enmendar o erradicar para evitar la catástrofe y alcanzar el ideal deseado. Aunque estos escritos suelen tratarse desde una perspectiva social, los principios que los articulan son de aplicación al individuo. Cada persona crea en su mente un estado vital ideal, un futuro en el que todo se acomoda a sus gustos y necesidades. Una vez definidos los cimientos de ese entorno imaginario, el proceso pasa por analizar la situación actual para encontrar aquellos aspectos de nuestra existencia que deben ser corregidos. Así, nuestras decisiones quedarán marcadas por las conclusiones de ese análisis.

2. Frente al estado de perfección que persigue la utopía, **la distopía se deja arrastrar por la fatalidad**, convirtiéndose en su hermana pesimista. Los futuros teóricos que nos presenta están definidos por mundos desoladores, destructivos y hostiles para la supervivencia humana. También analiza el presente para detectar las posibles causas de esos devenires hipotéticos, pero a diferencia de su hermana, que las expone como obstáculos a superar en pos de una recompensa mayor, la distopía acepta la premisa de su inevitable cumplimiento y arrastra a las historias hacia finales apocalípticos. Además, la literatura distópica siente una especial predilección por otorgar esa responsabilidad sobre la catástrofe a hechos insignificantes, a prácticas consideradas normales y positivas o a avances tecnológicos que estarían destinados a mejorar nuestras vidas. Busca el contraste más impactante entre la normalidad del presente y el caos del futuro para despertar la crítica social.

3. Por su parte, la literatura basada en la ucronía, aunque menos conocida, guarda mucha relación con las anteriores. Solo es necesario modificar la perspectiva temporal. Mientras que en la utopía o en la distopía se actúa sobre el presente para llegar a un futuro perfecto o caótico, **en la ucronía se alcanza un presente alternativo partiendo de la modi-**

ficación de los hechos pasados. Si las cuestiones que se plantean en la utopía son ¿sobre qué tenemos que actuar para que suceda tal cosa? o ¿cómo afectará al futuro tal otra?, las que surgen en un enfoque ucrónico son del tipo: ¿qué hubiera pasado si hubiera sucedido tal cosa? o ¿qué evento desencadenó la situación actual? En su desarrollo se parte del análisis de hechos pasados, sobre todo aquellos de especial relevancia para la humanidad, para hallar las causas que los desencadenaron. Alterando esos iniciadores, y atendiendo al contexto del momento, se elaboran otras opciones plausibles sobre lo que podría haber pasado. Aunque el concepto de ucronía se utilice normalmente en un marco histórico general, el proceso que se sigue en su proyección está muy presente en el entorno particular del individuo. Sería difícil encontrar a una persona que, en algún momento de su vida, no hubiera escarbado en su memoria para localizar el detonante que la condujo a su situación actual. Después es muy probable que jugase a sustituir lo que hizo —o dejó de hacer— por alguna de las alternativas que tuviera en ese instante. Tras volver a encajar las piezas de su existencia a partir de ese momento, el siguiente paso lógico sería crear un presente diferente del real —y casi siempre mejor.

EL RUIDO DE UN TRUENO, DE RAY BRADBURY

VIVIR LA EXPERIENCIA DE CAZAR EN EL JURÁSICO

Con poco más de diez páginas, el relato de Bradbury nos sitúa al principio de la historia en el año 2055, cuando los viajes en el tiempo son una realidad, para trasladarnos a continuación al Jurásico de hace sesenta millones de años y, casi en un suspiro, traernos de vuelta a un mundo distinto al que dejamos al partir.

Sin perderse en detalles superfluos, el autor nos dibuja al protagonista de la historia, el señor Eckels, como un individuo de mediana edad, inseguro y temeroso, que decide apuntarse a un safari por el Jurásico para cazar un dinosaurio. Los motivos por los que Eckels quiere vivir esa experiencia no se exponen directamente, aunque se deja traslucir que su mayor interés es poder contarla después a su círculo de amigos. Lo que sí queda claro es que, aunque afirma haber cazado anteriormente, o miente o realmente no está preparado para la situación que se encuentra en la selva.

Con esta presentación, Bradbury quiere reflejar la ansiedad que empieza a sentir la sociedad del momento por **experimentar todo tipo de emociones sin plantearse las posibles consecuencias**. No es difícil extrapolar a Eckels a los tiempos actuales, donde la necesidad de destacar sobre los demás o de transmitir una vida de plenitud ha empujado a la sociedad a un frenesí de aventuras y de exposición pública. El desenlace de la novela de Bradbury nos brinda un ejemplo perfecto para demostrar que colocarse frente a **situaciones sobre las que no se cuenta con un mínimo control** crea el entorno perfecto para que la mariposa agite sus alas y nos arrastre a consecuencias inesperadas.

PRECAUCIÓN, LA MARIPOSA NO DESCANSA

Las descripciones iniciales de la atmósfera en la que se desarrollan los primeros compases son breves: el local de la empresa de los safaris en el tiempo —especialmente la máquina en sí— y una conversación sobre el resultado de las últimas elecciones presidenciales. En este punto, Bradbury marca el indicador que alertará a los protagonistas del desenlace de su viaje en el tiempo. El vencedor de las elecciones es el presidente Keith, más moderado y progresista, derrotando a Deutscher, calificado por uno de los personajes como «antitodo, militarista, anticristo, antihumano, antiintelectual».

A partir de la entrada de los cinco integrantes del safari en la máquina del tiempo, Bradbury invierte la tinta de su pluma en exponer algunas de **las consecuencias que las alteraciones en el pasado pueden acarrear en el futuro**. Para ello emplea las continuas advertencias que Travis, un guía experimentado y con la intuición suficiente para percibir los problemas, le lanza a Eckels.

La forma en que Travis expone los efectos que puede acarrear una leve modificación del pasado recuerda al adagio del clavo y el reino. Travis comienza la cadena causa-efecto con un simple ratón. A partir de ahí va encajando los efectos que cada paso tiene en la secuencia:

La falta de diez ratones provoca la muerte de un zorro porque carece de alimento. → A su vez, la ausencia de ese zorro en la cadena alimentaria conduce a la muerte de un tigre. → Con ese tigre se hubieran alimentado diez humanos, que al morir de inanición, cortarían su línea sucesoria. → Pasados cientos de años, esos diez humanos hubieran dado lugar a «una raza, un pueblo, toda una historia viviente» que no existirán en la actualidad por el pequeño gesto de haber matado a un ratón en el pasado.

Una vez llegan al pasado, la aparición del tiranosaurio, que debe convertirse en la pieza que han de cobrarse, desata el pánico en Eckels, que termina por salirse unos metros del sendero aséptico instalado por la empresa de safaris para acabar metiendo los pies en el barro real de la selva. En el viaje de regreso, la incertidumbre se adueña de los ocupantes de la máquina. ¿Habrá cambiado algo?, ¿alterará un poco de barro pegado en las botas el presente que dejaron? De regreso a su tiempo, se encuentran con la misma oficina y el mismo recepcionista que los saluda normalmente. Pero tanto Travis como Eckels perciben algo extraño en el ambiente. Algo ha cambiado. Sus sensaciones se transforman en estupor al preguntar al hombre detrás del mostrador por el resultado de las elecciones presidenciales:

> —¿Se burla de mí? Lo sabe muy bien. ¡Deutscher, por supuesto! No ese debilucho de Keith. Tenemos un hombre fuerte ahora, un hombre con agallas. ¡Sí, señor!

LA COINCIDENCIA DE LA MARIPOSA

Cuando Bradbury publicó este relato corto en la revista *Collier's*, en 1952, jamás pensó que se convertiría en el referente literario más empleado al tratar el efecto mariposa. Entre otras cosas, porque todavía faltaban casi dos décadas para que Lorentz expusiera formalmente los resultados de sus estudios y difundiera el efecto tal como lo conocemos hoy día.

Pero al leer el texto, es difícil no ver el extraordinario paralelismo entre la ficción de Bradbury y los resultados científicos de Lorentz. Lo acertado que estuvo en su interpretación sobre la sensibilidad de un sistema a la variación de pequeños factores —una vez introducidos en los engranajes del tiempo—, o la claridad con la que relata las consecuencias del efecto mariposa, llaman poderosamente la atención.

Incluso acierta con la incertidumbre planteada por Lorentz. En el relato, Travis argumenta que un cambio en el pasado, por pequeño o grande que sea, no tiene por qué cambiar el futuro. **Es posible que la naturaleza tenga sus propios mecanismos de reajuste** y que matar a un ratón en el pasado solo provoque una leve brisa en el futuro, o ni tan siquiera eso. O es posible que sí, que el desequilibrio fuera catastrófico. Al igual que Lorentz, Bradbury no emite una sentencia firme. Deja un amplio margen a la incertidumbre sobre las consecuencias finales de la cadena.

No hay evidencias que confirmen que el escritor y el científico se conocieran en persona o que hubieran compartido sus trabajos. Esta desconexión mutua hace más asombroso que en el broche final del relato, Bradbury pusiera como protagonista al mismo pequeño ser que empleara Lorentz para nombrar su efecto.

> —¡No algo tan pequeño! ¡No una mariposa! —gritó Eckels.
>
> Cayó al suelo una cosa exquisita, una cosa pequeña que podía destruir todos los equilibrios (...) a través del tiempo. La mariposa no podía cambiar las cosas. Matar una mariposa no podía ser tan importante.
>
> ¿Podía?

EL HOMBRE EN LO ALTO DEL CASTILLO, DE PHILIP K. DICK

DE ROOSEVELT AL GRAN REICH DE ESTADOS UNIDOS

Esta novela de Dick está considerada como el **mejor ejemplo de ucronía en la literatura actual**. El autor sitúa la acción en una Norteamérica dividida en tres partes. Una franja occidental que se corresponde con los Estados Japoneses del Pacifico y una franja pegada al Atlántico denominada el Gran Reich Alemán de Estados Unidos. La tercera franja se corresponde con la zona central entre ambas y se la considera un espacio al margen de la ley y tierra de proscritos y delincuentes. Este reparto es la consecuencia de la victoria del Eje sobre los Aliados en la Segunda Guerra Mundial.

Para llegar a este escenario ficticio, el autor empezó por hacerse **las preguntas más representativas del efecto mariposa aplicado a las ucronías**:

- **¿Qué tendría que haber pasado** para que el Eje ganara la guerra?

- **¿Qué hubiera pasado si** Alemania y Japón hubieran ganado la guerra?

Estudiando la continua cadena de sucesos y consecuencias que pudieran estar relacionados de alguna manera con el desenlace de la Segunda Guerra Mundial, Dick definió el punto de gravedad de los acontecimientos en la figura del presidente Franklin D. Roosevelt.

Planteó el futuro alternativo de la novela a partir del hipotético asesinato del presidente estadounidense en el año 1933. Ese fue su punto **Jonbar**[11]. A partir de ese momento presenta nuevas líneas históricas alternativas:

- Con la muerte de Roosevelt, Estados Unidos es incapaz de sobreponerse a la gran crisis económica del 29 —la Gran Depresión.

- La etapa de penuria económica fuerza al país a una política aislacionista que aconseja no intervenir en la guerra que se está desarrollando en Europa.

- La falta de ese apoyo en el Viejo Continente termina inclinando la balanza del lado de los alemanes.

- Esta superioridad nazi unida a la libertad de movimientos de las fuerzas japonesas en el Pacifico concluyen con una invasión de Estados Unidos, frente a la que poco o nada pueden hacer sus ciudadanos.

---

[11] El punto Jonbar, propio de las ucronías, se define como el momento en el que un suceso se altera, modificando así la cadena de sucesos posteriores y dando lugar a un futuro diferente. El término procede del nombre John Barr, el protagonista de la novela de ciencia ficción *La legión del tiempo* del autor Jack Williamson.

Pero el autor no solo juega con la mariposa en ese futuro paralelo. El panorama político que muestra en la novela guarda un enorme parecido con el que se produjo realmente al finalizar la guerra, **regalándonos un ejemplo de determinismo**. La historia real dejó al mundo dividido en dos bloques —Estados Unidos frente a la URSS—, dando lugar a la denominada Guerra Fría. En la ficción Dick nos describe un mundo igualmente dividido en dos bloques —Alemania frente a Japón—, creando una atmósfera de calma tensa, marcada por las desconfianzas mutuas entre ambos países.

Con la repetición del mismo escenario —aunque con distintos actores—, el autor transmite la idea de que existe un equilibrio cósmico predeterminado, independiente del resultado de la guerra. **La mariposa puede cambiar quién gana la partida, pero no las reglas de juego.**

> [En referencia a Alemania y Japón]: Tenemos que aliviar las tensiones entre Occidente y Oriente.

LA UCRONÍA DENTRO DE LA UCRONÍA

La narración anterior, por sí misma, ya ofrecería un universo completo de hipótesis y alternativas en el que dejar volar al efecto mariposa. Pero la genialidad de Dick no podía detenerse ahí. Introdujo en el argumento un nuevo escenario vinculado con el mismo hecho histórico. Visto desde la perspectiva de los personajes, añade un desenlace alternativo a su propio mundo ficticio. Una ucronía ante los ojos de los actores de la trama. *La langosta se ha posado* es un libro prohibido y perseguido en la ficción que muestra a los que lo leen cómo podrían haberse desarrollado los acontecimientos si se hubiera producido otra situación inicial.

La hipótesis con la que se encuentran los personajes de la novela es que, si bien Roosevelt no muere en el atentado, no vuelve a ser reelegido. El nuevo presidente es capaz de evitar que se produzca el ataque a Pearl Harbour y consigue vencer a Japón en las etapas más tempranas del conflicto. Por otro lado, Rommel es superado por los británicos en el norte de África en los primeros compases de la guerra, lo que conduce a una derrota alemana completa a manos de los ingleses.

Tampoco en esta ocasión omite o modifica la situación global final. Una vez más, **deja que el determinismo universal se apodere del relato**, concluyendo esta segunda ucronía con la misma división del mundo en dos bloques. En este caso las tensiones se generan entre los Estados Unidos y Reino Unido —colocando de nuevo a Occidente frente a Oriente—. Parece que Philip K Dick tuviera un especial interés en remarcar que cualquier aleteo de la mariposa, cualquier posible alteración de los hechos, terminaría igualmente enfrentando al mundo a una Guerra Fría.

LAS PROFECÍAS TAMBIÉN TIENEN PROTAGONISMO

Con la habilidad de un malabarista, Dick maneja en la novela dos líneas narrativas distintas, separadas por su soporte argumental:

- Por un lado, para dar el contexto general a la historia, se centra en el concepto de la ucronía. Jugar con **el efecto mariposa, le da pie a plantear futuros alternativos** y nombrar vencedor de la contienda a uno u otro en función de los eventos modificados. Pretende así forzar la imaginación del lector e invitarlo a proponer otras posibles secuencias de los acontecimientos. Pero dentro del mismo ámbito contextual, le quita el protagonismo a la mariposa y postula **un determinismo estricto**. Al condenar cualquier posible opción al mismo final maniqueo, distinguiendo solo los colores que ondearán en cada lado del telón de acero, establece un **límite al poder del Efecto**.

- Por otro lado, incrustada dentro de ese marco histórico manipulado, el autor desarrolla una trama convencional centrada en la vida de los personajes principales. Pero no se contenta con establecer la separación argumental en el alcance de ambas partes: un marco general más amplio frente a las intrigas particulares de los protagonistas. Como si no quisiera dejar ningún aspecto relacionado con el universo del efecto mariposa sin tratar, la fuerza subyacente que impulsa esta parte de la novela es el azar. La cadena causa-efecto, propia del determinismo, es sustituida por el I Ching, un oráculo milenario chino. La lectura e interpretación de unas varillas de milenrama, codificadas según un texto misterioso, genérico y ambiguo, es la herramienta que emplean los protagonistas **para decidir qué acción tomar** en cada momento crucial.

FRANK: Lastima que no tuviese allí el oráculo. Podría consultarlo. Ver que le aconsejaban esos cinco mil años de sabiduría.

JULIANA: (...) es un oráculo, el I Ching. Frank me acostumbró a usarlo, y recurro a él cada vez que tengo que decidir.

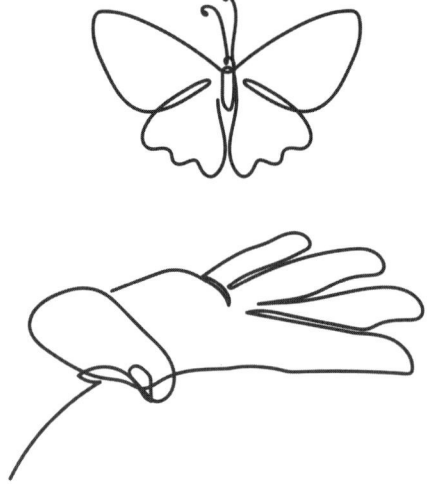

EL EFECTO MARIPOSA Y EL SÉPTIMO ARTE

Hablar de sueños es como hablar de películas,
ya que el cine utiliza el lenguaje de los sueños:
los años pueden pasar en segundos
y se puede saltar de un lugar a otro.

FEDERICO FELLINI

El puesto situado en mitad de uno de los pasillos del centro comercial no tiene nada de particular. Se puede describir como el típico espacio en el que comprar piedras que recargan las energías vitales, pergaminos extraídos desde las entrañas de alguna tumba egipcia conteniendo mensajes crípticos y elixires capaces de enamorar a la persona que los ingiere y de sanar cualquier enfermedad. Como buena vendedora, Ana es capaz de ofrecer un relato atractivo y sugerente a cada cliente sobre todos y cada uno de los productos que tiene en sus mostradores. El repertorio de andanzas y aventuras por las que han pasado sus artículos puede extenderse tanto como ellos deseen. Por no hablar de los casos reales que ella misma ha presenciado, o que le ha contado algún cliente de su máxima confianza, que demuestran las extraordinarias propiedades de sus piedras, amuletos y pócimas.

Si alguien estuviera presente, pronto se daría cuenta de que la sanación de la madre de su mejor amiga se produjo tanto por la piedra de lapislázuli, como por el compuesto de agua de rosas y canela o por el colgante de un escarabajo asirio. También vería que la suerte en el trabajo del marido de su prima la conjuró la quema de un incienso de palo santo del Amazonas, dos gotas de un elixir de jazmín y sándalo o una pulsera con una amatista engastada.

Aunque haya gente que pueda pensar que se aprovecha de las esperanzas ajenas vendiéndoles baratijas, piedras inertes y placebos azucarados, Ana no tiene ningún cargo de conciencia. Sabe que con su labor ayuda a muchas personas. Y no engaña a nadie. Porque su verdadero trabajo no es vender esos artículos de las vitrinas. Esos solo son los hilos conductores. Las historias que cuenta son los verdaderos tesoros que los clientes anhelan.

Desde su posición privilegiada en medio del pasillo, cada día comparte la realidad de los cientos de personas que entran al centro comercial. Aunque lo hace desde el parapeto que le ofrecen sus mostradores, eso no le impide percibir e intuir las emociones que desprenden esas personas. El conocimiento adquirido durante años le ha demostrado que las personas no compran sus artículos, sino las fábulas que los acompañan. **Compran las promesas que ofrecen y las esperanzas que irradian.**

Durante los segundos que Ana está relatando las propiedades o procedencia de un producto, los clientes van tomando pedazos de su narración e introduciéndolos en una pequeña película que empiezan a rodar en su imaginación. Como directores, guionistas y productores exclusivos, introducen los personajes que desean, ponen en sus bocas las palabras que quieren escuchar, y elaboran tramas —pasadas o futuras— que describen unas vidas distintas de las que tienen.

En sus mentes pueden dar respuesta a esos condicionales que los agitan y los inquietan: ¿coger el trabajo que me ofrecían hubiera mejorado mi situación?, ¿hubiera sido más feliz con otra persona a mi lado?, ¿sabré criar al hijo que viene en camino?... Como en una película, pueden jugar con el tiempo. Avanzar o retroceder hasta dar con las condiciones previas ideales que alumbren esas vidas perfectas que cumplan sus sueños y expectativas.

Todos necesitamos alimentar nuestra rutina con historias inventadas. Como la chica que mira el vestido en la percha y se imagina con él puesto en una fiesta hablando animada con el chico que le gusta. O el señor que sostiene un colgante en la joyería y se ve entregándoselo a su esposa mientras le pide perdón y esta lo deja volver a casa. O la mujer que está entregando el currículo en la tienda de deportes y se descubre a ella misma con el uniforme de la marca recibiendo la solicitud de otras candidatas.

Pero esos segundos liberadores en los que sucedió lo que pudo ser y no fue, y se suprimió lo que fue y no tuvo que ser, tienen un final. La ensoñación se desvanece y la sombra de una certeza va ocupando su espacio. Al final, realizarán la acción que tenían prevista, pero es probable que la chica pase la fiesta sola en una esquina observando al chico y sin atreverse a acercarse a él, como en las últimas cinco fiestas. Y que el señor no consiga franquear la puerta de entrada porque su mujer, harta de tantas promesas rotas, ya no quiere ni recibirlo. Y que al pasar por la tienda de deportes la mujer vea a una muchacha mucho más joven que ella con el uniforme de la marca y el letrero «En prácticas», como en los últimos seis comercios donde presentó el currículo. Pero durante esos instantes en los que el espacio y el tiempo fueron maleables, todo fue posible.

Igualmente, los improvisados y efímeros directores, guionistas y productores saben que, en cuanto compren la piedra, la pócima o el conjuro, tendrán que dejar de rodar y todo se desvanecerá. Porque la magia no está encerrada en ese objeto inerte. Está en las palabras de Ana, en las historias sobre cambios maravillosos, bienaventuranzas y recuperaciones extraordinarias, que, aun sabiendo que son inventadas —o precisamente por eso—, evocan otras historias propias a las que los protagonistas pueden poner el mismo broche de felicidad, aunque sean inventadas.

Necesitamos imaginar posibilidades, plantearnos opciones, vestir otras pieles y vivir otras vidas. Deseamos escapar de la prisión del tiempo y poder retroceder o avanzar para ajustar las escenas del pasado o del futuro al guion que tenemos en la imaginación. Por eso nos gusta tanto el cine. Porque durante el tiempo que tenemos los sentidos puestos en la pantalla, experimentamos la sensación más completa y realista del viaje en el tiempo. Durante esos instantes somos libres para soñar con esa ocasión especial, la elegida, la que despierte por fin a la mariposa y altere los acontecimientos para que suceda lo que deseamos.

Un libro activa nuestra imaginación abriéndonos una ventana a vidas y mundos ajenos. La música posee un extraordinario poder sobre las emociones, tiñendo el gris de amarillo o el marrón de naranja con unas pocas notas. Un cuadro nos muestra realidades congeladas y nos invita a ponerlas en contexto. Cada una, a su manera, destila un poder evocador que estimula nuestra creatividad.

Pero es el cine, como aglutinador de las anteriores, el que consigue hipnotizarnos y sumergirnos en una pléyade de opciones y posibilidades. Nos hace sentir las alegrías ajenas como propias, dándonos esperanzas. Nos permite contemplar las desgracias de otros, haciéndonos sentir afortunados. Y, sobre todo, nos libera de la rigidez del tiempo.

Para descubrir los efectos de una acción, ya sea grande o pequeña, debemos someternos al paso del tiempo. Tenemos que transitar por la fina membrana que separa el pasado del presente. Y es precisamente en ese movimiento cuando el efecto mariposa nos pone la zancadilla. Porque nos alerta de que toda decisión, por minúscula que parezca, toda acción, por limitada o involuntaria que se nos antoje, tendrá unas consecuencias que solo podremos conocer cuando sea imposible revertir las causas que las propiciaron.

El cine, con sus escenarios dinámicos, sus personajes intemporales y sus juegos de cámaras, nos proporciona la posibilidad de introducirnos en el efecto mariposa y sortear la trampa rasgando el velo del tiempo. **Nos introduce en un sueño controlado y consciente, donde podemos desmenuzar el pasado y alterarlo tantas veces como necesitemos** hasta dar con la secuencia concreta de eventos que nos conduzcan al presente que nos gustaría vivir.

MR. NOBODY: LAS DECISIONES QUE NOS DEFINEN

La sala tenía las luces apagadas cuando Miranda entró. En sus planes para esa tarde no se incluía ir al cine. Había ido al centro comercial para curiosear en una tienda que estaba de saldo por cierre. Después de pasar por el puesto de artículos mágicos del pasillo, entró en la tienda. Estaba echando una ojeada en las estanterías cuando recibió la llamada telefónica de su marido que trastocó sus planes. Después de lo hablado no le quedaban ganas de comprar y necesitaba un sitio donde sentarse y pensar.

Salió de la tienda sin comprar nada y se dispuso a encontrar un lugar para meditar. El centro comercial le ofrecía pocas opciones. El cine o las terrazas de los bares, llenas de gente ruidosa. Así que se encaminó a la ventanilla. Como su intención no era ver nada, pidió una entrada para la película que empezara en ese momento. Por lo menos, estas decisiones fueron fáciles de tomar, lo que le proporcionó un instante de gratificación mientras se dirigía a la sala. **La decisión con la que tendría que salir del cine se le atragantaba desde hacía días**, pero después de la llamada no podía postergarla más. Su marido le daba un sutil ultimátum. O lo perdonaba, o tendría que rehacer su vida lejos de ella.

Más por satisfacer su curiosidad innata que por un posible interés postrimero en la película, miró el título que aparecía en la entrada: *Las vidas posibles de Mr. Nobody*. No le dijo nada. Se sentó en su butaca y, por inercia, dirigió la vista a la pantalla. Sobre el plano de una paloma intentando alcanzar un pedazo de comida, se mostraban los créditos iniciales. La música de fondo era agradable y bonita. A continuación, una voz en *off* explicaba el experimento que está teniendo lugar en la imagen. «Puede que incluso haya acertado con la película», pensó optimista Miranda, intentando **atesorar el mayor número de estímulos positivos.**

La superstición de la paloma

Una paloma encerrada dentro de una caja descubre que al actuar sobre una palanca que se encuentra a su alcance, se abre una trampilla que durante unos segundos le da acceso a comida. Enseguida, como la mayoría de seres vivos, el ave relaciona su acción sobre el pulsador con la recompensa obtenida.

En el siguiente experimento, el acceso a la comida se produce de forma automática por un temporizador que deposita una cantidad de semillas. Cada veinte segundos la paloma recibe comida, y al no poder asociarla con ninguna acción, el animal se pregunta: «¿Qué he hecho yo para merecer esta recompensa?».

Es entonces cuando su instinto le impulsa a buscar alguna acción propia que pueda relacionar con la llegada de la comida. Así, si en el momento en que caen las semillas, la paloma estaba aleteando, continuará haciéndolo, convencida de que sus actos tienen una influencia decisiva en lo que ocurre.

A este comportamiento se le denomina **«superstición de la paloma»**.

El inicio de la película era prometedor, pero Miranda tenía mucho en lo que pensar. Tras veintidós años de matrimonio y una hija en común, su marido le confesó unos días atrás que mantenía un romance con otra mujer. Se había estado viendo con ella los últimos cinco meses. Pero los remordimientos lo estaban matando y, al parecer, necesitaba liberar su conciencia. Desde ese momento, la cabeza de Miranda no encontraba la estabilidad. A veces funcionaba a un ritmo frenético para, un segundo después, pasar a un estado de letargo. Intentaba ordenar sus ideas mientras miraba las imágenes que se sucedían en la gran pantalla, pero su cabeza no hallaba el camino. Además, lo que estaban proyectando entonces incrementaba su estado de confusión.

La confusión inicial

Se suceden las escenas, con un mismo hombre adulto como protagonista, pero en distintos contextos. Primero aparece en instantes previos a sus muertes (sí, el plural, no es un error). A continuación, adopta el rol de un señor centenario en un mundo futurista. Sabe que se llama Nemo Nobody, pero está desconcertado con su edad real, por lo que se grita a sí mismo «¡Despierta!». Se pasa ahora a un nuevo plano en el que el mismo protagonista inicial —de unos treinta y tanto años— despierta en una casa al lado de una mujer.

Tanto ella como el lugar le parecen extraños y ajenos. Después de una serie de transiciones de plano, el mismo Nemo aparece como el marido de otras dos mujeres, con otros hijos, otras casas y otros trabajos. En todas ellas se siente como un intruso.

Los saltos de unas vidas a otras se detienen en una imagen estática y sin diálogos. Un niño de nueve años —el mismo Nemo Nodoby— está en el andén de una estación rural junto a su padre y a su madre.

Pasados unos segundos de miradas inquietas, la madre, que tiene una maleta a su lado, le hace a Nemo la pregunta más importante de su vida: «¿Con quién quieres quedarte?, ¿quieres venir con mamá a una nueva casa o prefieres quedarte con papá?». El niño se queda congelado, preguntándose qué está pasando a su alrededor.

La escena acababa de captar toda la atención de Miranda, porque reflejaba exactamente sus sentimientos. **Se sentía bloqueada y paralizada ante una situación que no había pedido, ante una decisión que no tendría que tomar ella**. Cuando su marido confesó su infidelidad, la primera acción de Miranda fue la más lógica: echarlo de casa. Pero a diferencia de las personas, los problemas no salen por la puerta. Los siguientes días fueron una tortura para ella.

Después de la sorpresa e indignación inicial por la traición, la invadió la necesidad de encontrar una explicación. La primera pregunta se la hizo en plural: «¿Cómo hemos llegado a esto?». Pero sin saber cómo, pasó a la autoevaluación: «¿Tengo yo alguna responsabilidad en esto?, ¿podría haber actuado de otra forma para evitarlo?».

Mientras se hacía estas preguntas, el tiempo pasaba y la presión aumentaba sobre ella. Por un lado, el marido insistía en que lo perdonara, que todo había sido un tremendo error y que nunca más volvería a suceder. Por su parte, la hija de ambos, de diecinueve años, también reclamaba una vuelta a lo anterior. Su argumento más insistente era «Tampoco ha sido para tanto, y papá está muy arrepentido, ¿qué más quieres?».

Según pasaban las horas, crecía en Miranda la sensación de estar siendo tratada injustamente. **Solo percibía egoísmo**. Primero el de su marido, por descargar en ella la responsabilidad del futuro familiar, cuando la había pifiado él;

y después el de su hija, que solo buscaba mantener su equilibrio y bienestar emocional, aun a costa de los sentimientos de su madre.

El dilema ante la indecisión

«El tiempo, como lo conocemos, es una dimensión que experimentamos solo en una dirección. No podemos volver atrás, por eso cuesta elegir». Esta explicación la da un Nemo adulto como narrador de un documental. En un nuevo plano, delante de unos platos con deliciosos pasteles, el Nemo de nueve años se debate entre cuál elegir, y continúa diciendo: **«Hay que tomar la decisión correcta. Mientras no elijas, todo sigue siendo posible»**.

De vuelta al andén, el supervisor de la estación avisa de que el tren tiene que salir. Ante el inmovilismo de Nemo, la madre sube a bordo y el tren empieza su lento andar. Como impulsado por una fuerza exterior, el niño comienza a correr hacia el vagón donde está la madre. Mientras, el padre grita su nombre desde el andén. Durante una fracción de segundo, Nemo se para. Ve a su madre asomada en la puerta del vagón con la mano extendida. Se gira y ve a su padre acercándose en actitud tímida y suplicante. La expresión del niño no puede expresar su indecisión de forma más rotunda.

Esa misma expresión de duda es la que viste el semblante de Miranda desde hace días. Al igual que el niño, solo tiene dos opciones: perdonar a su marido o dejar que se marche. Ha evaluado cada una de ellas hasta la extenuación, **imaginando un futuro probable** para cada una de ellas. En cada línea temporal ha intentado incluir todas las posibles variables para dibujar un porvenir lo más realista y probable.

El efecto mariposa. Cada decisión, una vida distinta

Todas las posibles vidas, perfiladas en la cadena de secuencias iniciales, se extienden ahora detallando su recorrido desde la decisión en el andén hasta cada una de las muertes de Nemo. Dependiendo de una u otra —quedarse con el padre o irse con la madre— se desatan unos acontecimientos distintos que constituyen unas vidas absolutamente diferentes. Pero ¿cuál de todas ellas es la correcta?

La respuesta la da el Nemo anciano: «Cada una de esas vidas es la verdadera. Cada camino es el camino verdadero. Todo podría haber sido otra cosa, y habría tenido el mismo sentido».

En el instante en que se para en el andén, el niño elabora todas esas posibles vidas. La voz del anciano reflexiona sobre una imagen fija del niño en la estación: «Antes era incapaz de hacer una elección porque no sabía lo que iba a pasar. Ahora que sabe lo que va a pasar, es incapaz de hacer una elección».

La voz del niño explica sobre un plano del anciano en la cama del hospital: «*Zugzwang*. En ajedrez se dice que un jugador está en **zugzwang si cualquier movimiento permitido supone empeorar su situación. Es decir, cuando la mejor jugada posible es no mover**».

Para haberla elegido al azar, Miranda estaba sorprendida por la enorme coincidencia entre la trama cinematográfica y el estado emocional que la atrapaba en esos momentos. Gracias a la película había adquirido la consciencia de que, definitivamente, se encontraba en *zugzwang*. **Eligiera lo que eligiera, nada volvería a ser igual**. Cada opción la conduciría a una «muerte personal» como las sufridas por Nemo.

Un nuevo batir de alas

En su desesperada carrera, el niño se detiene justo al pie de un camino que cruza la vía y que se adentra en un bosque. En su cara se refleja una certeza en forma de pregunta: «¿Por qué no?». Al fin y al cabo, él no ha provocado esa situación, no ha pedido tener que elegir entre papá o mamá. Lo han obligado a elegir, y para colmo, le han limitado las posibles opciones.

Sin mirar atrás, el niño se adentra en el bosque. Corre sin plantearse qué le deparará esa nueva elección. Puede que sea peor que cualquiera de las anteriores, pero al menos se siente libre porque la ha elegido él. Ha escapado del acertijo sin solución en el que lo habían metido. No quiere plantearse nada más. Solo quiere alejarse de todo y dejarse llevar.

Al salir del cine, la expresión de Miranda es de seguridad y confianza. **Ya tiene clara su elección**. No se la había planteado hasta ese momento. Tampoco la ha analizado tanto como las anteriores, ni quiere hacerlo. Es muy posible que le esperen más penas que alegrías. Pero sabe que es inamovible.

Con el título original de *Mr. Nobody*, este largometraje fue escrito y dirigido por el belga Jaco Van Dormael. Se presentó por primera vez en el año 2009, en el Festival de Cine de Venecia. Con un presupuesto de 33 millones de euros, fue la película belga más cara hasta el momento. A Van Dormael le llevó siete años terminar el guion, y estuvo escribiéndolo hasta el mismo día del inicio del rodaje.

> La película está salpicada de pequeños guiños al efecto mariposa. Por ejemplo, a la estación donde Nemo tiene que decidir entre irse con la madre o quedarse con el padre se le puso el nombre de Chance —'oportunidad' en inglés—. Y la calle donde se encuentran los padres de Nemo por primera vez se llama Butterfly Lane —'mariposa'—.
>
> El mismo director hace un cameo en la película y aparece como el trabajador brasileño que pierde el empleo y cuece el huevo que provoca la lluvia en Nueva York, impidiendo que los protagonistas vuelvan a encontrarse.

LOS SIMPSON: UN TOSTADOR EN LAS MANOS DE HOMER

Como todos los días desde hace dos años, Mateo está levantando la persiana de su negocio de artículos curiosos. Pero hoy no es un día como todos los anteriores. **Esa jornada marcará la línea roja para continuar o abandonar**. Las ventas no pasan por su mejor momento y su mujer y su hijo le exigen un cambio que aporte más liquidez a la familia. Es cierto que las cuentas no son holgadas, pero dan para vivir. Eso sí, prescindiendo de ciertos lujos y excesos que reclama la sociedad.

Ha intentado hacer valer su postura frente a la oposición férrea de su familia. Pero tras someter a sus neuronas a un esfuerzo continuado durante días, se ve ante un punto de inflexión de difícil solución. Por eso **ha decidido dejar la decisión en manos del destino**. Si ese día hace al menos cinco ventas, se sentirá con confianza para seguir unas semanas más. En caso contrario, bajará la persiana para siempre y se enfrentará a la sentencia familiar.

Reconfortado por el acuerdo firmado consigo mismo, empieza su rutina diaria. Enciende las luces y conecta el televisor. Coloca en el lector un DVD de *Los Simpson*. Va a la trastienda y se prepara un café. Esa cafetera, junto con la colección de la serie de animación, fue lo único que pudo rescatar de su anterior aventura empresarial; un videoclub que mantuvo en activo durante casi veinte años.

La mañana da paso a la tarde, y el minutero sigue su curso hasta llegar a las siete menos cuarto, apenas quince minutos antes del cierre. Ha realizado cuatro ventas. Es cierto que el importe no da para mucho, pero en su trato no se incluye ninguna cláusula de beneficios. Solo realizar cinco ventas. Justo en ese momento entra una mujer. Se la ve preocupada, pero está curioseando y ha mostrado interés por un par de artículos. Mateo mantiene la esperanza. Cuando su instinto de vendedor le dice que está a punto de dirigirse a la caja, la chica recibe una llamada en el móvil. Su semblante pasa de la preocupación a la desesperación y sale de la tienda precipitadamente, dejando a Mateo con solo cuatro minutos para soñar.

A la hora en punto, Mateo se dirige a la persiana. Echa un último vistazo a los pasillos y levanta la mano para despedirse de Ana, la chica del puesto de artículos mágicos. **Un trato es un trato, así que cierra la puerta y se dispone para la recogida definitiva** de la tienda. Mira la pantalla de televisión. Está reproduciendo el especial número cinco de Halloween de los Simpson.

La tostadora rompe el hechizo

La familia Simpson al completo está sentada a la mesa de la cocina. Se respira paz, armonía y amor. Una imagen nada típica en este grupo de disparatados personajes a las que nos tiene acostumbrados su creador.

Homer aspira satisfecho el aroma de la felicidad y se permite unas palabras serenas en las que elogia ese momento, recibiendo inmediatamente el asentimiento de los demás miembros de la familia. Una bonita mañana, con su querida esposa, con sus adorados hijos, disfrutando de un desayuno delicioso en su confortable casa. «¿Qué más se puede pedir?», se pregunta Homer en voz alta.

Como introduciéndose por una grieta, la voz de Lisa se va haciendo presente. «Papá, la tostadora. Papá, la tostadora. ¡Papá, tienes la mano en la tostadora!». El grito trae de vuelta a Homer, que empieza por no entender nada, hasta que ve que tiene la mano dentro de la tostadora. Arranca un frenesí de golpes, gritos y aullidos para quitársela. Cuando se mira la mano derecha y ve que ya no está el dichoso aparato, respira solo un segundo hasta ver que la tiene en la mano izquierda. Otra vez se desata la locura, hasta que, tirado en el suelo de la cocina, consigue librarse de ella.

La escena ha pasado **de una paz celestial al más descontrolado arrebato en apenas unos segundos**, catalizada por el *in crescendo* de la voz de Lisa, que pasa de una sutileza inaudible hasta un grito de alarma.

Al ver esa escena, Mateo no puede esquivar el paralelismo con su propia vida. Su familia tampoco puede calificarse como típica, pero se mantienen juntos. Aunque cada día se nota más su rol de verso libre en casa. Mateo conserva desde su juventud un carácter desenfadado y soñador. El mismo que enamoró a su mujer cuando eran jóvenes, pero que ahora la saca de sus casillas. El mismo que encandilaba a su hijo cuando era pequeño, pero que ahora le produce vergüenza.

Es cierto que nunca le ha dado demasiada importancia a nada. Normalmente se conforma con muy poco: una conversación agradable, un libro y un vino en la terraza, un paseo sin rumbo fijo... Acciones que requieren poca planificación y escasos recursos económicos. Pero quizá fuera esa despreocupación continua, ese abandono a las cosas simples, lo que le impidió ver que tenía la mano dentro de la tostadora. El primer grito se lo dio su mujer tres años atrás. El videoclub que por aquel entonces regentaba estaba empezando a resentirse por la llegada de las nuevas plataformas televisivas. Él creía que todavía daba lo suficiente para mantener una vida tranquila. Pero el coro que hicieron madre e hijo reclamando más, con la partitura del hermano de ella —el pedante y relamido de su cuñado—, lo abocaron a cerrar su negocio. Todavía recuerda perfectamente la última película que vendió de saldo. Un hombre con aspecto desorientado y cara de desencanto con la vida se llevó *El efecto mariposa*. Cuando él salió por la puerta, Mateo bajó la persiana del videoclub para siempre.

Si hubiera realizado la quinta venta, podría seguir su rutina como un día normal y, después de una recogida rápida de la tienda, se reservaría el último café del día para tomarlo tranquilamente en el porche de su casa. Pero **hoy no es un día como los anteriores**. Al día siguiente no volverá a subir la persiana, por lo que decide hacer una excepción. Mientras Mateo va a la trastienda para prepararse su último café de despedida, en la pantalla, Homer Simpson baja al sótano a arreglar la tostadora.

Si viajas al pasado, no toques nada

Pasadas unas horas de duro trabajo, Homer ha reparado la tostadora. Incluso para él, la imagen que ofrece el electrodoméstico es bastante estrambótica, pero se decide a probarlo. Baja la palanca lateral de la bandeja y, sin más acompañamiento que un zumbido mecánico, una luz azul se apodera de su rechoncha figura. Cuando la luz se disipa, Homer ha viajado en el tiempo y está en el Jurásico.

Haciendo gala del sarcasmo característico de la serie, la voz en *off* de su padre le recuerda el consejo que le dio el día de su boda: «Hijo, **si alguna vez viajas atrás en el tiempo, procura no tocar nada. Porque hasta el más mínimo cambio puede alterar el futuro de una forma inimaginable**». No es Homer hombre que deje pasar la oportunidad de meter la pata, así que solo pasan unos pocos segundos antes de darle un manotazo a un mosquito que revolotea a su alrededor. En ese momento, el temporizador de la tostadora llega a su fin y al saltar la palanca, el viajero del tiempo vuelve a su sótano.

La escena que ve al abrir la puerta de la cocina lo tranquiliza. Su familia está igual, su casa también. Puede que, después de todo, no haya que ser tan cuidadoso con el pasado. **¿Cómo podría un insignificante mosquito cambiar el mundo?** Justo al plantearse esa idea, una alarma empieza a sonar y del suelo emerge una pantalla hacia la que su familia dirige una mirada hipnotizada. Ned Fladers, su odioso, perfecto y pedante vecino domina el mundo. Centros de reeducación y «holitas» y «vecinitos» a cada instante son demasiado para Homer. Así que vuelve a pulsar la palanca del tostador. Esta vez lo tiene claro. No tocar nada.

Pero está a punto de ser devorado por un tiranosaurio y, en su huida, mata a un pez. El futuro vuelve a ser insoportable para él. Así que vuelve al pasado con el firme propósito de dejar pasar los segundos del temporizador sin alterar absolutamente nada.

De camino a la cafetera, por la mente de Mateo se atropellan preguntas sin respuesta: **«¿Cómo he llegado a esta situación?, ¿en qué momento mi camino tomó el rumbo actual?, ¿cómo hubiera sido mi vida si no hubiera coincidido con mi mujer?»...** Pulsa el botón de la cafetera y un fuerte chispazo, seguido de una explosión, lo lanzan al suelo. Recupera la consciencia sin saber cuánto tiempo ha pasado, pero no tiene que ser mucho, porque en la bandeja del electrodoméstico hay un café humeante. Mientras lo coge, piensa en su familia. Cree que están siendo tremendamente injustos con él. Lo han colocado entre la espada y la pared. Él nunca los ha engañado, siempre ha sido igual. Son ellos los que han cambiado con el tiempo. Se han vuelto menos tolerantes, más rígidos, más «ciudadanos normales».

Con ese pensamiento cruza la puerta hacia la tienda. Pero su sorpresa es mayúscula. Su preciosa tienda de artículos raros se ha convertido en el típico establecimiento de electrodomésticos. Y para colmo, el nuevo dueño del negocio es su odioso cuñado, que lo mira con cara de admonición. Tiene que ser un sueño. Se pone delante de la cafetera. Recuerda el chispazo y, sin saber muy bien por qué, pulsa el botón para un nuevo café. Se repite la pequeña explosión. Vuelve a despertar nervioso y aturdido. Todo ha sido un sueño. Ha tenido que serlo. Pero su tienda tampoco es como era y la gente viste de modo extraño. Su imaginación desbordada le da la teoría perfecta. La cafetera ha tenido que generar un agujero de gusano y lo está transportando a mundos alternativos. Cada uno de los que se encuentra es distinto de los anteriores, con sus pros y sus contras. Con la esperanza de dar con un mundo alternativo mejor que los anteriores, e incluso que su vida original, continúa pulsando el botón de forma desenfrenada.

Nada es perfecto

Después de decenas de viajes en el tiempo, de intentar no tocar nada, pero sin poder evitarlo, y de encontrarse con futuros horribles, Homer pierde la paciencia y se va al pasado armado con un bate de béisbol. Ya está harto de tanto miramiento. **Si el futuro tiene que cambiar, que cambie a lo grande**. Poseído por un demonio destructor, arremete contra todo lo que se cruza hasta que la tostadora lo devuelve a su tiempo.

Sube las escaleras del sótano, tan cansado como atemorizado por lo que pueda encontrarse. Abre la puerta y descubre a su familia sentada a la mesa esperando para tomar su desayuno. Interroga a su mujer para comprobar que las cosas horribles que ha visto en esos futuros alternativos no se repiten. Una vez verificado que todo parece ir bien, se sienta plácidamente a desayunar.

Pero no todo está exactamente igual. Su familia se lleva los alimentos a la boca empleando una lengua viperina como si de dragones de Komodo se tratara.

Lejos de sorprenderse o asustarse, Homer pone cara de resignación y dice: «Buah, puede pasar».

Después de todas las posibilidades que se le han planteado en las decenas de viajes en el tiempo que ha hecho, esta no esta tan mal. No es perfecta, pero quién quiere la perfección. Además, con alguna tiene que quedarse y esta es, a su entender, la menos mala de todas.

Mateo nota un zumbido en el pecho. Está tumbado en el suelo y desorientado. Recuerda que la cafetera se ha vuelto loca y lo ha zarandeado por decenas de vidas extrañas. Pero hasta ahora, nunca se ha despertado con ese zumbido. Se palpa la camisa y descubre que es su teléfono móvil. Al incorporarse percibe que todo está exactamente igual que antes de pulsar por primera vez el botón de la máquina. Después de todo, parece que la cafetera no ha generado ningún agujero de gusano. Solo un cortocircuito que lo ha dejado sin sentido durante un rato. Algo desilusionado por comprobar que todo ha sido producto de una corriente eléctrica, se pone en pie y mira la pantalla del móvil. Es su mujer.

Al descolgar el aparato, Mateo recibe una nueva parrafada de protestas de su esposa. Una secuencia, cada vez más larga, de preguntas que no esperan respuesta y de augurios fatalistas sobre la indigencia, con las advertencias y los consejos de su hermano —el petulante y jactancioso de su cuñado— intercalados entre sentencia y sentencia.

Normalmente, Mateo hubiera intentado dialogar con su mujer y exponer sus razones, para, a continuación, aislarse en su propia cadena de preguntas sin respuesta. Las mismas que se estaba haciendo antes de recorrer decenas de mundos paralelos impulsado por una cafetera. La diferencia es que ahora ya tenía la respuesta.

Por eso, en el lapso de segundos en el que su mujer interrumpe la arremetida —posiblemente para añadir una nueva protesta—, Mateo solamente dice: «Buah, puede pasar». Y se dispone a recoger la tienda, como cada día, porque a la mañana siguiente va a volver a subir la persiana.

El creador de esta serie de animación, Matt Groening, nos tiene acostumbrados a disparatadas historias protagonizadas por una familia típica estadounidense. Como curiosidad, los nombres de los miembros de la familia Simpson son los mismos que los de su familia. Así, su padre se llama Homer Groening, su madre Margaret (Marge) y sus hermanas pequeñas Lisa y Maggie. No quiso ponerle al abuelo Simpson el nombre real del suyo, dejando que fueran sus colaboradores quienes lo eligieran. La casualidad quiso que decidieran, sin saberlo, el nombre de Abraham, que es como se llamaba realmente su abuelo, Abraham Groening.

El capítulo de la tostadora es una adaptación bastante fiel del relato de Ray Bradbury, *El ruido del trueno*, que aborda directamente el efecto mariposa. Pero no es la única vez que Groening juega con el tiempo e introduce el efecto en la serie. En el capítulo 9 de la temporada 19 («Eterno estupor de una mente»), Homer viaja al pasado, ayudado por una máquina de Dr. Frink, para recuperar parte de sus recuerdos sobre una noche en concreto. Un aspecto llamativo de ese capítulo es que las transiciones entre episodios borrosos u olvidados por Homer se materializan por una nube de mariposas que aleteando dan paso a un nuevo plano.

EL EFECTO MARIPOSA: LA IMPORTANCIA DE LLEVAR UN DIARIO

Eric conducía con la mirada perdida. Últimamente repasaba su pasado en busca de algo, pero no sabía qué. Sentía que había partes importantes que se le habían borrado. Pasaban los años y, sin tener un registro nítido de los sucesos que jalonaban su existencia, se iba adentrando en una vida que cada vez lo satisfacía menos. Saber que era normal, que le pasa a todo el mundo o que era un ciclo que se tenía que pasar no era ningún bálsamo para él. Sus días se llenaban de tareas que no le aportaban nada, dejándole sin huecos para hacer las que deseaba. Un ejemplo era el cine. Le encantaba ir al cine, pero su mujer siempre encontraba algún motivo por el que no poder hacer una escapada. Su último intento fue con una película que, según le contaron, giraba en torno a un diario y a distintas posibilidades, por lo que, al rememorar sus propios diarios, insistió a su mujer para ir a verla. Para él era especial y quería verla con su mujer para compartir sus vivencias del pasado. Pero una vez más, se encadenaron varios compromisos supuestamente ineludibles y se quedó con las ganas. Ese rechazo le quedó grabado y su actitud frente a su vida y su matrimonio empezó a resentirse con mayor celeridad a partir de ese momento.

Tratando de poner un poco de tiempo de por medio entre la rutina del trabajo y la rutina del hogar, aparcó en el centro comercial próximo a su casa. No era su hábitat natural, sobre todo estando solo, pero en ese instante le pareció tan buena opción como otra cualquiera. Deambulaba por los pasillos, rebasando el puesto de artículos mágicos, cuando reparó en el videoclub que estaba de saldo por cierre. El establecimiento ya lo conocía de antes, de sus idas al centro comercial, aunque nunca pasó de un leve vistazo al escaparate. Pero el hecho de estar de saldo llamó su atención. Al entrar no se entretuvo en buscar. Sabía qué película quería. Fue directo hacia el dependiente y le preguntó por *El efecto mariposa*. Este le dijo que la tenía. No quería cobrarle, porque le explicó que cuando él saliera, bajaría la persiana definitivamente. Pero Eric insistió, y el hombre, más preocupado por tener que abandonar un negocio que se veía que le importaba, no quiso insistir y aceptó.

Feliz con su hallazgo, llegó a casa y casi sin saludar subió a su despacho, cerró la puerta y puso la película en el reproductor. **Por fin iba a hacer algo que deseaba. Una pequeña victoria en el páramo de derrotas diario.**

Registrar la memoria

Después de un inicio inquietante, de apenas unos segundos, la película va desgranando los primeros años del protagonista, Evan, desde los siete años hasta la adolescencia. La normalidad que se presenta en las primeras escenas va enrareciéndose a los pocos minutos de metraje, al introducir el punto fuerte del argumento: las pérdidas de memoria de Evan.

Tras el primer episodio de amnesia, la madre lo lleva de inmediato al médico. Este le recomienda a Evan **llevar un diario para ayudarlo a hacer más presentes los recuerdos y rellenar esos vacíos**.

En los siguientes minutos se suceden los eventos traumáticos —mostrados parcialmente al son de su memoria— que marcarán la vida de Evan y de su grupo de amigos. Junto con su madre, todos ellos forman parte de su vida y, cada uno a su manera, son importantes para él. Especialmente la única chica del grupo, Kayleigh, de la que caerá irremediablemente enamorado y a la que nunca renunciará.

Esos primeros minutos trasladaron a Eric a su infancia y juventud. Siempre fue un chaval activo y aventurero, y su pandilla no escatimaba en riesgos si se trataba de sentir emociones fuertes. Él no era el líder del grupo, pero sí que era respetado. Recordó sus diarios, en los que, en lugar de describir los sucesos del día, prefería jugar a elaborar hipótesis sobre lo que podría haber pasado si hubiera sucedido tal cosa y no tal otra. **Él los llamaba «diarios de posibilidades»**. Recuerda que en una de sus entradas, la pelota no caía en el patio del «señor raro» del barrio, sino en el río. Entonces tendrían que haber seguido su curso para recuperarla y se habrían encontrado con una chabola abandonada, donde habrían instaurado su club particular de exploradores.

Sus amigos sabían de su faceta escritora y le sugerían historias, cada cual más alocada. Lo que no sabían es que Eric llevaba un diario paralelo en el que la protagonista de sus futuros hipotéticos siempre era Clara, la única chica del grupo y por la que sentía un amor incondicional propio de la adolescencia. Pausó la película para buscar sus viejos diarios. Cuando dio con ellos, volvió a ponerse delante del televisor. Entre la película y la lectura, le fueron susurrando una idea, una posibilidad.

Descubriendo un poder

Un Evan universitario lleva a una chica a la habitación de su residencia. Ella encuentra encima de la cama uno de sus diarios y le pide que lea algo. Al principio se muestra reticente, pero entre bromas y risas, comienza con la lectura de un episodio sucedido siete años atrás.

Sin saber cómo, Evan realiza un viaje en el tiempo y se ve realmente en el momento que acaba de leer. Lo curioso es que esos minutos en el pasado coinciden con una de las lagunas de su memoria. Acaba de rellenar uno de los huecos en sus recuerdos. La chica lo despierta. Durante el tiempo que ha durado la experiencia, se ha desmayado.

Intrigado por el fenómeno, decide repetir la lectura de algún otro pasaje de sus diarios para comprobar si puede volver a trasladarse en el tiempo. En esta ocasión selecciona un episodio muy significativo de su juventud que también le dejó un vacío en sus recuerdos. Después de leer unas pocas líneas, se encuentra en el pasado.

Como si ambos estuviesen conectados, el proceso mental que siguió el protagonista de la película tras ese descubrimiento fue el mismo que se inició en la imaginación de Eric. Las preguntas se sucedían rápidamente: ¿cómo habría sido la vida con Clara?, ¿qué habría sido de ella durante estos años?, ¿seguiría acordándose de él?

Todavía no sabía cómo lo haría, pero en ese instante tuvo la seguridad de que iba a buscar a Clara. No tenía claro qué esperaba que pasase si daba con ella. Tampoco sabía lo que se podría encontrar. Él buscaría a la chica de catorce años de la que se despidió antes de mudarse a otra ciudad. Igualmente, entendía que, para ella, Eric seguiría siendo el joven despreocupado y divertido con el que compartió tantos buenos ratos. Es lógico suponer que si **esa sucesión difusa de decisiones y acontecimientos lo habían llevado a no reconocerse ni él mismo en el joven que fue**, cuanto menos podría identificarlo ella, por lo que se vio incapaz de aventurar su reacción cuando viera en lo que se había convertido.

Rescatar a la chica

El experimento anterior aporta a Evan una información crucial. Al despertar, descubre que tiene una vieja cicatriz de quemadura de cigarrillo que antes no tenía. Durante su estancia en el pasado, fruto de la sorpresa por verse allí, deja caer el cigarrillo que estaba fumando. Este se le cuela entre la ropa y le produce una quemadura. Ese pequeño cambio en su pasado provoca un cambio real en su presente.

Todavía no sabe muy bien cómo procesar lo sucedido, pero este segundo viaje sí que ha despertado en él la necesidad de saber qué fue de Kayleigh. Se muestra nervioso por el encuentro. Desconoce las vicisitudes de la chica desde que se despidieran hace años. Pero necesita verla.

Después de la sorpresa inicial y una brevísima actualización de los últimos años, la conversación se dirige irremediablemente al pasado. Los reproches tardan poco en aparecer y Evan la ve alejarse destrozada y llorando. No puede imaginar que será la última vez que la vea.

Las consecuencias fatídicas de su encuentro con Kayleigh le señalan un nuevo propósito. Se dice a sí mismo: **«Si puedo hacer aparecer cicatrices, quizá también tenga el poder para hacerlas desaparecer»**.

La película adquiere un ritmo frenético, sucediéndose los viajes al pasado de Evan con las consecuencias futuras de sus acciones.

Desde que Eric encontró a Clara, la sorpresa y la emoción iniciales dieron paso a otras emociones. Las primeras citas fueron adquiriendo, sobre todo, un cariz liberador por ambas partes. Aunque no compartían la misma situación familiar —Clara estaba divorciada y tenía dos hijos—, ambos sentían la misma decepción con sus vidas. Poder desinhibirse con una persona tan próxima como desconocida les aportaba una calma que hacía tiempo que ninguno sentía.

Pero las confidencias y la intimidad en sus conversaciones fueron gestando una fuerte atracción entre ellos. Que la relación pasara al siguiente nivel era cuestión de tiempo. Tras el primer beso, las siguientes semanas se convirtieron para Eric en un vaivén emocional, alternando momentos especiales e intensos junto a su amor de juventud con una tolerancia indolente frente a la rutina doméstica.

No se puede jugar a ser Dios

Por más que Evan intenta arreglar las cosas, nada sale bien. Su principal motivación es recuperar a Kayleigh, tener una historia de amor perfecta que continúe hasta su presente. Pero con cada alteración del pasado, se provocan unas consecuencias catastróficas para alguna de las demás personas de su círculo, bien sus amigos, su madre o incluso él mismo.

Necesita respuestas, y recurre a un nuevo viaje en el tiempo. Vuelve a escena el padre de Evan, del que solo se sabe que estaba ingresado en un psiquiátrico por afirmar que podía viajar en el tiempo. En su cuerpo de siete años, Evan le dice a su padre que necesita información para corregir las cosas.

La primera expresión del padre es de decepción. Esperaba que su hijo no tuviera que pasar por lo mismo que él. Ante la insistencia del niño, este le dice: «No deben corregirse. **No puedes cambiar lo que es alguien sin destruir lo que fue. No puedes jugar a ser Dios»**.

Después de los primeros cuatro meses de relación, Eric se dio cuenta de que no estaba bien con Clara. Tampoco ella era ajena a la deriva que estaban tomando. Al principio todo se sustentaba en el pasado y en elaborar historias sobre cómo podrían haber sido los años pasados si hubieran seguido juntos. Pero, poco a poco, fueron dejando al pasado en el ayer. Cuando los golpeó la realidad de que lo único que realmente los unía era su necesidad compartida de evadirse de sus vidas actuales, poco podían hacer para esquivar el golpe. Por la mente de los dos revoloteaba la idea de romper con todo, de cambiar de ciudad, de trabajos. Empezar de cero. Pero eso causaría un tremendo dolor a toda la gente que los rodeaba. Además, ellos ya no tenían catorce años.

Mientras se alejaban por última vez, Eric reflexionaba sobre sí mismo, sobre lo que había sido y lo que era. Sobre la Clara joven y risueña, y la que caminaba en dirección opuesta a él en ese momento. Mientras abría la puerta del coche se le escapó en un susurro: **«No se puede cambiar lo que alguien fue sin destruir lo que es».**

La gran renuncia

Aunque la última frase que le grita a su padre en el hospital es «¿Quién dice que las cosas no puedan mejorar?», los siguientes intentos de Evan por encontrar la combinación de sucesos que conduzcan a un presente aceptable se le escapa continuamente. Con su propia salud en riesgo, solo le queda una oportunidad. Así que toma la decisión más conveniente para todos, aunque ello suponga que tiene que renunciar a Kayleigh para siempre.

De todo lo anterior ha pasado algún tiempo. Desde el hallazgo del videoclub, poco más de dos años. Un año desde que encontró a Clara. Solo cinco meses del inicio de la relación sentimental con ella. Y apenas unas horas desde que la dejara definitivamente. Ahora Eric conduce de vuelta a casa. Al entrar por la puerta, su mujer lo recibe como todos los días, con un «¿Ya estás aquí?» desde la cocina. Su hija está en la habitación, absorta en su mundo de vídeos y conversaciones juveniles con el móvil. Tiene claro lo que tiene que hacer. Le pide a su mujer que lo acompañe al salón. Tiene que decirle algo importante.

Una vez sentados en el sofá, Eric la mira a los ojos y sin más rodeos le dice: «Miranda, llevo cinco meses viéndome con otra mujer. Pero todo ha acabado. Sé que te he traicionado y me he dado cuenta del tremendo error que he cometido. No tengo derecho a pedírtelo, pero me gustaría contar con una segunda oportunidad».

La película *El efecto mariposa* se estrenó en el año 2004 y fue escrita y dirigida por Eric Bress y J. Mackye Gruber. La productora fue New Line Cinema, lo que se hace notar no solo en los créditos iniciales. En distintas escenas aparecen referencias a otras películas de la marca como *Seven*, *Dos tontos muy tontos* o *La máscara*.

El largometraje esconde varios guiños ocultos al efecto mariposa y a los viajes en el tiempo. La pronunciación inglesa del nombre del protagonista, Evan

Treborn, es prácticamente la misma que la expresión «Event Reborn», que significa 'suceso renacido' o 'suceso recuperado', en clara alusión a lo que este realiza durante la película. Otra curiosidad es el colgante que luce Evan, que muestra a San Cristóbal, patrón de los viajeros. Muy apropiado para un viajero en el tiempo.

Sobre la cama de la habitación de la residencia de Evan aparecen dos cuadros de Dalí, *El sueño* y *La persistencia de la memoria*, muy acordes con los episodios de amnesia que sufre.

Se habían pensado cuatro finales para la película, pero el más impactante es el que lleva a Evan hasta el vientre de su madre y, sabiendo lo que iba a suceder, decide estrangularse con el cordón umbilical. La posibilidad de este final se introdujo en una escena donde la madre le dice que antes de nacer él, tuvo dos embarazos fallidos.

EL CONTINUO ALETEO DE LA MARIPOSA

En ocasiones, **no hay como sentirte ajeno a una situación para captar toda su dimensión**. Si todos los personajes de estas historias hubieran podido observar lo sucedido como espectadores de una película, quizá hubieran atisbado las consecuencias de sus pequeños actos. Pero la única persona que pudo establecer una correlación entre ellos fue Ana. Desde su puesto en el pasillo, tuvo la oportunidad de ver todos los eventos por separado y, gracias a la experiencia adquirida durante años de estudio de la conducta humana, conectarlos entre sí.

El día que Eric llegó abatido al centro comercial, Ana pudo sentir su descontento y su desorientación. Parecía no saber dónde se encontraba, y no solo en cuanto al centro comercial. Era su misma existencia la que se hallaba en mitad de un camino, sin saber adónde conducía o cómo había llegado allí. Por eso la sorprendió tanto su cambio de actitud al salir del videoclub. Algo tuvo que haber sucedido para que cambiara de la apatía a la alegría en ese breve periodo de tiempo. Cuando Mateo pasó a despedirse, le preguntó por su último cliente, pero estaba tan deprimido por tener que cerrar, que no le prestó mucha atención.

1. Si Eric se hubiera centrado más en valorar que en criticar lo que le ofrecía el camino junto a su esposa, ¿las cosas hubieran sido diferentes?

Aunque el suceso le causó curiosidad, la turbación que su amigo arrastraba era su prioridad desde que este le adelantara sus intenciones de cerrar. Conocía a la esposa y al hijo de Mateo. Sabía que por mucho que él se esforzara, nunca conseguiría satisfacer sus exigencias. Su carácter afable le impediría cualquier enfrentamiento con ellos. Mucho menos apartarse a un lado y seguir su camino solo. Precisamente por eso, desde que empezó a plantearse el cierre del videoclub, el único consejo que podía darle era que ignorara sus reclamaciones. Que se centrara en lo que le hiciera feliz y se aferrara a ello, en alusión directa a su negocio. Tras varias semanas de conversaciones, Ana pudo percibir el autoengaño de su amigo cuando este le explicó que cerraría su establecimiento actual, pero que abriría uno diferente a los pocos días. Desde que abriera la tienda de artículos raros, no hicieron falta ni seis meses para que recayera en el mismo estado de desazón por la actitud de su familia.

2. Si Mateo hubiera ignorado a su familia y conservado su videoclub, si se hubiera sentido orgulloso de cómo era, ¿las cosas hubieran sido diferentes?

Pasado un tiempo observó que Miranda siempre iba sola al centro comercial. Se la veía más preocupada de lo normal. Transmitía el cansancio de quien se enfrenta al mundo en solitario. Ana había visto el mismo caso más veces. Personas que solo concebían una manera y un tiempo de hacer las cosas. Su incapacidad para aceptar otras opciones dificultaba a sus compañeros de viaje seguirle el ritmo. Al poco de darse cuenta de los cambios en Miranda, fue cuando vio aparecer a Eric con otra chica camino de cine. No era difícil intuir lo que estaba sucediendo. Cuando ese mismo día vio a Miranda dirigirse al cine, sus suposiciones se vieron confirmadas.

3. Si Miranda hubiera ido al cine con su marido alguna vez, si hubiera sabido ver lo importante y no lo urgente, ¿las cosas hubieran sido diferentes?

Todo podría haber sido distinto. O quizá nada hubiese cambiado. Eso es algo que ninguno de los protagonistas podrá saber jamás. En cualquier caso, Ana es de esas personas que no asocian «diferente» con «negativo». Que las cosas no salgan como está previsto no siempre es sinónimo de fracaso, como tampoco garantiza el éxito obtener lo que se desea. Ella misma tiene cientos de historias en las que la mejor de las intenciones se convierte en el peor verdugo, y los malos deseos acaban deparando la mayor de las dichas.

¿Sería mejor la historia si Miranda y Eric nunca hubieran separado sus caminos?, ¿o si Mateo hubiera mantenido su videoclub? Antes de dar un veredicto —a estas historias o a cualquier otra— es necesario dejar que el tiempo haga su trabajo. Él es el único que puede procesar todos los sucesos que nos rodean —grandes o pequeños, anónimos o identificados, alejados o próximos—, e integrarlos con nuestras decisiones para ofrecer una imagen final. Es lógico que todos anhelemos que nos suceda lo que deseamos. Pero sería de ilusos creer que nunca nos llevaremos un revés, que nada se podrá torcer. Tanto como dejarse llevar por la fatalidad para protegernos de la decepción.

Ana nunca fue de encasillarse en categorías rígidas. Por eso no se define como optimista ni como pesimista. Sí que ha podido comprobar que **la tristeza, la frustración o la ira consumen muchísima energía y no devuelven nada.** No se ha privado de esos sentimientos, ni los ha reprimido, pero ha aprendido a darles papeles secundarios. Prefiere que **los papeles protagonistas de su vida los asuman la ilusión, la alegría o la esperanza.** También consumen recursos, pero son tan gratificantes que merece la pena la inversión.

Por eso, Ana está convencida de que al final, de una forma u otra, todo termina saliendo bien. **Y SI NO ESTÁ BIEN ES QUE LA MARIPOSA SIGUE ALETEANDO TODAVÍA.**

BIBLIOGRAFÍA

ALGALAN-MENESES, M. *La necesidad de Dios en el cálculo de Newton*, en Seminario de Historia de la Filosofía, 2017.

ALLEN, STEVE. *Técnicas prohibidas de persuasión, manipulación e influencia usando patrones de lenguaje y técnicas PNL*, CreateSpace Independent Publishing Platform; segunda edición. 2018.

ALONSO PUIG, MARIO. *El camino del despertar: Toda transformación comienza en uno mismo*, Espasa; N.º 1 edición. 2023.

ASBJØRN HRÓBJARTSSON, M.D., and PETER C. GØTZSCHE, M.D. *Is the Placebo Powerless?—An Analysis of Clinical Trials Comparing Placebo with No Treatment Authors*. 2001.

AUSTER, PAUL. *Leviatán*. Barcelona: Anagrama, 2006.

BALANDIER, G. *El desorden. La teoría del Caos y las ciencias sociales*. Barcelona: Gedisa S.A., 1993.

BECKER, HOWARD S. *Outsiders: Studies in the Sociology of Deviance*. Free Press; Reissue edición. 2018.

BILBAO, ÁLVARO. *El cerebro del niño explicado a los padres*. Plataforma Editorial S.L. Barcelona, 2015.

BRADBURY, RAY. *Las doradas manzanas del sol*. Barcelona: Minotauro, 1996.

BRESS, ERIC y GRUBER, J MACKYE (Directores), 2004. *El efecto mariposa* [película]. FilmEngine, BenderSpink y Katalust (producción)

BUCAY, JORGE. *Déjame que te cuente: Los cuentos que me enseñaron a vivir*, RBA. 2012).

BULA CARABALLO, G. *Determinismo, Libertad y Responsabilidad en la vida como un juego existencial: Ensayitos*, en Revista de Psicología Universidad de Antioquia, 2016, 8(2),101-119.DOI: 10.17533

DE SAINT-AYMOUR, J. *El efecto mariposa. Sincronicidad: Jung y la teoría de las casualidades significativas*. Barcelona: Obelisco S.L., 2007.

DICK, PHILIP K. *El hombre en el castillo*. Barcelona: Minotauro Esenciales, 2021.

FREIRE, N. *Fractales: los patrones que se encuentran en la naturaleza*. National Geographic, 2023. [Consulta: 20 de marzo de 2024] Disponible en: https://www.nationalgeographic.com.es/ciencia/fractales-patrones-que-se-encuentran-naturaleza_20807

FROMM, ERICH. *El arte de amar*. Ediciones Paidós. 2016.

GARDNER, HOWARD. *Inteligencias múltiples: La teoría en la práctica*. Ediciones Paidós. 2011.

GRIBBIN, JOHN. *Deep simplicity: bringing order to chaos and complexity*, Random House; 3.6.2005

GROENING, MATT; SIMON, SAM; BROOKS, JAMES L. (guionistas). 30 de octubre de 1994. *La casa del árbol del terror V* (temporada 6, episodio 109). En Los Simpson. Gracie Films, 20th Century Fox Television, Film Roman, The Curiosity Company y Fox Television Animation (producción)

GOLEMAN, DANIEL. *La inteligencia emocional*. Editorial Kairós SA; N.º 1 edición. 1996.

GUERRERO, RAFA. *El cerebro infantil y adolescente*. Libros Cúpula, 2021.

HÉCTOR RAGO, A. y HERRERA COMETTA L. *Newton y el universo físico*. Pereira: Universidad Tecnológica de Pereira, 2015.

HELEN E. FISHER, LUCY L. BROWN, et al. *Reward, Addiction and Emotion Regulation Systems Associated With Rejection in Love*. J Neurophysiol. 2010.

HONORÉ, CARL. *Elogio a la lentitud*, RBA Libros (2017).

LOMBARDI, O. *¿Es la mecánica clásica una teoría determinista?*, en Theoria, Segunda época, 2000. Vol. 17/1, 2002, pp. 5-34.

MADRID CASADO, CARLOS M. *Historia de la Teoría del Caos contada para escépticos*, en Encuentros Multidisciplinares, n° 34, Enero-Abril, 2010.

MENE HEVIA, AUREA. *Cálculo de los exponentes característicos de Lyapunov. Aplicación a la detección del caos*. Trabajo de fin de grado inédito, Universidad de Santiago de Compostela, 2019.

MERRILL, S.J. *The State of the Science of Nonlinear Dynamics in 1963*, en Nonlinear Dynamics, Psychology, and Life Sciences, 2009. Vol. 13, No. 3, pp. 249-256.

NOGUCHI, YOSHINORI. *La ley del espejo*. Editorial Comanegra S.L. (30 marzo 2022). ISBN: 8417188819

ORTEGA Y GASSET, JOSÉ. *La rebelión de las masas*. Austral. 1999

OZAKI, R.L. *El efecto del aleteo de una mariposa en Japón*. Barcelona: Planeta, 2013.

PEREZ HERRANZ, FERNANDO MIGUEL, *Sobre determinismo y libre albedrio, en Eikasia*, Revista de Filosofía, año III. 2008. Disponible en http://www.revistadefilosofia.org

PIÑA GARZA, E. *Henri Poincaré y las transformaciones de Lorentz*. Iztapalapa: Universidad Autónoma Metropolitana, Departamento de Física, 2014.

RISO, WALTER. *Deshojando margaritas*, Norma 1997.

ROJAS ESTAPÉ, MARIAN. *Encuentra tu persona vitamina*, Espasa, Madrid 2021.

RUÍZ, JOSÉ CARLOS. *Filosofía ante el desánimo*, Booket

TENNOV, DOROTHY. *Love and Limerence: The Experience Of Being In Love*, Scarborough House; 2nd edición. 1998.

VAN DORMAEL, JACO (Director), 2009. *Las vidas posibles de Mr Nobody* [película]. Christal Films, Integral Films, Lago Film, Toto & Co Films, Pan Européenne (producción)

1) Artículo publicado en American Scientist en 2001

(2) "Pygmalion in the Classroom" by Robert Rosenthal y Lenore Jacobson

(3) https://www.thomasedison.com/biography.html

(4) https://www.youtube.com/watch?v=mkF1ldhM9hk

(5) Experimento sobre la indefensión aprendida liderado por Charisse Nixon - https://youtu.be/OtB6RTJVqPM